中國學術思想 研究輯刊

十四編

林慶彰 主編

第 16 冊

魏晉名士的友誼觀
——友情與友道研究

黃昕瑤 著

花木蘭文化出版社

國家圖書館出版品預行編目資料

魏晉名士的友誼觀——友情與友道研究／黃昕瑤 著 — 初版
— 新北市：花木蘭文化出版社，2012〔民101〕
目 4+246 面；19×26 公分
（中國學術思想研究輯刊 十四編；第16冊）
ISBN：978-986-322-026-8（精裝）
1.士 2.友誼 3.魏晉南北朝
030.8   101015382

ISBN-978-986-322-026-8

中國學術思想研究輯刊
十四編　第十六冊　　　　　ISBN：978-986-322-026-8

魏晉名士的友誼觀──友情與友道研究

作　　者　黃昕瑤

主　　編　林慶彰

總 編 輯　杜潔祥

出　　版　花木蘭文化出版社

發 行 所　花木蘭文化出版社

發 行 人　高小娟

聯絡地址　新北市永和區中正路五九五號七樓
　　　　　電話：02-2923-1455／傳眞：02-2923-1452

網　　址　http://www.huamulan.tw 信箱 sut81518@gmail.com

印　　刷　普羅文化出版廣告事業

封面設計　劉開工作室

初　　版　2012 年 9 月

定　　價　十四編 34 冊（精裝）新台幣 56,000 元

魏晉名士的友誼觀
——友情與友道研究

黃昕瑤　著

作者簡介

黃昕瑤，1985 年生，臺灣臺北市人。淡江大學中國文學系學士、國立成功大學中國文學系碩士，研究專長為魏晉學術思想。曾任南一書局國小國語教科書編輯，對語文教學亦有貢獻與熱忱。本文為作者碩士論文《魏晉名士的友誼觀——友情與友道研究》，承蒙恩師江建俊教授提攜，有幸將陋作揭櫫於世，特此感謝。若有不盡之處，歡迎學術界之先賢賜教與指正，電子信箱：ycul60@yahoo.com.tw

提　　要

　　魏晉之世思想的創造者，是一群名見經傳的名士，吾人可以針對他們的個別思想一一研究，以呈現魏晉完整的思想體系；亦可以將他們聚集在一起，作群體思想的研究，而友誼是最能代表群體交會的型式；由交友而產生對友誼的一切認知，稱為友誼觀，亦應包含在探討魏晉思想的研究當中。此外，吾人對友誼的研究也需要有新的想像與新的方法，不能只停留在傳統五倫的研究，讓朋友關係一再成為其他人倫關係的附庸。本論文以魏晉名士的友誼觀為題，針對友情與友道深入探討，主要揭示四個重點：（一）整合魏晉名士的友誼觀，友情與友道（交友之道）的特色；（二）了解魏晉名士的友誼觀與前代有何不同；（三）確立魏晉名士的友誼觀在魏晉思想研究中的價值；（四）呼應中國社會心理學本土化，提供現代人對交友的一些觀念與想法。結構部份扣除緒論和結論，中間分為四個章節，分別為第二章：魏晉名士友誼觀的形成背景；第三章：傾心愛友——友誼類型的典範；第四章：友誼觀的內涵；及第五章：友誼觀的實踐。以魏晉思想的研究為主軸，適時輔以心理學及其他學科之觀點，剖析魏晉名士交友時的內心世界，以及交友時與社會文化的互動，同時以科際整合的研究心態，進行魏晉思想實驗性的開拓。

目次

第一章　緒　論

第一節　動機與研究目的

　　余英時指出：魏晉士人「自覺爲具有獨立精神之個體，而不與其他個體相同，並處處表現其一己獨特之所在，以期爲人所認識。」〔註1〕此句話的第一層涵義點出了「個人的自我覺醒」在當代的重要性；第二層涵義，則是魏晉士人在表現一己之獨特時，「以期爲人所認識」的心理傾向。龔鵬程認爲這種自覺意識是從漢代開始發展，而非忽然出現於魏晉，個人之自覺意識藉由交友不斷擴張，彼此相互聯繫，漸漸發展出一種代表魏晉士人的集體意識：

> 交遊之盛，當然也就形成了余英時所謂的『士的羣體自覺』。也就是士人彼此不但在具體活動層次上，彼此交結，相互提攜、標榜、應酬、結交：在意識內容上，也形成了『我們都是一類人』的觀念，有助於型塑集體意識和行爲模式，士乃因此形成一個階層。在此階層內部，交友，是聯繫各零散遊士的主要形式。日人吉川幸次郎曾指出：友誼詩，是曹植以後中國文學創作最重要的主題。但這種主題之所以呈現於漢末，並非曹植個人之功勞，而是因爲交友之重要性早已被人充分體會（否則即不會有曹丕那樣的言論），交友之行動也已成爲現實社會中士人最主要的活動。〔註2〕

<hr>

〔註 1〕余英時《中國知識階層史論》（古代篇），（台北：聯經出版社，1993 年 5 月），
　　　　〈漢晉之際士之新自覺與新思潮〉，頁 231。
〔註 2〕龔鵬程：《漢代思潮》（嘉義：南華大學，1999 年），頁 602～603。

每個時代有每個時代的意義與特色，能夠突顯此特色的是當時的文化與思想，因思想的形成與流通貫穿於世人的生活圈中，因而構成富含時代特色的思想內涵。魏晉之世思想的創造者，是一群名見史籍經傳的名士，吾人可針對他們的個別思想一一研究，以呈現魏晉完整的思想體系；亦可以將他們聚集在一起，作群體思想的研究，而友誼是最能代表群體交會的型式；由交友而產生對友誼的一切認知，稱爲友誼觀，亦應包含在探討魏晉思想的研究當中。此外，吾人對友誼的研究也需要有新的想像與新的方法，不能只停留在傳統五倫的研究，讓朋友關係一再成爲其他人倫關係的附庸。

　　研究「魏晉名士的友誼觀」即是研究名士對於友誼的感觸與認知，屬於心理層面的探討。若能以魏晉思想的研究爲主軸，適時輔以心理學及其他學科之觀點，剖析魏晉名士交友時的內心世界，以及交友現象與社會文化的互動，應可擴大視域；故此研究課題尚有開發之空間，期能呼應心理學界近幾年推動的「中國社會心理學本土化」〔註3〕，以科際整合的研究方法，進行魏晉思想實驗性的開拓。

第二節　文獻回顧

壹、專　書

　　一般人常認爲友誼的研究就是倫理學的研究，倫理學一詞雖由西方所提出，但中國古代的倫理觀發揚甚早。近幾年亦有學者推動文學社會學或文學倫理學，然而中文學界對於倫理學的研究仍在發展中，有關友誼的文獻亦散落在各書籍中。

〔註3〕楊中芳指出：「『中國』及『本土』的中國社會心理學狀態，就是指『能夠真正描述及解釋中國人社會行爲』的狀態，亦即『中國社會心理學』。而這個『中國化』或『本土化』，與大陸所提倡的『具有中國特色』的社會心理學，不謀而合。」參楊中芳：《如何研究中國人》（台北：桂冠圖書，1996 年 5 月），頁50。楊氏進一步指出，在作社會心理學研究時，必須特別注意依循以下以點方針來做研究，當可使中國社會心理學走向本土心理學的道路：（1）以實際觀察中國人的心理及行爲現象爲研究課題；（2）從中國人所熟悉的心理運作經驗中選擇或建立研究概念；（3）考慮中國社會的「文化／社會／歷史」體系，來找出中國人行爲的真正意義；（4）從而，來尋出適合研究中國人社會行爲的模式與理論；（5）依此來建構中國人社會行爲的知識體系。參楊中芳：《如何研究中國人》，頁 52。

如書名以「友誼」為題的有劉文忠選注的《友誼詩》，及西塞羅著，徐學庸譯注的《論友誼》，分別為中西方關於友誼的著作。《友誼詩》一書選收先秦至近代友誼詩的代表作，魏晉只收劉楨、曹植及陶淵明三人，共五首作品，提供吾人初步認識魏晉友誼詩的內容。此外，亞里斯多德《尼各馬科倫理學》為研究友誼必備的參考書籍，單篇論文甚多討論亞氏的友誼論或稱友愛論，專書則如附表所列黃藿《理性、德行與幸福：亞里斯多德倫理學研究》及廖申白《亞里士多德友愛論研究》。筆者以為，亞氏將友誼分為三種（完美的、以利益為動機的、以娛樂為動機的），具有創見然並非全面，他的分類方式可作為吾人研究友誼的參考。

所有專書中，直接影響筆者研究魏晉名士友誼觀的是，劉志偉的《「英雄」文化與魏晉文學》，及余秋雨著，白燁編選《遙遠的絕響》。前者直接點明，魏晉時代的「崇友意識」已發展成為普遍的社會文化現象，值得予以特別關注；後者則對嵇康的交友情形及交友時的心理，有深刻的描寫和闡述。這兩本書的內容均顯示深入探討友誼觀的必要性與可行性。

貳、學位論文

中文系與外系均有以友誼為研究主題的學位論文，外系的研究多以管理、教育或諮商輔導的角度切入，中文系的研究則多以古籍文獻的探討為研究進路。〔註4〕外系的研究較多且雜，但能從中了解他人研究友誼的方向與方法，例如有從現代人的友誼網絡探討友誼與社經地位的關係者，亦有從聊天社群網站中，了解友誼的互動與友誼維繫的方式者，可知研究友誼必須切合當代文化，從各個面向思考友誼如何影響當代人的活動與思維特性。

中文系最早研究友誼的學位論文為金南喜《魏晉交誼詩類的研究》，以宴會詩、祖餞詩、贈答詩、交誼詩四個詩類，探討其中的題材、結構、內容與特色等等，其中交誼詩佔了兩章，分別討論魏晉文人集團與文人同題共作的情形，資料豐富且分類恰當，屬於基本且全面的研究。其次為蔡三億：《六朝交友論》，探討東漢至六朝名士所提出關於交友的言論，參考資料以交友論為

〔註4〕 如：鄭宜仲：《社經地位、友誼網絡與身份地位意識之研究》，台北：台灣大學農業推廣學研究所博士論文，1998年。王世億：《友情內涵之建構及與同理心相關之研究》，台南：成功大學教育。
研究所碩士論文，2006年。譚茜芸：《從 MSN 探究友誼互動之質性研究：一種異性友誼關係》，台南：成功大學教育研究所碩士論文，2008年。

主，不含詩、賦、筆記、傳記、墓誌銘等文體，在名士實際交友的行為方面並未觸及，故尚有進一步討論的空間。

另有三本論文皆以《世說新語》為研究底本，分別探討魏晉士人的群我處境、交遊網絡與社群活動，其關注的焦點漸漸從文本延伸到生活層面。如彭婉蕙比較儒、道兩家的群我思考，並展示魏晉士人的個體自覺與我輩意識，雖非直接探討友誼，但開啟吾人進一步探討士人如何擴展人際關係的基礎。何心蓓與詹惠玲則涉及交遊網絡與社群活動，前者依同宗、同黨、同鄉與聯姻關係而建立，後者將文人集會和家族聚會皆列入社群體系，並非直接涉及朋友關係。

至於最近的研究則為張瑀琳的《「遊」與「友」：漢晉名士交往行動探究》，區分「遊」與「友」之概念，並從漢晉名士的交往行動探討其交友觀。其中「類型化的交遊」，底下分為門第交、文學交與清談交三種友誼類型，而「情意化的交友」則以神交、傷逝、絕交與悔交為類分，在分類上頗有新意，但仍無法完整呈現魏晉名士的交友情形。此外，在分類底下未能展現出名士的結交動機、態度、思想、情感等等，是以筆者以為有必要予以補強之。

參、期刊論文及研討會論文集

一、期刊論文

國內期刊中對筆者的研究較有幫助，且有所啟發的是曾昭旭的〈論愛情與友誼〉，曾昭旭為研究新儒家的學者，善於將中國思想與愛情學結合，切中時人對於感情的疑難雜症。曾氏認為愛情與友誼之別，如同情人與友人之別，愛情只能容納兩人，朋友可以是一群人；友誼的定義為「以文會友，以友輔仁」，友誼比愛情有更崇高的理想與價值，使彼此的相遇具有莊嚴的意義。筆者以為，友誼對古今中外的文人皆有深遠的影響，曾氏從儒家的觀點切入獲得了新觀念，若能從道家及其他學科的觀點切入研究，應能得出不同的友誼觀。

此外，梁容若〈儒家論交友〉、周良亭〈孔門論交友之道〉、王更生〈從論語看孔子的交友論〉、姚振黎〈論孔門交友之道〉及周意茹〈論語中的交友之道〉諸篇論文，可使吾人了解先秦士人的交友之道，做為研究魏晉名士友誼觀的基礎知識，且可將先秦兩漢與魏晉的友誼觀加以比較，以突現本論文之特色。

　　最後，研究中國人的友誼不能單從中國思想的角度切入，其他學科的觀點也有值得參考學習之處；心理學界自從倡導「心理學本土化」，藉由以往量化研究的經驗漸漸走向質性研究，從人際關係與人際情感的角度，對古人的交友心理反而有較深入的討論，吾人可以參考其研究方法及切入的觀點，因此筆者亦參考了國內心理學者楊國樞及楊中芳等人的觀點，主要見於《本土心理學研究》期刊中，對於科際整合有所幫助。

　　二、研討會論文集

　　國內中文學界目前唯一以「友誼」為主題的研討會，為 2003 年 6 月，由佛光人文社會學院舉辦的「論友誼：一個哲學、社會學和政治學的跨學科觀點研討會」，並有論文集收錄 9 篇專門論述友誼的論文，以及龔鵬程的專題演講論文〈中國友誼觀的三種型態〉，證明友誼研究在學術界的重要性及後續研究的潛力。

　　其中對筆者較有啓發的是龔鵬程：〈中國友誼觀的三種型態〉〔註 5〕，以「《詩經》型」、「孔子型」與「俠客型」三種友誼類型作為中國友誼觀的三種型態，《詩經》型的友誼以友愛為基礎，龔氏認為該類型所謂朋友，其間必有「共食」的倫理，因《詩經》常以描寫宴飲歡樂之狀，表示朋友關係，其特色是天子、諸侯、父、兄、甥、舅，這些社會身分與朋友是通約的，它們都可以用「朋友」予以概括。孔子型則是以孔子的交友之道為主，孔子強調擇友與講究信義，孔子之後，孟子論交友，完全依循孔子，區分父子倫理、兄弟倫理與朋友倫理，朋友道盡，便可絕交。兩種類型互補，若以《詩經型》作為主要的交友之道，則「廣交」；若以孔子型作為主要的交友之道，則「慎交」。至於俠客型是漢代才出現的友誼類型，並引進「知己」的觀念，朋友之間同是非、共利害，龔氏以為「幫派」、「朋黨」皆屬此類，第三種類型是前二種類型之外的綜合變種。

　　龔氏的論點實乃創新之見，文中三種型態的友誼觀皆具有獨特性，然其描寫的時代著重在漢代以前，於歷史上無法包含全部的中國。筆者以為，研究友誼觀應從斷代研究做起，以現今兩岸研究的成果觀之，大多仍停留在漢代以前，先秦屬最多；若要統整中國友誼觀，必須有豐碩的成果，才能以建構的方式為一大觀。

〔註 5〕　龔鵬程：〈中國友誼觀的三種型態〉，「論友誼：一個哲學、社會學和政治學的跨學科觀點研討會」論文集（2003 年 6 月），頁 1～19。

除此之外，2009 年 4 月，由成功大學中文系主辦的「第六屆魏晉南北朝文學與思想國際學術研討會」中，江建俊發表〈欣然神解——論魏晉的「情意交」〉，有助吾人了解魏晉風度，以及分辨老莊與魏晉文人的交友觀。

第三節　研究對象與問題意識

壹、研究對象

首先說明，本論文研究範圍爲魏晉時代。歷史上的魏晉，是指曹魏至東晉（西元 220～420）二百年的時間，文學上的魏晉則從東漢獻帝（西元 196～220）開始，甚至延伸至南北朝，凡稱魏晉文學，通常是指魏晉南北朝文學。筆者在資料的蒐集上，以歷史上的魏晉爲主。

本論文研究對象爲魏晉名士。《晉書・阮籍傳》云：「魏晉之際，天下多故，名士少有全者。」〔註6〕袁洪作《名士傳》確立「名士」一格之地位，牟宗三說：「名士所談者以老莊玄理爲主，以因此而稱爲名士。」〔註7〕本論文所謂的名士，即指魏晉之際習染老莊，通脫尙達之人士。

貳、問題意識

美國學者 Northrop 認爲做研究是：「問題決定方法，而非方法決定問題。」〔註8〕筆者甚以爲是，故而先確定問題意識，再確定研究方法，從而考慮研究限制。藉由以上的文獻回顧，筆者釐清研究焦點，期能透過本論文解決下列課題：

一、整合魏晉名士的友誼觀，歸納魏晉之友情與友道的特色。
二、了解魏晉名士的友誼觀與前代有何不同。
三、確立魏晉名士的友誼觀在魏晉思想研究中的價值。

〔註6〕　〔唐〕房玄齡等撰：《晉書》（台北：藝文印書館，《二十五史》影印本第 8 冊，1958 年），卷 49，列傳第 19，頁 658。
〔註7〕　牟宗三：《才性與玄理》（台北：學生書局，1989 年），頁 67。
〔註8〕　Northrop,F.S.C.(1947).The logic of the science and humanities. Woodbridge, CT:Ox Bow Press.中譯轉引自楊中芳：〈從主流心理學研究程序看本土化的途徑〉，《本土心理學研究取徑論叢》（台北：遠流出版社，2008 年 5 月），頁 167～168。

四、呼應中國社會心理學本土化，提供現代人對交友的一些觀念與想法。

因魏晉名士的友誼觀深受莊子的影響，故探討莊子友誼觀乃契入魏晉友誼觀的必要途徑，唯有溯源討流，乃能見識其傳承與時代精蘊。

第四節　研究方法與研究限制

壹、研究方法

在訂定研究方法之前，首先必須確認研究的本質。本論文的研究屬於人文學科的研究；為質性研究；是中國思想的研究；也是社會、文化、歷史的研究，並試圖朝向中國社會心理學的研究。

筆者比較自然科學研究的程序與人文學科研究的步驟，前者分為四個階段，分別為問題的啟動階段（包括問題分析、問題分類）、自然歷史觀察階段（包括直覺觀察法，審視描述法及抽象分類法）、演繹理論的建構階段（包括抽象型演繹理論與假設型演繹理論）；最後是認識關聯建立階段（對假設演繹理論所作邏輯推測之實徵驗證）。〔註 9〕其缺點是理論若無法證成，認識關聯無法建立，可能把先前的研究成果推翻。後者則相信原始含糊混亂的情境是有其穩定的元素的，而這些元素是可以經過探研而找到的；探研的方法是觀察法，並且用之找到解決研究問題的答案，進行撰寫。〔註 10〕其缺點是方法上的不足，沒有新意。

基於上述的探討，筆者採取截長補短的方式，保留自然科學的研究步驟，然而第二階段改為人文學科適用的研究方法予以取代，〔註 11〕分別是：

一、資料整理法：盡可能地搜集大量資料，根據一定的理論觀點與歷史邏輯，分門別類，加以整理。

二、縱橫解剖法：同時顧及縱向研究與橫向研究。以研究魏晉名士的友誼觀為例，縱向研究指必須兼顧與前代友誼觀的比較，橫向研究指

〔註 9〕楊中芳：〈從主流心理學研究程序看本土化的途徑〉，《本土心理學研究取徑論叢》，頁 183。

〔註 10〕楊中芳：〈從主流心理學研究程序看本土化的途徑〉，《本土心理學研究取徑論叢》，頁 181。

〔註 11〕參考燕國材：《中國心理學史》（浙江：浙江教育出版社，1998 年 5 月），第一章，第五節：「中國心理學史研究的方法」，頁 16～17。

在資料整理過後，將當時名士的交友情形，聯繫對比，分析綜合其特色。

三、系統比較法：將古今中外的理論觀點與事實材料聯繫在一起，分析比較，綜合對照，幫助了解文獻中提及的現象及觀念。即蔡尚思所謂「先內博而後外博的博學步驟」。〔註12〕

在資料整理部分，筆者主要以《三國志集解》、《晉書》、《全上古三代秦漢三國六朝文》、《先秦漢魏晉南北朝詩》及《世說新語》為底本，將符合交友的史實予以分類。第二階段資料整理完後，即進入第三階段：建構演繹理論。筆者認為，魏晉名士的友誼觀應由三個向度所構成：

一、從友誼建立的因素及媒介來界定各種朋友關係，即友誼類型的典範。

二、從友誼建立的過程及維繫的狀態，確認朋友相交的道路與道理。

三、從個人生命體驗中了解他者與自我的關係，發展人與萬物之間的友誼。

從這三個向度鋪陳論文的結構為第二章至第五章，依序為「傾心愛友——友誼的典範」，「接以友道——友誼觀的內涵」以及「友誼觀的實踐」。最後再從結論回應先前提出的問題，並檢討上列各章的研究，是否能夠符合當初所擬定的演繹理論。

貳、研究限制

筆者以為本論文研究的困難之處，以及有待突破的地方，有以下幾點：

一、力求整合觀點，但難以兼顧個別的交友思想與觀念。

二、文本與史實之間的差距，今人無法用最客觀的方式加以詮釋。

三、交友與人生歷練有關，須入其中嘗其甘苦，抉其隱微，配合著時代相關人物之遭際、政治立場等因素的深入追蹤，乃能揭露隱微。然而本人才粗學淺，涉世未深，尚未足以一窺交友現象的深度、厚度。

〔註12〕蔡尚思說：「我們整理中國學術思想，第一步要先採用西學的方法；其次纔是把西學的內容來比較。……就空間而言，應該先拿中國思想去比較中國思想，而後拿中國思想去和外國思想比較。……就時間而言，應該先拿古代思想去比較，而後拿古代思想去和近代思想比較。」參蔡尚思：《中國思想研究法——哲學・史學・社會科學》（台北：台灣商務印書館，1991年6月台一版），頁64～65。

　　基於上述幾點研究限制，筆者將朝以下幾點方向努力，期能使本論文體現魏晉名士友誼觀之完整面貌：

一、對中西友誼現象及相關理論深入的涉獵。

二、精熟魏晉史傳，掌握時代精神特色及士人的交遊網絡，辨析其交友始末。

三、與莊子義對照，通情達理，融會人情世故，掌握人倫樞機，庶幾不隔靴搔癢。

第二章　魏晉名士友誼觀的形成背景

　　魏晉名士友誼觀的形成背景，或曰形成原因，可分爲外在因素與內在因素；外在因素較易從字面上的意義理解，撇開成長環境與人生際遇等個人因素，又分爲四項：（一）時局發展；（二）社會結構；（三）士林文化；（四）交友論的思想。

　　時局發展與政治環境及政權轉移有關，魏晉名士因政治而結交的友誼，其交友動機及朋友來源大多圍繞在君臣與黨爭之間。社會結構與地域劃分及門第區別有關，因爲地域劃分不同，而有同鄉的意識，如此便結爲同鄉友。

　　社會結構由高至低，由上到下，以門第區分士人的等級。即使同爲名士，但地位仍不相同，有名聲卻無地位的名士，亦有人在。

　　士林文化則是指當時文人士大夫階層，與知識份子所流行的文藝活動，包括清談在內，促成士人彼此結交，並形成一種具有普遍共識的友誼觀。

　　最後，交友論的思想，亦能反映當代士人的友誼觀。從東漢至六朝以降均有交友論，蔡三億《六朝交友論》〔註1〕已有詳盡的考察，使吾人瞭解漢代至六朝，交友論的作品及思想。〔註2〕考量魏晉時期的文獻傳播仍有困難，交友論的讀者有限，筆者以爲，吾人可以證明魏晉名士的友誼觀，和這些交友論中所傳遞的思想有重疊的部份，但不能完全證明當時的名士是受到這些交友論的影響，而產生個人對交友的看法或意見。雖然也有跨時代的影響，例如朱穆作〈絕交論〉，影響到劉峻作〈廣絕交論〉，這樣的例子也只是極少數。但是畢竟

〔註1〕蔡三億：《六朝交友論》，（嘉義：中正大學中國文學研究所碩士論文，1995年）。

〔註2〕參照附錄，表2—1。

東漢至魏晉的交友論篇數仍然極為可觀，因此必須將交友論的思想也列入名士友誼觀形成背景的一環。

魏晉名士友誼觀形成背景的內、外在因素同等重要，外在因素容易為人發現與知曉，但內在因素關乎文化與人性內涵，需要適當地發掘與探討，是故本章將以內在因素為探討的重點。

內在思想的形成除了外塑，亦可經由內鍊；其較外在條件不易發覺，卻能直接影響思想的構成，且具有較高的研究價值，友誼觀的形成背景亦同。首先，以德性交和情意交作為先秦友誼類型的兩個典範，以及用中國傳統知音文化對照魏晉士人的孤獨意識，具有思想傳承與特殊的時代意義。除此之外，六朝的緣情觀以及感性主體的確立，有助於友情的傳達與朋友間的相知相惜；道家思想至魏晉成為玄學的重要成分，莊子的友誼觀對魏晉名士亦造成影響。筆者以此四者作為本章論述的重點，期能瞭解友誼觀如何從魏晉名士的心中醞釀而生。

第一節　先秦友誼類型的兩個典範

先秦的交友之道，已有眾多學者討論過，以下將直接切入重點，茲參照學者的論述，以釐清觀點並確立典範，故省略舉史實為例加以說明的部份。

壹、德性交

德性交的基本內涵源自儒家，儒家把兄弟間的友愛，當作是一種重要的家庭道德，向來言兄友弟恭、兄友弟悌、兄良弟悌或兄和弟悌，或曰兄友弟敬，都是以兄弟和睦之情作為拓展人際關係的典範。德性之「德」是指儒家的德，而非道家的「德」，例如日本學者池田知久即說：

> 一般地說，道家思想使用的「德」這個辭彙和儒家在其倫理思想中使用的「德」這個辭彙是不同的，況且和我們今天普通說的道德（morality）是全然不同的。粗略地理解，道家的「德」，客觀上是指「物」在自己的內部聯繫的東西，……作為「天」的人類的內在的「性」，和「道」的「物」內在的「德」，是可以平行並排在一起的。〔註3〕

〔註3〕池田知久著，黃華珍譯：《《莊子》──「道」的思想及其演變》（臺北：國立

儒家的「德」是指一個人的思想和行為合乎禮節與社會規範；道家的德是自我內在之性與形而上的道相連結之「物」，道無形體，德亦隨之，為自然之物。

德性交誠如龔氏定義的「孔子型」友誼觀，〔註4〕其交友的目的是「以文會友，以友輔仁」。姚振黎〈論孔門的交友之道〉一文指出，先秦儒家認為交友的目的，是要在友道中自我修持，包含兩方面的進步，一為「豐富德性生命」；二為「充實知識文采」。〔註5〕李麗萍〈從《論語》看孔子的交友之道〉則認為，「孔子結交朋友具有工具性目的和價值性目的。」其「友直、友諒、友多聞」是因為：

> 當我們要實現某種崇高的價值或理想時，志同道合的朋友的幫助更是必不可少的，於是我們就要有意去結交，雖說交友的目的是工具性的，但就其內容而言是高尚的。〔註6〕

交友是為了輔仁進德，與勝己者友，才能臨深以自高，進益而無窮。所以擇友如擇師，必擇其勝己者。如此說來，德性交仍不能免除以利益為交友動機。

貳、情意交

筆者以為，情意交包括龔鵬程所界定的「《詩經》型」和「俠客型」的友誼類型。〔註7〕因為「情意」既可以代表「《詩經》型」的朋友，打破人倫界限，純粹以人心與情感與他人為友的那種愉快的情誼；也可以代表「俠客型」以「義」為準則，敢愛敢恨的交友原則。錢鍾書《管錐編》云：

> 交際以禮為重，而交友以情為主。客座賓筵之酬酢，府主幕僚之晉接，自公退食，往來報施……皆禮之所尚；而禮者，忠信之薄，緣飾以節文者也。同心合志，求聲投契，以至於略名位而忘形骸，發乎情而永為好，情則忠信之未嘗薄而不容文勝減質焉。人事盛衰不

編譯館，2001年12月），頁352。
〔註4〕 龔鵬程：〈中國友誼觀的三種型態〉，「論友誼：一個哲學、社會學和政治學的跨學科觀點研討會」論文集，頁4。
〔註5〕 姚振黎：〈論孔門的交友之道〉，《國立中央大學文學院院刊》，第2期（1984年6月），頁86～90。
〔註6〕 李麗萍：〈從《論語》看孔子的交友之道〉，《西南民族大學學報》（人文社科版）2006年第12期，頁144。
〔註7〕 龔鵬程：〈中國友誼觀的三種型態〉，「論友誼：一個哲學、社會學和政治學的跨學科觀點研討會」論文集，頁1頁12。

拘，交態遂親疏失故。〔註8〕

錢氏分辨，交際和交友之不同，交友以情為主，禮是用來「緣飾以節文」，交友時不容「文勝滅質」。「文」是禮的外在形式，「質」則是指內在的情意。荀子〈禮論〉曰：「文理繁，情用省，是禮之隆也；文理省，情用繁，是禮之殺也；文理情用，相為內外，表裏並行而雜，是禮之中流也。」〔註9〕君子處其中，可見禮和情是可以同時兼顧的，交際和交友也能夠同時進行。

　　交友一定要有情，沒有情不能稱作朋友。德性交和情意交是先秦友誼類型的兩個典範，兩者不同在於，德性交的友誼，以禮為先，以情為次，重視交際勝過交友，其中的情，多半是指「情志」，而非喜愛友好之情。「同心合志」的友誼有情的成分在內，但必須以道德為基礎；曾子曰：「君子以文會友，以友輔仁」，這個「文」不但是文學或文章，也是禮儀與各種合乎禮的行為，而友之所以能「輔仁」，也是利用結交朋友來突顯自己仁人愛物的美好德性，此乃以德輔仁，而非以情輔仁，孔子型的友誼即是屬於德性交。

　　情意交的友誼，以情為先，以禮為次，重視交友，並希望獲得知心朋友。其中的情，是對朋友的喜愛與愛惜，這種以情意為交往媒介的友誼，多半是快樂的，然而因為較不重視禮儀與道德規範，其弊病是較易出現脫序的行為，若友誼生變，反目成仇，一旦拋棄對朋友的愛惜之情，則會悖禮忘義，甚至作出傷害朋友的行為，「《詩經》型」的友誼即屬於情意交。大抵德性交因以德性為交友前提，交友之人對自身的言行也較為謹慎，較不會對友人做出感情用事的無禮行為；而情意交則為性情相知相愛賞，然也易因志趣改變而相對如陌路，甚至反目成仇。

　　王磊認為先秦的交友觀為：

　　　從交友的必要性，交友的原則，到交友的快樂，以至絕交時應注意的問題，都談到了。這說明當時人們把交友作為社會生活中的一件大事。自從士階層出現並日益活躍以後，人才的流動在春秋戰國時達到高潮。這些士人為求名利和實現自身價值，常常遠離本土，遠離父母兄弟，在沒有血緣關係的人群中尋找知音、知心或互利互幫

〔註8〕錢鍾書：《管錐編》（台北：書林出版，1990年8月），頁995。
〔註9〕〔唐〕楊倞注，〔清〕王先謙集解：《荀子集解・考證》（台北：世界書局，2000年12月），頁330。

的人。於是朋友成了一種重要的人倫關係，也逐漸形成了處理朋友
關係的道德原則。〔註10〕

他提到交友是爲了尋找知音、知心或互利互助的人，這種觀點和討論孔子或
先秦儒家交友之道的學者，不太相同。尤其是「互利互助」的友誼，雖亦可
指情意交，但和處在清平之世的人們相較，他們的情意是指符合「正義」或
「道義」，而非單指上述的喜愛友好之情。王氏稱春秋戰國時期社會動亂，士
人離鄉背井，因此對朋友的需求增加，互相結交爲「奔走之友」，具有共同的
理想與目標，他們不但願意付出情意，更能夠爲朋友犧牲生命；倘若有人破
壞其理想的實現，也願意爲了當初的承諾，爲友報仇或完成其未完成的部份。
戴朝福說：

> 眞正的朋友是『道義交』，不是『市道交』，道義在人心，故所謂『道
> 義交』，所交即在彼此道義的心，誠信的人，唯本此赤裸裸的一心，
> 乃眞能在心靈上引起共鳴，交相感通，友誼亦才經得起時間考驗。
>
> 〔註11〕

筆者認爲道義交應列於情意交之中，只是他們用情的方式較一般文人、儒士
激烈。龔鵬程指出，自戰國至東漢，儒俠混跡的情形十分普遍，俠有儒風，
儒則既與俠多所來往，本身亦有俠行，儒生注重「交道」，重視朋友交誼的倫
理，更是俠的精神所在。〔註12〕由此推論，德性交與情意交此二種友誼並非
完全對立的。

　　以上指出先秦友誼類型的兩個典範，是交友基本的態度也是原則。蔡三
億認爲先秦至西漢交友原則的改變在於：「先秦經典對交友態度多是原則性的
看法，且或帶有實用的意味。而西漢倫常觀，有漸次加強的趨向。」〔註13〕
這是以法律的角度所推論的結果。筆者以爲，原則與態度是相輔相成的，當
交友以情意爲主時，德性可變成交友的原則，反之，當交友以德性爲主時，
道義可變成交友的原則。這兩種友誼類型沒有排他性，可並存於同一個時空

〔註10〕王磊：〈先秦時期的交友之道〉，《倫理學研究》2009 年第 5 期（總第 43 期），
　　　　頁 17。
〔註11〕戴朝福：〈《論語・鄉黨篇》闡義(六)〉，《鵝湖月刊》第 349 期（2004 年 7 月），
　　　　頁 61。
〔註12〕龔鵬程：《漢代思潮》，頁 612。
〔註13〕蔡三億：《六朝交友論》，頁 12。

中，個人可隨其交友原則與態度的改變，調整爲具有個人特色的友誼觀。魏晉士人繼承道家思想，同時也受到儒家文化的影響，而所處的政治及社會環境又與春秋戰國時期相像，究竟先秦兩種友誼觀的典範流傳至魏晉，會演變成怎樣的友誼觀與交友文化？即是本論文所要探究的重點之一。

第二節　知音文化與魏晉士人的孤獨意識

知音文化主要表現在古代文人的創作中，其不僅是一種創作題材，而與文人的孤獨意識密切相關。以下將先論述中國傳統的知音文化，並依此引出魏晉士人的孤獨意識，作爲魏晉名士友誼觀的形成背景之一。

壹、中國傳統的知音文化

「知音」原指通曉音律，引申爲知心的朋友。中國文人普遍有尋找知音的渴望，希望能結爲「知交」，《呂氏春秋·仲冬季第十一》云：

> 晉平公鑄爲大鐘，使工聽之，皆以爲調矣。師曠曰：『不調，請更鑄之。』平公曰：『工皆以爲調矣。』師曠曰：『後世有知音者，將知鐘之不調也，臣竊爲君恥之。』至於師涓，而果知鐘之不調也。是師曠欲善調鐘，以爲後世之知音者也。〔註14〕

此處所載爲知音之本義，但也由此發展出知己的意涵。俗話說：「高山流水遇知音」，其典故來自《列子·湯問第五》載：

> 伯牙善鼓琴，鍾子期善聽。伯牙鼓琴，志在登高山。鍾子期曰：「善哉！巍巍兮若泰山！」志在流水。鍾子期曰：「善哉！洋洋兮若江河！」伯牙所念，鍾子期必得之。伯牙游於泰山之陰，卒逢暴雨，止於巖下；心悲，乃援琴而鼓之。初爲霖雨之操，更造崩山之音。曲每奏，鍾子期輒窮其趣。伯牙乃舍琴而嘆曰：「善哉，善哉，子之聽夫！志想象猶吾心也。吾於何逃聲哉？」〔註15〕

王磊說知音之交，「這種朋友關係超越了功利，也超越了道德，進入了高雅

〔註14〕〔戰國〕呂不韋著，陳奇猷校注：《呂氏春秋新校釋》（上海：上海古籍出版社，2002年），頁604～605。
〔註15〕楊伯峻：《列子集釋》（北京：中華書局，1979年），頁178。

的審美層面。」〔註16〕後世文人常在文中以「知己」或「知音」，代指知心朋友或是能夠賞識自己的人，塑造出中國傳統的知音文化。如〈古詩十九首·西北有高樓〉云：「不惜歌者苦，但傷知音稀。願爲雙鴻鵠，奮翅起高飛。」〔註17〕；嵇康〈酒會詩〉云：「但當體七絃，寄心在知己。」〔註18〕皆爲思念友人或渴求賢人賞識之作。

貳、魏晉士人的孤獨意識

魏晉名士渴求知音的心理與其孤獨意識有關。袁濟喜的《人海孤舟——漢魏六朝士的孤獨意識》，是最早探討漢魏六朝士人孤獨意識的專書；其指出：「友倫是人與人之間最基本的一種關係，孤獨心態的產生與消除，同友倫狀態直接相關。」〔註19〕他認爲友倫的毀棄在先，孤獨意識的產生在後；「人與人之間無法溝通，無法信任，無法慰藉，唯知追逐名利，甚至殘害同儕。毫無疑問，孤獨心態的產生是必然的。」〔註20〕筆者則認爲魏晉名士尋覓知音與本身的孤獨意識相輔相成，沒有先後之分，焦泰平亦云：「知音難覓與內心孤高寂寞往往並生並存。」〔註21〕而此孤獨意識對魏晉士人而言，係源自對時空的焦慮感；對生命的威脅感；或爲士人孤介之性格使然。因其對現實世界感到不真實，或不盡人意，進而產生自己孤立於世的寂寞心理。

一、對時空的焦慮感

魏晉士人對時空的焦慮感，往往因爲景物依舊，人事已非，這種令人傷懷的情感，是古今中外之文人皆曾經歷過的。曹丕〈與吳質書〉云：

> 每念昔日南皮之游，誠不可忘。……今果分別，各在一方。元瑜長逝，化爲異物，每一念至，何時可言？方今蕤賓紀辰，景風扇物，

〔註16〕 王磊：〈先秦時期的交友之道〉，《倫理學研究》，第 5 期（總第 43 期）（2009 年 9 月），頁 17。

〔註17〕 逯欽立輯校：《先秦漢魏晉南北朝詩·漢詩》（台北：木鐸出版社，1983 年），卷 12，頁 330。

〔註18〕 逯欽立輯校：《先秦漢魏晉南北朝詩·魏詩》，卷 9，頁 486。

〔註19〕 袁濟喜：《人海孤舟——漢魏六朝士的孤獨意識》（河南：河南人民出版社，1995 年 4 月），頁 45。

〔註20〕 袁濟喜：《人海孤舟——漢魏六朝士的孤獨意識》，頁 46。

〔註21〕 焦泰平：〈知音情結與知音之嘆〉《蘭州大學學報》（社會科學版），第 33 卷第 3 期（2005 年），頁 46。

> 天氣和暖，眾果具繁。時駕而游，北遵河曲，從者鳴笳以啓路，文
> 學託乘於後車，節同時異，物是人非，我勞如何？〔註22〕

〈又與吳質書〉云：「昔伯牙絕絃于鍾期，仲尼覆醢于子路；痛知音之難遇，傷門人之莫逮。諸子但爲未及古人，自一時之儁也。今之存者，已不逮矣。」〔註23〕建安七子中的徐、陳、應、劉一時俱逝，令曹丕不禁感念昔日同游的景象，與其卓越的才華，前文藉由寫景緬懷故人，後文則用典暗指知音逝去，此種思友的行爲即顯示其內心之孤獨。曹魏應璩〈與侍郎曹長思書〉曰：

> 足下去後，甚相思想。……悲風起于閨闥，紅塵蔽于机榻。幸有袁
> 生，時步玉趾。樵蘇不爨，清談而已。有侶周黨之過閔子。夫皮朽
> 者毛落，川涸者魚逝，春生者繁華，秋榮者零悴，自然之數，豈有
> 恨哉！聊爲大弟陳其苦懷耳。相還在近，故不益言。璩白。〔註24〕

「夫皮朽者毛落，川涸者魚逝，春生者繁華，秋榮者零悴」一句，將時間與景物對比描寫，塑造出一個春夏秋冬四季更迭的時空，並藉景抒懷，以排遣思友之情。而如此變化快速的氛圍，表現作者對時空的焦慮感，蘊藏著作者的孤獨意識。類似的描寫如《晉書》載王徽之，乘興訪友人：

> 嘗居山陰，夜雪初霽，月色清朗，四望皓然，獨酌酒詠左思招隱詩，
> 忽憶戴逵。逵時在剡，便夜乘小船詣之，經宿方至，造門不前而反。
> 人問其故，徽之曰：「本乘興而行，興盡而反，何必見安道邪！」
>
> 〔註25〕

戴逵爲高隱之士，徽之雪夜訪戴，表達希企隱逸，並與知友相會之情。左思〈招隱詩〉二首，表達了不願與世俗社會同流合污的高潔志向，詩云：「杖策招隱士，荒塗橫古今。」〔註26〕王徽之在尋訪隱士的過程中，領悟「非必絲與竹，山水有清音。何事待嘯歌，灌木自悲吟。」〔註27〕天籟之音勝過人世間的絲竹之聲，能夠享受自然的人才是眞正逍遙的人。筆者以爲，左思〈招

〔註22〕　〔清〕嚴可均校輯：《全上古三代秦漢三國六朝文・全三國文》（北京：中華書局，1958 年），卷 7，頁 1089。

〔註23〕　同上註。

〔註24〕　〔清〕嚴可均校輯：《全上古三代秦漢三國六朝文・全三國文》，卷 30，頁 1219。

〔註25〕　〔唐〕房玄齡等撰：《晉書》，卷 80，列傳第 50，〈王羲之傳〉，頁 1029。

〔註26〕　逯欽立輯校：《先秦漢魏晉南北朝詩・晉詩》，卷 7，頁 734。

〔註27〕　同上註。

隱詩〉會讓讀者自然融入詩中的意境，王徽之讀詩而憶戴逵，起初是因「獨酌」的寧靜而感到自身之孤獨，加上四望皓然的空間感，而有尋招隱之路徑而求知音的想法；但或許在探訪戴逵的途中，已感受到詩中所描寫的意境，因此即使沒見到本人，也感到滿足，於是「盡興而反」。

二、對生命的威脅感

曹植〈贈白馬王彪詩〉曰：

> 踟蹰亦何留，相思無終極。秋風發微涼，寒蟬鳴我側。原野何蕭條，
> 白日忽西匿。歸鳥赴喬林，翩翩屬羽翼。孤獸走索群，銜草不遑食。
> 感物傷我懷，撫心長太（歎）息。〔註28〕

蟬居住在枝頭，飲露水維生，不食其他骯髒之物，因此古代文人往往以蟬象徵高潔的君子。入秋之後蟬變得十分稀少，秋天聽到悲涼的蟬鳴聲，通常暗示小人當道，詩人心中十分苦悶。「孤獸」為曹植自喻，「孤」字則突顯詩人內心之孤寂與悲憤，《世說·尤悔》1載魏文帝曹丕以毒棗毒死任城王彰，卞太后曰：「汝已殺我任城，不得復殺我東阿。」〔註29〕東阿王即指曹植。曹植與任城王彰、白馬王彪原本同赴京城朝拜，任城王彰不幸身死，與司馬王彪因封地不同，道路有異，而被有司安排分開住宿。任城王彰被害，使曹植亦承受著生命的威脅感，還要忍受親兄弟被迫分離的思念之情，故而作詩遣懷。

魏晉時期政治紛亂，黨爭頻仍，何晏、嵇康、陸機、陸雲、張華、裴頠等名士皆受政治迫害而死。西晉王接於永寧初舉秀才，友人潘滔勸其勿應舉，王接則與潘滔書云：

> 今世道交喪，將遂剝亂，而識智之士鉗口韜筆，禍敗日深，如火之
> 燎原，其可救乎？非榮斯行，欲極陳所見，冀有覺悟耳。

「是歲，三王義舉，惠帝復阼，以國有大慶，天下秀孝一皆不試，接以為恨。」〔註30〕晉惠帝被趙王司馬倫篡位，自立為皇帝，三王義舉，指齊王司馬冏起兵反趙王倫，受到成都王司馬穎、河間王司馬顒及常山王司馬乂的支持，共

〔註28〕逯欽立輯校：《先秦漢魏晉南北朝詩·魏詩》，卷7，頁453。
〔註29〕余嘉錫：《世說新語箋疏》（下）（台北：華正書局，1993年），〈尤悔〉1，頁895。
〔註30〕同上註。

同驅逐司馬倫，讓惠帝復位。時世道交喪，士人多敢怨不敢言，王接應舉原本希望能貢獻己力，使朝中之士有所覺悟，沒想到惠帝復祚，天下秀才、孝廉都免試，王接感到國君昏庸至此，遂以為恨。

嵇康與呂安友善，安為兄巽枉訴被收，嵇康以其事牽連入獄，因作〈幽憤詩〉云：

> ……實恥訟冤，時不我與。雖曰義直，神辱志沮，澡身滄浪，豈云能補。嗷嗷鳴鴈，奮翼北遊。順時而動，得意忘憂。嗟我憤歎，曾莫能儔。事與願違，遘茲淹留。窮達有命，亦又何求……。〔註31〕

時鍾會向文帝司馬昭進讒言曰：「康、安等言論放蕩，非毀典謨，帝王者所不宜容。宜因釁除之，以淳風俗。」〔註32〕文帝聽信鍾會之言，遂並害之。詩中雖吐露「順時而動，得意忘憂」的道家思想，卻仍不免為好友與自己蒙冤感到憤慨難耐，他已意識到生命即將被剝奪的威脅感，故將悲憤的心情轉以「窮達有命」的豁達態度，以面對自己即將消逝的人生。

阮籍〈詠懷詩〉82首中亦有憂生之嗟，其一云：「孤鴻號外野，翔鳥鳴北林。徘徊將何見，憂思獨傷心。」〔註33〕其十七云：「孤鳥西北飛，離獸東南下。」〔註34〕其三十四云：「臨觴多哀楚，思我故時人。對酒不能言，悽愴懷酸辛。」〔註35〕以孤鴻及孤鳥表現詩人內心之孤獨意識與思友情懷。邱鎮京言：「嗣宗對無常的感觸，最靈敏的是『生命、榮耀、富貴』三方面，念念不能釋懷的是『朝為美少年，夕暮成老醜老』的生命短暫。」〔註36〕有感於當代「名士少有全者」，因而發出「生命辰安在？憂戚涕沾襟。」〔註37〕的憂生之嗟。陸機亦作〈君子行〉曰：

> 天道夷且簡，人道險而難。休咎相乘躡，翻覆若波瀾。去疾苦不遠，疑似實生患。近火固宜熱，履冰豈惡寒。掇蜂滅天道，拾塵惑孔顏。逐臣尚何有，棄友焉足歎。福鍾恆有兆，禍集非無端。天損未易辭，

〔註31〕逯欽立輯校：《先秦漢魏晉南北朝詩‧魏詩》，卷9，頁480。
〔註32〕〔唐〕房玄齡等撰：《晉書》，卷49，列傳第19，〈嵇康傳〉，頁665。
〔註33〕陳伯君校注：《阮籍集校注》（北京：中華書局，1987年），阮籍〈詠懷詩〉其1，頁210。
〔註34〕陳伯君校注：《阮籍集校注》，阮籍〈詠懷詩〉其17，頁275。
〔註35〕陳伯君校注：《阮籍集校注》，阮籍〈詠懷詩〉其34，頁315。
〔註36〕邱鎮京：《阮籍詠懷詩研究》（台北：文津出版社，1980年），頁164。
〔註37〕陳伯君校注：《阮籍集校注》，阮籍〈詠懷詩〉其47，頁340。

人益猶可歡。朗鑒豈遠假，取之在傾冠。近情苦自信，君子防未然。
〔註38〕

陸機、陸雲兄弟自吳入洛，因才華洋溢而名聲大作。「時中國多難，顧榮、戴若思等咸勸機還吳，機負其才望，而志匡世難，故不從。」〔註39〕後來卻死於八王之亂，被夷三族，令人感慨唏噓。

三、士人孤介之性格

孤介之性格指其人耿直方正，不隨流俗，孤介之人容易有知音難覓，「曲高和寡」之感歎，如戰國的宋玉：

楚威王問於宋玉曰：「先生其有遺行耶？何士民眾庶不譽之甚也？」宋玉對曰：「唯，然有之，願大王寬其罪，使得畢其辭。客有歌於郢中者，其始曰《下里巴人》，國中屬而和者數千人。其為《陽阿》、《薤露》，國中屬而和者數百人。其為《陽春白雪》，國中屬而和者不過數十人。引商刻羽，雜以流徵，國中屬而和者不過數人而已。是其曲彌高，其和彌寡。……」〔註40〕

楚威王以為宋玉品德有缺陷或行為失檢，故使士民眾庶非難之，宋玉以《陽春白雪》及鳳鳥、鯨魚比喻自己，認為大部分的百姓不了解其為人，如國中能和《陽春白雪》者不過數十人，最後自白道：「夫聖人之瑰意奇行，超然獨處；世俗之民，又安知臣之所為哉！」〔註41〕聖人與世俗人之差別，如同《莊子·逍遙遊》中的大鵬「搏扶搖而上者九萬里」，蜩與學鳩笑之曰：「我決起而飛，槍榆枋，時則不至，而控於地而已矣，奚以之九萬里而南為？」〔註42〕莊子曰：「小知不及大知，小年不及大年。悉以知其然也？」〔註43〕一般人無法了解聖人的大智慧，也無法在受限的時空中領會世上有所謂永恆無垠的境界。事實上，一般人即使能夠明瞭莊子所說聖人的境界，也只能像宋榮子一樣，「舉世而譽之而不加勸，舉世而非之而不加沮，定乎內外之分，辯乎榮辱

〔註38〕 逯欽立輯校：《先秦漢魏晉南北朝詩·晉詩》，卷5，頁656。
〔註39〕 〔唐〕房玄齡等撰：《晉書》，卷54，列傳第24，〈陸機傳〉，頁714。
〔註40〕 盧元駿註譯：《新序今註今譯》（台北：商務印書館，1991年），頁30。
〔註41〕 同上註。
〔註42〕 〔清〕郭慶藩編，王孝魚整理：《莊子集釋》（台北：木鐸出版社，1983年），頁8。
〔註43〕 〔清〕郭慶藩編，王孝魚整理：《莊子集釋》，頁11。

之境，斯已矣。」〔註44〕前述戰國的宋玉正是如此。這些人處在世俗人與聖人之間，即使思想是崇高的，但因其意識自己為大知，本性卻仍為凡人，心性之間明顯有落差，故而其內心其實是不安的，若無法將此矛盾不安的心情調適過來，即會產生與世隔絕的孤獨意識。

《世說・方正》諸篇所列方正之人，其本身亦具有孤介之性格，如〈方正〉2 載：

> 南陽宗世林，魏武同時，而甚薄其為人，不與之交。及魏武作司空，總朝政，從容問宗曰：「可以交未？」答曰：「松柏之志猶存。」世林既以忤旨見疏，位不配德。文帝兄弟每造其門，皆獨拜牀下，其見禮如此。〔註45〕

余嘉錫曰：「宗承少而薄操之為人，老乃食丕之祿，不願為漢司空之友，顧甘為魏皇帝之臣。魏、晉人所謂方正者，大抵如此。東漢節義之風，其存焉者蓋寡矣。」〔註46〕說明「方正」至魏晉指其人不隨俗流，而非東漢指人具有節操與義行。筆者以為，方正之義的轉變，應是受到道家思想的影響。

魏晉性格孤介之名士，如阮籍〈首陽山賦〉曰：「眾囂囂而笑人，靜寂寞而獨立兮。亮孤植而靡因，懷分索之情一兮。」〔註47〕對照其性格乃「傲然獨得，任性不羈」〔註48〕；嵇康〈卜疑〉以弘達先生自喻曰：「郢人既沒，誰為吾質？」〔註49〕而其性「遠邁不群」、「恬靜寡欲」；山濤亦是「介然不羣。性好莊老，每隱身自晦。」〔註50〕其生平結交之友人不多，皆與其本身孤介之性格有關。

陶淵明〈詠貧士〉七首之一云：「萬族各有託，孤雲獨無依。……知音苟不存，已矣何所悲。」〔註51〕〈擬古〉九首之八云：「不見相知人，惟見古時丘。路邊兩高墳，伯牙與莊周。此士難再得，吾行欲何求。」〔註52〕陳怡良

〔註44〕〔清〕郭慶藩編，王孝魚整理：《莊子集釋》，頁 16～17。
〔註45〕余嘉錫：《世說新語箋疏》（上），〈方正〉2，頁 279～280。
〔註46〕余嘉錫：《世說新語箋疏》（上），〈方正〉2，頁 280。
〔註47〕〔清〕嚴可均校輯：《全上古三代秦漢三國六朝文・全三國文》，卷 44，頁 1304。
〔註48〕〔唐〕房玄齡等撰：《晉書》，卷 49，列傳第 19，〈阮籍傳〉頁 658。
〔註49〕〔清〕嚴可均校輯：《全上古三代秦漢三國六朝文・全三國文》，卷 47，頁 1320～1321。
〔註50〕〔唐〕房玄齡等撰：《晉書》，卷 43，列傳第 13，〈山濤傳〉，頁 588。
〔註51〕逯欽立輯校：《先秦漢魏晉南北朝詩・晉詩》，卷 17，頁 1008。
〔註52〕逯欽立輯校：《先秦漢魏晉南北朝詩・晉詩》，卷 17，頁 1005。

在〈陶淵明生命中的困境及其解脫之道〉〔註53〕一文，歸結出陶淵明生平遭遇的六種困境，其中之一即爲「渴求知音與秉氣寡諧之衝突，顯現求友與孤獨之矛盾」〔註54〕，陳氏指出，「淵明交友雖廣，友朋亦時時給予溫暖、照顧，……詩人本人內心中，卻是自青少年時代起，就陷入孤獨與寂寞之中。」〔註55〕李長之亦云：「寂寞和孤獨籠罩了陶淵明底的一切。」〔註56〕其結交的友人雖然眾多，卻無人能與其共鳴，造成了求友與孤獨的矛盾。

第三節　莊子的友誼觀

　　魏晉思想以道家爲主流，先秦道家以老莊爲代表，故而魏晉人的許多觀念受到老莊哲學的影響。友誼是一種人與人之間的良好關係，友誼觀則是指對友誼的一切認知；莊子雖未明確指出其對友誼，這種人際關係的看法，然而，從莊子與惠施之間的互動，以及《莊子》書中有關「莫逆之交」與「淡交」的記載，筆者認爲其對友誼的認知，係依據「順性無情」與「貴德忘形」的道德基礎而建立的。

　　現代學者一般通稱魏晉玄學爲新道家，韋政通以爲，魏晉道家的貢獻，即是促使老莊哲學的生活化、世俗化，滲透到知識分子生活的各面，影響有兩方面，一方面是爲佛學初入中土在接納上提供方便，另一方面是對中國的文學產生極爲深遠的影響。〔註57〕然而除此之外，從先秦道家到魏晉玄學化的道家，在待人接物，尤其是交友方面，其觀念思想的轉化亦十分微妙，更足以代表老莊哲學的生活化與世俗化。莊子的友誼觀，不是條列式的主張，而是一個道德體系。所謂道德體系，是由思想意識而拼湊出一個整體的概念，以下依「順性無情」、「貴德忘情」與「德友而已」論述莊子的友誼觀。

壹、順性無情

　　《莊子・德充符》載莊子與惠施論無情：

〔註53〕陳怡良：《陶淵明探析》（台北：里仁書局，2006年），頁427。
〔註54〕陳怡良：《陶淵明探析》，頁434。
〔註55〕陳怡良：《陶淵明探析》，頁435。
〔註56〕李長之：〈陶淵明的孤獨之感及其否定精神〉，《文學雜誌》第2卷第11期（北京：商務印書館，1948年4月），頁18。
〔註57〕韋政通：《中國思想史》（上冊）（台北：水牛出版社，2005年9月），頁601。

> 惠子謂莊子曰：「人故无情乎？」莊子曰：「然。」惠子曰：「人而无情，何以謂之人？」莊子曰：「道與之貌，天與之形，惡得不謂之人？」惠子曰：「既謂之人，惡得无情？」莊子曰：「是非吾所謂情也。吾所謂情者，言人之不以好惡內傷其身，常因自然而不益生也。」〔註58〕

歐崇敬認為莊子所謂的「無情」：「乃是因為不受好惡的二元對立構造損傷本性，是依自然的本性而存在，不需人為地造作，所以『無情』；在形而上學的立場，『情』並不存在，存在著的只有自然本性而不是世間俗性之『情』。」〔註59〕莊子說的無情，是不以好惡傷害自己的本性。「無」若當動詞，指解除、消解，「情」則為動名詞，有心動之義，如此解釋，「無情」便是無累於情，聖人無情是因其順性，無情的前提是順應自然，如此萬事萬物都會依循自然之理，而不須以任何情緒去因應之。

《莊子·在宥》云：

> 大人之教，若形之於影，聲之於響。有問而應之，盡其所懷，為天下配。處乎无響，行乎无方。挈汝適復之撓撓，以遊無端。……合乎大同，大同无己。无己，惡乎得有有！覩有者，昔之君子；覩无者，天地之友。〔註60〕

聖人無心感應，並不是沒有心，是指心感物之動，卻不隨物而動，這裡強調的是聖人無為自動之性。心如枯木如明鏡，心隨物感，即使萬物有情，聖人之心亦不能感動而生情，心隨物感只是覩無，並無他用。

心如止水故能覩無。《莊子·人間世》云：「仲尼曰：『人莫鑑於流水而鑑於止水，為止能止眾止。』」〔註61〕疏云：「止水本無情鑑物，物自照之。」〔註62〕此處的止水即指人心，性在心中流轉，心能感性之動卻不自動。「已然而不知其然，謂之道」〔註63〕謂之心感，「我因循而已，豈措情哉！」心若隨物感

〔註58〕〔清〕郭慶藩編，王孝魚整理：《莊子集釋》，頁220～221。

〔註59〕歐崇敬：〈《莊子》書中交友與存有學之論辯脈絡探析〉，《鵝湖月刊》346期（2004年4月），頁48。

〔註60〕〔清〕郭慶藩編，王孝魚整理：《莊子集釋》，頁395。

〔註61〕〔清〕郭慶藩編，王孝魚整理：《莊子集釋》，頁193。

〔註62〕〔清〕郭慶藩編，王孝魚整理：《莊子集釋》，頁194。

〔註63〕〔清〕郭慶藩編，王孝魚整理：《莊子集釋》，〈齊物論第二〉，頁70。

動則生情，人性原應與天地之性相感通，而順應自然。情若流水，情生則不能順性，而能亂性；心動爲情，可以殺生害仁。

《莊子・人間世》云：「顏闔將傅衛靈公大子，而問於蘧伯玉曰：『有人於此，其德天殺。與之爲无方，則危吾國；與之爲有方，則危吾身。其知適足以知人之過，而不知其所以過。若然者，吾奈之何？』」〔註64〕衛靈公子蒯瞶稟天然之凶德，持殺戮以快心。蘧伯玉教顏闔：「調伏其機，而不與爲迎拒」乃教之順性，順性不只是順己之性，也代表順人之性、順天地之性。

順性無情是要消解萬物與我之間的隔閡，性是本有的，情是發生的，莊子強調無情，非指人沒有情，而是要本於自然之性，表露其情，但無累於情，不因情而傷身。人與人之間的友情也是在自然的情境下互相交流，但亦不因友情而動搖本心，即使友誼破裂，也不能因憤怒或感傷之情而有累於情。

貳、貴德忘形

《莊子・德充符》云：

> 闉跂支離无脤說衛靈公，靈公說之；而視全人，其脰肩肩。甕㼜大癭說齊桓公，桓公說之；而視全人，其脰肩肩。故德有所長而形有所忘，人不忘其所忘而忘其所不忘，此謂誠忘。〔註65〕

「德有所長」是指吾人能夠透過修養使德充實。而此「不忘其所忘」是己身的不全，人當忘之竟不能忘；「忘其所不忘」則是指內在的德行不當忘，而人反忘之。

忘形易而忘德難，人可以暫時忘記或故意忽視自己的殘缺，卻很難不與他人比較而感到自在，一旦做到了，即爲忘形；人可以不與他人比較而不感到自卑，卻很難正視自己的殘缺，卻仍發自內心地感到愉悅滿足，一旦做到了，即爲「忘德」。忘德之「忘」指德不形，「才全而德不形」，有德行的人並不特意彰顯自己美好的德行，德之光輝彌補了其形體之不全，因此爲全人。

朱榮智〈莊子的自由精神〉一文指出，在〈人間世〉與〈德充符〉中，有一些身體殘缺的人，他們不因爲自己的身體有缺陷而自覺形穢，不願與別

〔註64〕〔清〕郭慶藩編，王孝魚整理：《莊子集釋》，頁 64。
〔註65〕〔清〕郭慶藩編，王孝魚整理：《莊子集釋》，頁 216～217。

人交往，「反而是主動地和別人交友，贏得許多的友誼和尊敬。他們沒有健全的形體，但是有健全的心理，和他們一起交往，不是他們覺得慚愧，而是別人覺得慚愧，因為這些人遊於形骸之外，而不是遊於形骸之內。」〔註66〕貴德繼而忘形，忘形繼而忘德，此謂「誠忘」，而心已在無有之境。

莊子雖未直接將德、形和友誼的關係連結，但其描繪申徒嘉、哀駘它，以及闉跂支離無脤，雖然形體殘缺或醜陋，卻因崇高的精神與道德高尚，使人喜歡接近他們，並能感化他人。筆者以為，莊子的寓言除了闡示精神重於形體的觀點外，也顯現人與人的交往，不能單靠外貌或外在表現；引申為友誼觀，友誼亦以德貫之，莊子曰：「有人之形，無人之情。有人之形，故群於人，無人之情，故是非不得於身。」〔註67〕完美的友誼是能包容自己與他人的「不全」，在與人結交的同時，促使自己的德性磨練，盡可能使物我皆順應自然，而非獲得報酬。

參、德友而已矣

前述莊子友誼觀的道德基礎，現在吾人可從莊子生平的友誼，印證其友誼觀。在《莊子》一書中，關於友誼的記載，最著名的當屬莊子與惠施的友誼，其中因為十二場論辯，他們的關係被稱為「論學相知」、「思想之友」或是「哲學家的友誼」。有關二人的友誼，陳癸淼和王邦雄均曾討論過，〔註68〕前者放眼在其對哲學知識論理解的境界之差，後者則讚許他們是由論學而相知的生命之友。此外，尚有幾則關於「莫逆之交」的記載：

> 子祀、子輿、子犁、子來四人相與語曰：「孰能以無為首，以生為脊，以死為尻，孰知死生存亡之一體者，吾與之友矣。」四人相視而笑，莫逆於心，遂相與為友。〔註69〕

> 子桑戶、孟子反、子琴張三人相與友，曰：「孰能相與於無相與，相為於無相為？孰能登天遊霧，撓挑無極；相忘以生，無所終窮？」

〔註66〕朱榮智：〈莊子的自由精神〉，《鵝湖月刊》第193期（1991年7月），頁66。
〔註67〕〔清〕郭慶藩編，王孝魚整理：《莊子集釋》，〈德充符第五〉，頁217。
〔註68〕參見陳癸淼：〈惠施之學術生涯〉，《鵝湖月刊》第27期（1977年9月），頁23；王邦雄：〈莊子與惠施的論學相知〉，《鵝湖月刊》第90期（1982年12月），頁27。
〔註69〕〔清〕郭慶藩編，王孝魚整理：《莊子集釋》，〈大宗師第六〉，頁258。

> 三人相視而笑，莫逆於心，遂相與為友也。〔註70〕

今人所稱「莫逆交」意指彼此志同道合，有深厚的友誼，主要表現在「情投意合」的友好關係方面。然而以上二則所謂的「莫逆於心，遂相與為友」，強調的不是共同擁有的喜怒哀樂之情，而是其本性的相映。《莊子・徐無鬼》載惠施之死云：

> 莊子送葬，過惠子之墓，顧謂從者曰：「郢人堊慢其鼻端若蠅翼，使匠石斵之。匠石運斤成風，聽而斵之，盡堊而鼻不傷，郢人立不失容。宋元君聞之，召匠石曰：『嘗試為寡人為之。』匠石曰：『臣則嘗能斵之。雖然，臣之質死久矣。』自夫子之死也，吾無以為質矣，吾無與言之矣。〔註71〕

支道林喪法虔之後，精神霣喪，風味轉墜。常謂人曰：「昔匠石廢斤於郢人，牙生輟絃於鍾子，推己外求，良不虛也！冥契既逝，發言莫賞，中心蘊結，餘其亡矣！」〔註72〕嵇康〈卜疑〉亦云：「郢人既沒，誰為無質？」其用典皆來自《莊子》。此言郢人與匠石莫逆於心，心能相感通，又如〈德充符〉哀公告閔子曰：「吾與孔丘，非君臣也，德友而已矣。」〔註73〕德友是以道德相交的朋友，惠施與莊子之友誼亦若是。

《莊子・山木》云：「君子之交淡若水，小人之交甘若醴；君子淡以親，小人甘以絕。比無故以合者，則無故以離。」〔註74〕君子與天合德，故而君子之間的友誼亦以德合，以配天之德，隨性任化而淡然自若，因其無情故不親。

這裡可以做個總結：順性無情與貴德忘形是莊子友誼觀的道德基礎，雖無法構成一套有形的交友模式，但依莊子的觀念，任何友誼都若能依循這個基礎，由此形成友誼的關係，這就是他文中「德友而已」的理念來源。

第四節　魏晉的緣情觀

　　情為友誼之間必要之存在，交友必談友情，不論是德性交的情志，或是

〔註70〕〔清〕郭慶藩編，王孝魚整理：《莊子集釋》，〈大宗師第六〉，頁264。
〔註71〕〔清〕郭慶藩編，王孝魚整理：《莊子集釋》，頁843。
〔註72〕余嘉錫：《世說新語箋疏》（下），〈傷逝〉11，頁642。
〔註73〕〔清〕郭慶藩編，王孝魚整理：《莊子集釋》，頁216。
〔註74〕〔清〕郭慶藩編，王孝魚整理：《莊子集釋》，〈山木第二十〉，頁685。

情意交的眞情與道義，朋友之間必有情的感通，情爲心之動，應用在人倫上，友誼也是朋友之間情性相感通的結果。本節筆者將以魏晉的緣情觀，證明「情」對魏晉名士友誼的意義及重要性。

壹、感性主體之確立

「緣情」說，大多用來解釋魏晉的緣情詩觀及文學觀，也在說明魏晉之文化特色，此已有許多學者討論過。如蔡英俊說：

> 如果我們從文學藝術的領域探討魏晉文士詩人的表現，將會同意廖蔚卿先生的看法：「情之所鍾，正在我輩」是六朝人自我反省後對個人生命特質的肯定，六朝的「詩緣情」之說就是建立在這一觀點之上。由於魏晉以後肯定「緣情」的個人生命特質的意義與價值，中國文學傳統才得以開展出更爲廣闊的詩歌的表現領域，進而完成抒情的文學傳統的典範，也標示了中國傳統人文活動的精神面貌。
> 〔註 75〕

三代至漢之士人已知「緣人情而制禮」，〔註 76〕魏晉亦因襲之。〔註 77〕顯示緣情觀的由來已久。而「詩緣情」的觀念，則出自陸機〈文賦〉曰：「詩緣情而綺靡，賦體物而瀏亮。」〔註 78〕李善注曰：「詩以言志，故曰緣情；賦以陳事，故曰體物。」〔註 79〕後人或以「緣情」指稱作詩。陸機〈嘆逝賦〉亦曰：

〔註 75〕 蔡英俊：《比興物色與情景交融》（台北：大安出版社，1986 年 5 月），頁 30。

〔註 76〕 如《漢書・楊王孫傳》載：「楊王孫曰：『蓋聞古之聖王，緣人情不忍其親，故爲制禮。……』」參〔漢〕班固撰：《漢書》（台北：鼎文書局，1986 年），列傳卷 67，楊胡朱梅云傳第 37，頁 2908。《史記》：「太史公曰：『觀三代損益，乃知緣人情而制禮，依人性而作儀，其所由來尚矣。』」參〔漢〕司馬遷撰：《史記》（台北：鼎文書局，1981 年），卷 23，禮書第一，頁 1157。

〔註 77〕 如《晉書》載：「隆安四年，孝武太皇太后李氏崩，疑所服。左僕射何澄、右僕射王雅、尚書車胤、孔安國、祠部郎徐廣等議曰：『太皇太后名位允正，體同皇極，理制備盡，情禮彌申。……且禮祖不厭孫，固宜遂服無屈，而緣情立制。……』詔可。」參〔唐〕房玄齡等撰：《晉書》，卷 20，志第 10，頁 290。《後漢紀》曰：「先聖緣情，著其節制。故曰臣有大喪，君三年不呼其門。」參〔晉〕袁宏撰，周天游校注：《後漢紀校注》（天津：天津古籍出版社，1987 年），卷 17，頁 468。

〔註 78〕 〔梁〕蕭統編，〔唐〕李善注：《文選》（上海：上海古籍出版社，1986 年），卷 17，頁 766。

〔註 79〕 同上註。

> 親落落而日稀，友靡靡而愈索。顧舊要於遺存，得十一於千百。樂
> 隤心其如忘，哀緣情而來宅。託末契於後生，余將老而爲客。〔註80〕

陸機與張華爲好友，張華遇害後，陸機作此詩，主旨爲追憶平生親故，及感
嘆人生短暫，世事多艱，其中蘊含深沉的孤獨意識。「樂隤心其如忘，哀緣情
而來宅」一句，李善注曰：「言樂易失而哀易居也。」〔註81〕哀之感源自於對
故友的思念之情，「詩緣情」是指詩要能抒發感情，但不是無病呻吟，爲賦新
詞強說愁。

「緣情」的「緣」爲順、循之意，詩能緣情，本因人有感性，以自身之
性體貼萬物之性，交相映發；緣情詩只是順著人之眞情實感，投向對方而相
知相惜。

龔鵬程以《文心・明詩》：「人秉七情，應物斯感，感物吟志，莫非自然。」
和〈物色〉：「春秋代序，陰陽慘舒，物色之動，心亦搖焉。」作爲研究六朝
緣情詩理論的代表，並認爲緣情詩觀的重點有三：

> （1）正視情及情的作用，（2）文學創作係來自一情感性主體，（3）
> 人爲能感者，物爲感人者；人與外在世界，爲一感應關係，所謂「應
> 物斯感」。〔註82〕

以上三點都是自漢代發展出來，非魏晉時期忽然而有。〔註83〕職是之故，感
性主體的提出在於漢代，感性主體的確立則在魏晉。如《世說・文學》57云：

> 僧意在瓦官寺中，王苟子來，與共語，便使其唱理。意謂王曰：「聖
> 人有情不？」王曰：「無。」重問曰：「聖人如柱邪？」王曰：「如籌
> 算，雖無情，運之者有情。」僧意云：「誰運聖人邪？」苟子不得答
> 而去。〔註84〕

僧意所問象徵魏晉名士已體認到感性主體的存在。先秦人性論之重點，在於
辨性；兩漢人性論的重點，在於情的重視；至於魏晉，則知有一感性且能運
情之主體存在。

〔註80〕〔梁〕蕭統編，〔唐〕李善注：《文選》，卷16，頁726。
〔註81〕同上註。
〔註82〕龔鵬程：《漢代思潮》，頁15。
〔註83〕龔鵬程：《漢代思潮》，頁15。
〔註84〕余嘉錫：《世說新語箋疏》（上），〈文學〉57，頁238～239。

貳、情性之相感通

記情性而從心理學的角度切入，今人楊中芳指出：

> 「天人合一」是中國文化最基本的價值觀。這幾個字代表了許多意
> 義，其中與人際關係有關的有三：（1）人與其周遭的環境，包括與
> 其他的人要和諧相處；（2）人倫與天道是互通的，人有天賦的本性
> 容許其與他人和諧相處；（3）人們就是要在人際交往中，通過修養
> 自己將那些秉性發揮出來。〔註85〕

天人合一的概念其實包含感應、感通以及觀照，而應用在人倫上的，是人性
與人性之間的感通。唐君毅指出：

> 西方心理學家，所謂人心對環境之適應與反應，在中國哲人相近之
> 一名為與物之『感應』或『感通』。西方言人心之反應，多謂其乃所
> 以滿足人心之要求慾望。中國儒家之言『感通』，則所以顯性情。道
> 家言感通，則歸於物我兩忘。」〔註86〕

筆者以為「感應」與「感通」不同。感通必須有一個形而上的主體存在，其
對象必須是有性之人或物，感通的「感」有覺知的意涵，且因感而使雙方之
性相通。感應之「感」則可能只是物理上振動頻率相同，其對象是人對物，
物對物或是物對事件的發生。《世說・文學》61云：

> 殷荊州曾問遠公，「易以何為體？」答曰：「易以感為體。」殷曰：「銅
> 山西崩，靈鐘東應，便是易邪？」遠公笑而不答。〔註87〕

「銅山西崩，靈鐘東應」以今日的觀點來看，是一種物理學上的共鳴效應；
因為銅山崩塌振動，產生能夠使靈鐘響應的頻率，靈鐘便感而相應。

鍾嶸《詩品・序》云：「氣之動物之感人，故搖蕩性情，形諸舞詠。」〔註
88〕外在之物能夠感人，使人產生喜怒哀樂不同的情緒，鍾嶸所謂「搖蕩性情」，
嚴格說來，其實只有「情」能夠被搖蕩，筆者以為，這裡要分為兩層意義加

〔註85〕楊中芳：〈人際關係與人際情感的構念化〉，《本土心理學研究》第12期（1999
　　　　年12月），頁132～133。

〔註86〕唐君毅：《中國文化之精神價值》（台北：正中書局，1979年），頁124。

〔註87〕余嘉錫：《世說新語箋疏》（上），〈文學〉61，頁240。

〔註88〕〔梁〕鍾嶸著，曹旭集注：《詩品集注》（上海：上海古籍出版社，1994年10
　　　　月），頁1。

以理解；其曰：「物之感人」，字面上意義是以氣動物，代情感人，如此只能使人產生生理上的情緒，不能使人覺知天地之性；但若往上一層思考，氣的產生是因為天地之心動，自然之氣即為天地之情，氣之動物，物之動表示物能感，但物沒有感性之主體，因而無法以心映現我之性，如此情感只是單方面運情的過程，只能稱作感應，而不是感通。

　　物可以感應天地之情再以感人，此時人亦同時感應到物之動以及天地之情，人之性無法直接與天地之性相通，但如果以動態之情為感之媒介，性為人或天地之主體，則以情感時，主體之性便能相通，吾人能間接感通天地之性，天地也能感通吾人之性。故而「搖蕩性情」的意思，是指人對物之感應，以及人與天地相感通兩層意義。

　　至於為何氣之動物，人能夠同時感應物之動並與天地之性相感通？人之心如止水，如何能動？筆者以為，這裡可以用上述銅山與靈鐘的例子解釋，銅山西崩是天地之心動，產生天地之情稱為氣，靈鐘東應如氣之動物，之前說這是物理上的共鳴效應，若以共鳴的原理來解釋道家思想，則共鳴的產生必須兩者的頻率相近或相同，人之心動有其固定頻率，必須與物動的頻率相近或相同，兩者才會產生共振、共鳴，每個人心動的頻率不同，所以對相同之物，不見得皆能有感，如果頻率不同，則無動於衷；頻率相同，則人心亦動，則情運。人心動產生的情，會和原本的天地之情相通，因此人和天地之性能相感通。以上的論述，進一步對照王弼的說法，可以更清楚地了解，感性主體之心如何運情。王弼認為性無善惡而有濃薄，其曰：

> 孔子曰：性相近也，若全同也，相近之辭不生；若全異也，相近之辭亦不得立。今云近者，有同有異，取其共是。無善無惡則同也，有濃有薄則異也，雖異而未相遠，故曰近也。〔註89〕

性有同有異，同者為其皆無善惡之分，異者為其有濃薄之分，如使每個人心動的頻率不同，性之濃薄如頻率之高低，筆者的理解為，性雖無善惡之分，但因有濃薄故有層次之分，這種層次宛如莊子的聖人、神人、真人之分。王弼主張情之「正邪」，在於「性」，不在於「習」，是肯定性為本體，本體為正，則「情近性者，何妨是有欲？」〔註90〕「性其情」為情運的過程，筆者以為性為我之

〔註89〕樓宇烈校釋：《王弼集校釋》（台北：華正書局，2006年），頁632。
〔註90〕同上註。

性，情爲他人之情，性其情的過程中，我之性藉由情感與他人相通，情之發用係因我之性與他人之性濃薄相近或相同，使情性相感通，即便我之情爲邪，但若他人之情爲正，而我之情亦能爲正。情之正邪，反映在人的外在行爲而有善惡，但不論其情爲正或邪，其本性仍不變；如同王弼以「近火者熱」來比喻情性相感通，〔註91〕手觸及火會感到熱，是火的熱不是手原本就是熱的，但手因感到火之熱也變熱，手還是原來的手，熱的感覺形成知覺，不論知覺如何改變，手依然不變。這裡以「熱」來比喻情之「正」，正者能使邪變正，類似化學的熱平衡原理，〔註92〕人的情性相感通，也使彼此情性皆達到自然平衡之狀態，所謂「人我合一」以至於「天人合一」，應該就是這個意思。

感通只是一個過程，感通之後對方之性會映現在自己的心上，此時心又回歸平靜。前面提到的「知音」，或爲「知己」、「知交」，此種相知相惜的友誼，均爲彼此情性相感通而形成的。

以上可以理解虛靜之心會因其性不同而感動。然而平常心用來觀照萬物，只能映物，不能應物。有所謂「靈感」或「靈機一動」，這種靈之感，靈之動，並非指靈魂對外界事物有所感觸，而是某件事、物直接映現在心上，既沒有感應的過程，也沒有感通的過程。以瑞士心理學家榮格（Carl G. Jung）的說法，這種現象稱爲「同時性」（Synchronicity），同時性是從本我理論到宇宙論的延伸，它所論及的是所有存在物之間深刻隱密的秩序與統一；〔註93〕同時性可用來解釋心靈與物理事件的有意義巧合，如夢到飛機從天空墜落的夢，第二天就出現在收音機的報導中；夢與飛機墜落沒有已知的因果關係存在，兩者幾乎在同時出現，而兩者的關聯是非因果關係的。〔註94〕筆者以爲，榮格所指的心靈，亦可用道家的心來理解，因爲同時性使吾人之心湧現各種先驗知識的事物，姑且稱爲觀照萬物，但這種難以理解的現象，只是因爲時空的隔閡，而無法證明另一個時空有與己濃薄相近之性，否則，亦可視之爲一種感通的過程。

〔註91〕 王弼曰：「譬如近火者熱，而即火非熱；雖即火非熱，而能使之熱。能使之熱者何？氣也，熱也。能使之正者何？儀也，靜也。」參樓宇烈校釋：《王弼集校釋》，頁632。

〔註92〕 在自然發生的熱能交換過程中，熱量總是會由高溫處向低溫處傳播，這種傳播將延續到整體溫度都相等爲止，稱爲熱平衡。

〔註93〕 Murray Saein 著，朱侃如譯：《榮格心靈地圖》（台北：立緒文化，1999年8月），頁256。

〔註94〕 Murray Saein 著，朱侃如譯：《榮格心靈地圖》，頁270。

參、不能忘情而鍾情

魏晉士人接受了先秦老莊之學，在清談論理與生活上，尤其面對情的發動，多鍾於情，總無法忘情。如衛玠是個很有理智的人，旁人終生不見其喜慍之容，〔註95〕其於渡江南下時，目視茫茫江海曰：「見此芒芒，不覺百端交集。苟未免有情，亦復誰能遣此！」〔註96〕言下之意指故國之情不斷湧現，自己卻無法排遣。王承每遇艱險，處之夷然，雖家人近習，不見其憂喜之色。然而渡江之後，登山北望，卻歎曰：「人言愁，我始欲愁矣。」〔註97〕二人同樣由無憂轉愁，即使本性恬淡也有為情所困的時候。

莊子言忘形、忘己、忘親、忘仁義、忘生死、忘其所受乃至兼忘，就是不曾言忘情。無情和忘情皆因為有情，所以必須排解掉情緒、情感的干擾；莊子用「無」，魏晉人用「忘」，其基本的定義是一樣的，但其中仍有微妙的不同。

吾人可以從本體與工夫，來論「無情」和「忘情」的差別。莊子講無情，雖是教人解除、消解心動，但聖人之心本來就如止水，平時不需透過無情的工夫去消化情的產生，因此這個「無」除了是作動詞的去除，也表示自始至終都不存在，這也是莊子學說中，本體論的價值高於工夫論的原因：「若天高地厚，日月照明，夫何修為？自然而已矣。」〔註98〕然而魏晉人之所以言忘情，是因為他們不承認本體之無情，並認為人本來就是有情的，他們以為順性的結果就是任情，而又鍾於情，卻受道家思想影響，認為「聖人忘情，最下不及情」〔註99〕作為「我輩」，像我們一樣的平常人，雖不能稱為聖人，至少能鍾情；然提到聖人，表示心中依然不排除聖人的存在，即使想達到忘情的境界，也只能作為一種修養的工夫，不能和道家本體的無情相提並論。

以上是從生命情境來論魏晉人對先秦道家的領悟，及其轉變；吾人可以說，魏晉人鍾情卻為情所困，因為受道家思想的洗禮，聖人成為心中崇拜的對象，並將這種崇拜的心理，轉而對現實中的方外之人，產生景仰與欣羨的心態。

〔註95〕《晉書・衛玠傳》曰：「玠嘗以人有不及，可以情恕；非意相干，可以理遣，故終身不見喜慍之容。」參見〔唐〕房玄齡等撰：《晉書》，卷36，列傳第6，〈衛玠傳〉，頁511。

〔註96〕余嘉錫：《世說新語箋疏》（上），〈言語〉32，頁94。

〔註97〕〔唐〕房玄齡等撰《晉書》卷75，列傳第45，〈王湛傳〉，頁960。

〔註98〕〔清〕郭慶藩編，王孝魚整理：《莊子集釋》，〈田子方第二十一〉，頁716。

〔註99〕余嘉錫：《世說新語箋疏》（下），〈傷逝〉4，頁637。

　　此外，從歷史的進化論而言，吾人知道莊子處於社會大亂、道德淪亡的戰國時期，這個時代有沒有禮法已不重要，能不能夠生存下來才是重點，因此對於漠視禮法的方外之人，無須刻意打壓，他們可以自然地在禮崩樂壞的時代中，發展出一套生存法則；莊子提倡順性無情無非就是想要保有生命，因此教人安時處順，面對生命的流逝，人與人之間也不要依靠友情，因為太多的生離死別只會造成身心的負擔。但隨著歷史文明的演進與個人社會化的過程，人類必須發展出能夠代表自身文化的特色，才能在烽火平息後，建立更強而有力的社會體制與人文特質，以免在遭到下一波催殘時，不知所措而必須再度回到最初的自然。

　　道的流轉譬如歷史的演進，《易經》的卦象可以因時因地，而表現不同的型態，只要道不停息，人性即不停息，莊子的順性，除了應用在戰國時代，也應能應用在各個時代，如此便能順理成章地推動時代的巨輪；而人性在缺乏外在阻力的情況下，照理說也應是自然地朝奮發向上，力求進取的方向演化。若以 64 卦來解釋戰國至魏晉時代發展的動力，戰國時期宛如坤卦之「履霜堅冰」，「直方大，不習无不利。」《象》曰：「『六二』之動，『直』以『方』也。『不習无不利』，地道光也。」六二為坤卦的主爻，為坤陰之大用，也很符合老莊所處的時代精神，徐志銳注云：「陰隨陽動而廣生萬物，此乃她的本性，無需習作則無所不利又無所不能。」〔註100〕這個時代的人沒有能力作選擇，即使想要有所突破，想要成為一個有禮的人，也只能在無限的有限中打轉，因此只好本於上天的原創，順此陰柔之性的人則為方外之人。莊子提倡無情是時代的趨勢，其優點是反映人類求生的本性，然而其弱點卻是突顯心靈的空虛，心靈無法充分自覺。有限與無限必須相互成全，順性的最高價值應是在道之正反相互衝擊下，表現自我創造的本能，才能塑造出豐富的人格特質，而其條件為心靈的自我覺知。

　　魏晉時代雖頻頻易主，政治上的權力鬥爭不斷，然而和戰國的烽火連天相比，士人對生命存亡尚能操之在己，其癡其狂或許違背個人意志，但除此之外，人生還有值得期待的地方。此值得期待之處，宛如〈復卦〉初九的「不遠復」，象徵君子之道長。《象》曰：「復，『亨』，剛反，動而以順行。」〈復卦〉的一陽初生，代表「一念警覺」，氣勢發於人心，人們發現內心深處冰封已久的渴望，心之枯木萌芽，心之躍動成為發現自我本質的初衷。魏晉時期

〔註100〕徐志銳：《周易大傳新注》（上）（台北：里仁書局，1995 年 10 月），頁 36。

個人自覺意識的崛起，從莊子「吾喪我」中找回那個被遺忘的我，而有「寧作我」的個人意識，天的無情不能影響人的有情，因此發展成任情、鍾情，想忘情卻忘不掉的人格特質。

此種人格特質，使魏晉人在喪友時不能排除傷逝的行為，《世說新語‧傷逝篇》記載，王武子喪，孫子荊臨屍慟哭，於靈床前做驢鳴；顧彥先平生好琴，及喪，張季鷹往哭之，遂逕上床鼓琴；王子敬與羊綏善，綏少亡，王深相痛悼；羊孚與王孝伯交，羊卒，王告其弟曰：「賢從情所信寄，暴疾而殞，祝予之歎，如何可言！」這些例子和《莊子》書中提到，與「知死生存亡之一體者」為友的情況明顯不同，即使是七賢之一的王戎，竹林之游時彷彿置身方外，後來擔任尚書令，也不免追懷昔日與嵇康、阮籍相處之往事，並且因為喪子而慟哭不已，自認為鍾情，其實是因為無法忘情，而為自己找的理由。

李玲珠以為：

> 儒家傳統對人性中最需制約的便是情與欲，但所謂的名士風流正展現在對情感的重視與表達，也形成對事物具有高度的敏銳與個性的暢快表現。……魏晉之際因為重視深情的流風，敷衍為時代精神是人的自覺，也是生命意識的重要內涵。〔註101〕

魏晉人鍾情的好處是可以加強個體與他人情性相感通，因為感通一定要有情，其自覺意識與其說是發現自我的道德主體或認知主體，不如說是確立了感性主體的存在，不但能了解他人之性也能反照自身之性。

小　結

總結以上，魏晉名士友誼觀的形成背景，內、外在因素分別有四項，外在因素為：時局發展、社會結構、士林文化與交友論的思想。內在因素為本章討論的重點，包括以德性交和情意交，作為先秦友誼觀的兩個典範；以及以中國傳統的知音文化對照魏晉名士的孤獨意識；而以莊子的友誼觀作為背景因素之一，代表魏晉名士的友誼觀亦承襲道家思想；至於魏晉的緣情觀則是促使魏晉名士於交友時，充份發揮友愛之情的重要因素。

〔註101〕李玲珠：《魏晉新文化運動——自然思潮》（台北：文津出版社，2004 年 4 月），頁 234。

　　在諸多原因之中，情是友誼形成與維繫時最重要的媒介，為證明各種友誼類型之中皆有情，以下將揭示魏晉名士交友時友誼類型的典範，並指出其間友情之傳達與交流，以了解情在魏晉名士友誼觀中的重要性。

第三章　傾心愛友──友誼類型的典範

　　友情是一種變動的情感，友誼則是一種恆久的傾向；研究友誼觀首先必須確立朋友關係的結構，進而討論其內涵的友情，並了解情感與思想的來源，本章依照友誼建立的原因將之分為：（一）因政治而結交（二）因地位而結交（三）因藝術而結交（四）因佛道而結交。其中探討不同類型的友誼，對於名異實同的友誼類型，予以定名；對於未曾定名或前人未詳加論述的友誼類型，本章付予名稱並解釋，從友誼建立的因素及媒介來界定各種朋友關係，期望這些友誼類型能作為日後研究古人友誼的典範。

第一節　因政治而結交

壹、君臣交

　　君臣交，指君主和下臣在一同治理國家的前提下，衍伸出超乎忠孝節義之外的情誼，是五倫中從「君臣」過渡到「朋友」的一種人際關係，也是因政治結交的友誼中，最能突顯友道與友情的一種人際關係。魏晉時期君臣的互動漸漸參雜情感的成份，傳統愚忠愚孝的臣子減少，先秦以來的忠君觀念隨著社會動亂與朝代更迭，使得君臣關係出現些微的變化；士族勢力強大，君權衰弱，忠君觀念式微，〔註1〕但是君臣之間仍然存在著真正的友情。

─────────────

〔註 1〕　如郝虹指出：「東漢忠君觀念的衰弱所造成的最直接影響，是魏晉以降君權的衰弱。……從臣的角度而言，由於忠君觀念的衰弱，臣子們對君主不僅不給予強有力的支持和捍衛，相反，卻在一幕又一幕的禪代戲中，扮演著默認肯定皇權轉移的角色。」參郝虹：〈漢魏之際忠君觀念的演變及其影響〉，《山東

　　魏文帝曹丕〈交友論〉肯定君臣交，其文曰：「君臣交，邦國治；士庶交，德行光。」並舉《易經》的上下交，說明「交乃人倫之本務，王道之大義。非特士友之志也。」〔註2〕苟其志同，則君臣亦可爲友朋。

　　筆者整理《三國志》和《晉書》列舉出魏晉時期君臣交往的事實，〔註3〕其中可見魏晉時期君臣之間的往來互動，除了交際應酬等較常見的社交行爲，史書亦收錄賞譽、寵禮以及與朋黨交的史實，對於君臣之間親暱的情感交流亦有描述。

　　以下依序闡述魏晉的君臣關係、魏晉的君臣倫理以及君臣間的友情，層層推演，以示魏晉君臣交的全貌。

一、魏晉的君臣關係

　　童書業說：「在春秋、戰國間，君臣關係猶與朋友關係相近。」〔註4〕雖然漢代董仲舒獨尊儒術，提出「君權神授」、「君尊臣卑」說法，強調皇帝具有至高無上的權力，這是爲了維護漢武帝專制獨裁統治的需要。同樣生於漢代的史家司馬遷，對君臣關係的看法則繼承了先秦儒家孔孟的看法，孟子曰：「君之視臣如手足，則臣視君如腹心；君之視臣如犬馬，則臣視君如國人；君之視臣如土芥，則臣視君如寇仇。」司馬遷則主張：「以道事君，不可而止」，他們眞正的意圖不是要否定忠君觀念，而是要以有道伐無道，「廢其非君，而立其行君道者。」〔註5〕以至唐代，魏徵亦云：

> 《書》曰：撫我則后，虐我則仇。荀卿子曰：君，舟也，民，水也。水所以載舟，亦所以覆舟。故孔子曰：魚失水則死，水失魚猶爲水也。……夫以一介庸夫結爲交友，以身相許，死且不渝，況君臣契合，寄同魚水。若君爲堯、舜，臣爲稷、契，豈有遇小事則變志，見小利則易心哉！此雖下之立忠未有明著，亦由上懷不信，待之過薄之所致也。豈君使臣以禮，臣事君以忠乎？」〔註6〕

　　　　大學學報》（哲社版）第 3 期，1999 年。
〔註2〕〔清〕嚴可均校輯：《全上古三代秦漢三國六朝文・全三國文》，卷7，頁 1091。
〔註3〕參見附錄，表3─1。
〔註4〕童書業：《春秋左傳研究》（上海：人民出版社，1980 年），頁 267。
〔註5〕〔戰國〕呂不韋著，陳奇猷校注：《呂氏春秋新校釋》，卷20，頁 1322。
〔註6〕〔唐〕吳兢撰：《貞觀政要》（台北：黎明文化，1990 年），卷3，魏徵〈論治道疏〉，頁 71。

其中引用《荀子》〈王制篇〉和〈哀公篇〉中「水能載舟，亦能覆舟」的喻意，
〔註7〕比喻君王與人臣的關係。

　　魏晉繼春秋戰國及漢代，多少承襲了前代的忠君觀，但由於當時是個人
自覺的時代，對漢儒唯君是瞻的專制思想，自然不能認同。

　　童書業指出，春秋時期，臣與君未必屬於同一族或一家。異國異族之
君臣關係逐漸代替同國同族之君臣關係，於是所謂「忠」遂不得不與「孝」
分離。〔註8〕相對於魏晉時期，政治與社會環境動盪，大環境的不安予人生
存的迫切感，自曹魏施行九品中正制，世族瓜分皇權，形同春秋戰國時期
的宗族分家，跟隨在君王身邊的臣子往往是開國功臣，或對朝廷有功的賢
臣猛將，君臣之間在共體時艱的情形下，產生了互為手足的友愛之情，此
時君臣關係擺脫了漢儒的規制，關於人臣的進退分寸則用無形的人際情感
來維繫。

　　此種在日常生活中所建立的夥伴關係，如同現代組織管理中主管的親
信。羅新興和戚樹誠在研究組織成員，對主管親信的評價時，即指出：

> 在中國的歷史中，「親信」指的是君王身旁的心腹與密友，並握有重
> 要的決策影響力。……「親信」乃是接近組織高階領導權力核心的
> 特定人士或一群人。他們或是管理決策的謀略智囊（如三國時代輔
> 佐劉備的諸葛亮），或可能不身居要職，而是與領導者存有親密私誼
> 者。無論如何，他們的共同特點是，能獲得領導者的高度信任倚重，
> 並且享有更多的特權。並且，這些「親信」所受到的歷史評價，往
> 往會反映出後人對領導者的評價，若後人認為領導者是明君，會同
> 時視其身邊的親信為功臣，若認為領導者是「昏君」，則可能稱其身
> 邊的親信為走狗。因此，就歷史的觀點來看，「親信」同時具有正面
> 與負面的意義。〔註9〕

〔註7〕《荀子·王制篇》載：「庶人安政，然後君子安位。傳曰：『君者，舟也；庶
　　　人者，水也；水則載舟，水則覆舟』。」《荀子·哀公篇》載：「孔子曰：丘聞
　　　之：『君者，舟也；庶人者，水也；水則載舟，水則覆舟。』君以此思危，則
　　　危將焉而不至矣？」
〔註8〕參考童書業：《春秋左傳研究》，頁270。
〔註9〕羅新興、戚樹誠：〈組織成員對主管親信的評價：取決於其才能或是社會關
　　　係？〉，（第四屆華人心理學家學術研討會，台北，2002年11月9～11日），
　　　頁2～3。

人臣扮演「親信」的角色，在西方歷史中亦有跡可循。〔註10〕培根即曾懷疑：「連許多至高無上的君王都非常推崇友誼，真是一件奇怪的事，儘管地位至高無上，但是這些君王為了追求友誼，很多時候甚至不惜自身的安全和高貴的地位。」並說：

> 因為君臣之間地位的懸殊，君王原本是得不到這種友情的，除非他們為使自己能夠得到這種友情，把某種人抬舉到可說是他們夥伴或差不多平起平坐的地位；然而，如此做法也常常會招惹麻煩。這種人在當代語言中被稱為「親信」或「心腹」，好像這是出於皇恩和寵幸似的。但古羅馬人稱這種人為「同心者」，這才能表達出提拔這種人的真正用途以及確切的原因，因為君臣之交心正是為了這一結果。而且可以清楚看到的是，這樣的事情並不僅限於多愁善感的君王，即使歷來最英明的君王也常常與臣下有交情，彼此之間以朋友相稱，並容許他人以普通人之間的稱謂一樣，稱那些臣下為君王之友。〔註11〕

君王非聖靈，也和普通人一樣需要朋友，只因其有先天地位的優勢，不能自貶其身迎合眾臣，只能提高身邊值得信賴的某些人的地位，或從形式上授予他重要職務，以常侍左右，或從實質上與其平起平坐，以朋友之姿相待。

魏晉時期那些足以稱為「親信」的臣子們，考其官職蓋為散騎常侍、侍中、侍郎、黃門侍郎〔註12〕、中書監及令、中書舍人、二衛（左右衛）、太子

〔註10〕 例如：當蘇拉統治羅馬時，他把龐培提拔到很高的地位，後人尊稱為「偉大的龐培」，連龐培也自吹勝過蘇拉；偉大的凱薩大帝也曾與布魯圖結為好友，他在遺囑中把布魯圖立為繼其侄兒之後的候補繼承人；奧古斯都把出身卑微的阿格里巴的權勢抬舉到，除非把女兒嫁給他或是殺掉他，否則沒有第三條路可以選擇；提比留斯皇帝統治羅馬時，也是非常重用並提升他的手下斯傑納，因為他們是無話不說的好友。提比斯在寫給斯傑納的一封信裡說道：「為了我們的友情，這些事我都沒有瞞你。」而且，為了表揚他們之間真摯無比的偉大友情，元老院全體就像給女神獻祭一樣，特為此友情修築了一個祭壇；塞維魯與普勞帝亞努斯的友情更有過之，他強迫自己的兒子娶普氏之女為妻，又常公開辱罵其子以袒護普氏。他還在致元老院的一封信中說道：「朕愛此卿之甚，唯願其壽比朕長。」以上事蹟參見〔英〕培根編著，劉燁譯：《培根論人生》，頁165～167。
〔註11〕 〔英〕培根編著，劉燁譯：《培根論人生》，頁165。
〔註12〕 《晉書·職官制》載：「自魏至晉，散騎常侍、侍郎與侍中、黃門侍郎共平尚書奏事，江左乃罷。」參〔唐〕房玄齡等撰：《晉書》，卷24，〈職官志〉，頁344。

少傅、太傅、詹事等職務。例如：三國魏許褚，從曹操征張繡有功，遷任校尉，負責侍衛曹操。後徐他等謀殺曹操，被許褚發現，並救了曹操一命，從此「太祖益親信之，出入同行，不離左右。」曹操逝世，許褚痛哭至吐血。文帝曹丕即位後，亦重任許褚並與之親近。〔註13〕三國蜀諸葛亮、張飛及關羽三人，也可以視爲劉備的「親信」，如劉備曾云：「孤之有孔明，猶魚之有水也。」〔註14〕與張飛、關羽二人，「寢則同牀，恩若兄弟。而稠人廣坐，（張飛、關羽）侍立終日，隨先主周旋，不避艱險。」又西晉何劭「少與武帝同年，有總角之好。帝爲王太子，以劭爲中庶子。及即位，轉散騎常侍，甚見親待。」〔註15〕東晉王珣，「安卒後，遷侍中，孝武深杖之。」〔註16〕虞嘯父亦爲孝武帝侍中，爲帝所親愛，史載「嘗侍飲宴，帝從容問曰：『卿在門下，初不聞有所獻替邪？』嘯父家近海，謂帝有所求，對曰：『天時尚溫，鱭魚蝦鮓未可致，尋當有所上獻。』帝大笑。因飲大醉，出，拜不能起，帝顧曰：『扶虞侍中。』嘯父曰：『臣位未及扶，醉不及亂，非分之賜，所不敢當。』」〔註17〕可見魏晉時期的君臣相處融洽，但仍保有分寸。

二、魏晉的君臣倫理

唐長孺在〈魏晉南朝的君父先後論〉〔註18〕文中指出，自漢至魏晉，忠孝倫理的次序發生變動。整理其重點，漢代人在忠孝發生衝突時，往往選擇盡忠；三國時期對忠孝一類的問題則允許有選擇的自由；魏晉之際，門閥制度業已形成，東晉初期家族較王朝爲重的形勢在政治上更爲顯著，於是孝先於忠的理論也更爲肯定。依此脈絡，似乎忠道至晉末已淪亡喪失，然而考察魏晉關於君臣倫理的史實與相關論述，吾人以爲忠孝之道並不偏廢，只是因應時代思想有所轉變。此外，參照文獻記載諸位名士的言論，整理出魏晉的

〔註13〕 《三國志・許褚傳》云：「時常從士徐他等謀爲逆，以褚常侍左右，憚之不敢發。伺褚休下日，他等懷刀入。褚至下舍心動，即還侍。他等不知，入帳見褚，大驚愕。他色變，褚覺之，即擊殺他等。太祖益親信之，出入同行，不離左右。……太祖崩，褚號泣歐血。文帝踐阼，進封萬歲亭侯，遷武衛將軍，都督中軍宿衛禁兵，甚親近焉。」參〔晉〕陳壽撰，盧弼集解：《三國志集解》（台北：新文豐出版公司，1975 年），卷 18，〈許褚傳〉，頁 479。

〔註14〕 〔晉〕陳壽撰，盧弼集解：《三國志集解》，卷 35，〈諸葛亮傳〉，頁 774。

〔註15〕 〔唐〕房玄齡等撰：《晉書》，卷 33，列傳第 3，〈何曾傳〉，頁 476。

〔註16〕 〔唐〕房玄齡等撰：《晉書》，卷 65，列傳第 35，〈王導傳〉，頁 855。

〔註17〕 〔唐〕房玄齡等撰：《晉書》，卷 76，列傳第 46，〈虞潭傳〉，頁 985。

〔註18〕 唐長孺：《魏晉南北朝史論拾遺》（北京：中華書局，1983 年），頁 238～253。

君臣倫理有以下幾個特點：

（一）忠孝者，其本一也

魏‧陳羣曰：「夫仁者愛人。施於君謂之忠，施於親謂之孝。忠孝者，其本一也。」〔註19〕董昭書與春卿云：「蓋聞孝者不背親以要利，仁者不忘君以徇私，志士不探亂以徼幸，智者不詭道以自危。」〔註20〕孫權立東吳，人相祝賀，諸葛亮與兄瑾書云：「孝起忠純之性，老而益篤，及其贊述東西，歡樂和合，有可貴者。」〔註21〕可知曹魏時期的君臣倫理仍承襲著春秋戰國的「君慈臣忠」思想。

（二）孝慈而生友悌

《詩‧小雅‧六月》云：「張仲孝友」，《毛傳》云：「善父母為孝，善兄弟為友。」《爾雅‧釋訓》亦云：「善父母為孝，善兄弟為友。」《論語‧為政》云：「孝乎惟孝，友于兄弟。」朱熹注云：「善兄弟曰友。」孔子認為只要施行孝友，就是為政，這句話代表了孔子的倫理思想也是政治思想；君臣交往的界線有時很難區分，有時候像主僕，有時候像朋友。然而這裡的友，是指兄友，即是在兄友弟恭，長幼有序的前提下，君如兄父，對臣下友愛，其中仍有次序等級之別，非平輩之友愛。即使孝友之定義漸漸由兄對弟友，衍伸為平輩的友愛。古代的朋友之交，仍然規範在家庭倫理之中，孝是為道，孝友指與朋友交，要以孝為本。

《晉書‧孝友傳》序云：「孝慈而生友悌」，亦認為交友以孝為先，孝慈者多愛友，故云：「孝友」。若將朝廷視為一個大家庭，君臣關係則可置入儒家的家庭倫理規範，臣下將對父母之孝，轉成對君主之忠，亦即先有盡孝之心，才能產生盡忠之心；《管子‧君臣上》云：「下聽其上，弟聽其兄。」所謂君臣倫理即是臣下依循朝廷規範，完成君主交代的命令，君主對臣下的所作所為亦必須包容友愛。

《三國志‧邴原傳》載：「太子燕會，眾賓百數十人，太子建議曰：『君父各有篤疾，有藥一丸，可救一人，當救君邪，父邪？』眾人紛紜，或父或君。時原在坐，不與此論。太子諮之於原，原悖然對曰：『父也。』太子亦不復難之。」邴原堅定地指出應以孝為先，把盡孝推至盡忠之前，太子也無從

〔註19〕〔晉〕陳壽撰，盧弼集解：《三國志集解》，卷22，〈陳羣傳〉，頁556。
〔註20〕〔晉〕陳壽撰，盧弼集解：《三國志集解》，卷14，〈董昭傳〉，頁409。
〔註21〕〔晉〕陳壽撰，盧弼集解：《三國志集解》，卷39，〈陳震傳〉，頁825。

反駁。唐長孺認爲三國時期對忠孝一類的問題，有選擇自由，然而此例以邴原的選擇作爲結論，顯示在忠孝本一的前提下，孝先於忠，爲忠孝的倫理順序作了一個很好的解說，足以代表魏代的君臣倫理。此外，產生此順序的上一層觀念亦來自飲水思源、知恩反哺的孝道，可見無論如何，孝道思想總是牽制著士人在朝中表現自我，對君主盡忠的思想。

（三）君臣之交，出自義合

晉代君臣倫理開始出現顯著的變化，例如范弘之與王珣書云：「夫人道所重，莫過君親，君親所係，忠孝而已。孝以揚親爲主，忠以節義爲先。」〔註22〕就將忠與孝應盡的義務完全分開。

庾純得罪賈充，請求免官，帝下詔免純官，理由即因其「陵上無禮，悖言自口，宜加顯黜，以肅朝倫」，又以純父老不求供養，使據禮典正其臧否，此事導致眾臣議論紛紛。太傅何曾、太尉荀顗、驃騎將軍齊王攸和司徒石苞，都認爲庾純違背禮、律，不忠不孝，應除其官職。〔註23〕司徒西曹掾劉斌及河南功曹史龐札則爲之辯護。劉斌議曰：

> 敦敘風俗，以人倫爲先；人倫之教，以忠孝爲主。忠故不忘其君，孝故不忘其親。若孝必專心於色養，則明君不得而臣；忠必不顧其親，則父母不得而子也。是以爲臣者，必以義斷其恩；爲子也，必以情割其義。在朝則從君之命，在家則隨父之制。然後君父兩濟，忠孝各序。〔註24〕

龐札表曰：

> 臣聞父子天性，愛由自然；君臣之交，出自義合。而求忠臣必于孝子。是以先王立禮，敬同於父，原始要終，齊於所生，如此，猶患人臣罕能致身。……尹昆弟六人，三人在家，孝養不廢。兄侍中峻，家之嫡長，往比自表，求歸供養，詔喻不聽。國體法同，兄弟無異，

〔註22〕〔唐〕房玄齡等撰：《晉書》，卷91，列傳第61，〈范弘之傳〉，頁1159。

〔註23〕太傅何曾、太尉荀顗、驃騎將軍齊王攸齊議曰：「凡斷正臧否，宜先稽之禮、律。八十者，一子不從政；九十者，其家不從政。新令亦如之。按純父年八十一，兄弟六人，三人在家，不廢侍養。純不求供養，其於禮、律未有違也。」又司徒石苞議曰：「純榮官忘親，惡聞格言，不忠不孝，宜除名削爵土。」參〔唐〕房玄齡等撰：《晉書》，卷50，列傳第20，〈庾純傳〉，頁676。

〔註24〕〔唐〕房玄齡等撰：《晉書》，卷50，列傳第20，〈庾純傳〉，頁677。

而盧責尹不求供養如斯，臣懼長假飾之名，而損忠誠之實也。〔註25〕

劉斌與龐札的論點不盡相同，劉斌云：「君父兩濟，忠孝各序」認為忠與孝為人臣、人子皆應遵守的人倫之教，依場合不同，在家盡孝，在朝進忠，故而庾純在朝廷的所作所為只須符合忠道的規範即可，君王與朝臣不應干涉其是否專心於色養。君王不可因為朝臣不盡孝而革除其職，何況庾純並未榮官忘親。

龐札云：「君臣之交，出自義合」，在忠孝之外提出了義的道德規範，是魏晉君臣倫理的大躍進。

孟子曰：「羞惡之心，義之端也。」其言浩然之氣「至大至剛，以直養而無害，則塞于天地之閒。其為氣也，配義與道；無是，餒也。是集義所生者，非義襲而取之也。」朱熹注云：「是以無所愧作，而此氣自然發生於中。非由只行一事偶合於義，便可掩襲於外而得之也。」義是指符合正義或道德規範，君臣之交，出自義合，說明凡事秉公無私，只要是正當的事，即可去做，君臣之間的往來互動，不必計較是否合乎禮、律。

忠孝之道如劉斌所言，會有場合之分，然而政治有時無法區分場合。此外，對於王公子孫而言，君父同為一人，則忠孝之道孰先孰後，更無法明辨，此種情形，羞惡之心容易被蒙蔽，人臣會因假孝之名而損忠道。君臣之間必須有一個超乎忠孝的道德規範，方能平心相處且自由行事，義由是因應而生。

（四）睠同布衣，匪惟君臣

《晉書》云：「自漢魏以來，羣臣不拜山陵。導以元帝睠同布衣，匪惟君臣而已，每一崇進，皆就拜，不勝哀戚。由是詔百官拜陵，自導始也。」〔註26〕「睠」同「眷」，恩遇、寵愛之義。《文獻通考》亦云：「元帝崩後，諸公始有謁陵辭陵之事，蓋由義同友執，率情而舉也。」〔註27〕元帝駕崩，王導詔百官拜謁皇陵，為傷逝、思念好友之舉。

《世說‧規箴》11 載：「元帝過江猶好酒，王茂弘與帝有舊，常流涕諫。帝許之，命酌酒一酣從是遂斷。」〔註28〕王導常流淚進諫元帝戒酒，勉帝以

〔註25〕同上註。
〔註26〕〔唐〕房玄齡等撰：《晉書》，卷65，列傳第35，〈王導傳〉，頁854。
〔註27〕〔元〕馬端臨撰：《文獻通考》（台北：台灣商務印書館，1987年），卷125，〈王禮考〉20，頁1122。
〔註28〕余嘉錫：《世說新語箋疏》（上），〈規箴〉11，頁560。

復興中原為志，元帝感知王導之善，於是依王導意，在痛飲一翻後，再不飲酒，足見二人情深義重，為知心好友。「明帝之在東宮，與溫嶠、庾亮並有布衣之好。」〔註29〕君王不拘身分禮節與臣子友好親昵，代表君臣之間充滿著恩義與情誼，此時君已不君，臣已不臣，「匪惟君臣」指其友好關係已打破君臣之間的藩籬。君臣之交，出自義合，此義除了要符合正義與道德規範，更引伸出相互關切、敬愛的感情。如西晉閻纘曰：

> 昔魏文帝之在東宮，徐幹、劉楨為友，文學相接之道並如氣類。吳太子登，顧譚為友，諸葛恪為賓，臥同牀帳，行則參乘，交如布衣，相呼以字，此則近代之明比也。天子之子，不患不富貴，不患人不敬畏，患於驕盈，不聞其過，不知稼穡之艱難耳。〔註30〕

古代帝王有為太子高選師友之制，閻纘認為太子的教育十分重要，尤其應培養其待人接物之道，因此太子與士人、賓客同床共枕，交如布衣，可以使其養成仁慈寬厚的性格。

然而，另有一批人不贊同君臣睄同布衣，認為其敗壞倫理，不成體統。《三國志·荀彧傳》注引《魏氏春秋》曰：「夫明君師臣，其次友之。」〔註31〕東漢陳元上疏云：「臣聞師臣者帝，賓臣者霸。故武王以太公為師，齊桓以夷吾為仲父。」〔註32〕晉卞壼亦云：

> 臣歷觀紀籍禮經，無拜臣之制。雖漢成帝拜張禹，庸主凡臣，不足為範。或說師臣友臣，師模其道，又未見其拜也。至于先帝之拜司徒導，特以元皇帝興自藩國，布衣之交，拜在人臣之日，故率而不改。陛下尊訓先典，服膺禮中，未宜降南面之尊，拜北面之臣。大教有違，名體不順，事應改正。〔註33〕

這些人並無反對師臣友臣，但主張君臣關係不能過於親暱，君臣發展友誼要在禮教規範之內。君臣睄同布衣易形成款昵交，君若拜臣名體不順，人臣逾

〔註29〕〔唐〕房玄齡等撰：《晉書》，卷72，列傳第42，〈郭璞傳〉，頁930。
〔註30〕〔唐〕房玄齡等撰：《晉書》，卷48，列傳第18，〈閻纘傳〉，頁655。
〔註31〕〔晉〕陳壽撰，盧弼集解：《三國志集解》，卷10，〈荀彧傳〉，頁321。
〔註32〕〔清〕嚴可均校輯：《全上古三代秦漢六朝文·全後漢文》，卷19，陳元：〈上疏駁江馮督察三公議〉，頁573。
〔註33〕〔清〕嚴可均校輯：《全上古三代秦漢六朝文·全晉文》，卷84，卞壼：〈拜敬保傅議〉，頁1944。

矩君王難制；長久下來會破壞朝綱法紀，對君王統治亦有不良影響。

藉由上述君臣關係與君臣倫理的探討，底下進一步論述君臣間的友情，則較能夠理解其在魏晉名士友誼觀中展現的特色。

三、君臣間的友情

魏晉君臣交的特色之一是，前朝之臣往往在言語中透露對故國的忠義之情，對當朝的國君有時予以嘲諷，卻不至於違背君臣的禮節。

孫皓是三國時東吳的最後一位皇帝，吳國滅亡後，孫皓歸晉，被賜號為歸命侯。晉武帝司馬炎不只一次調侃孫皓，一方面是想藉他取樂，也想試探他的性格與為人如何，如《晉書》載：「帝嘗與濟弈棋，而孫皓在側，謂皓曰：『何以好剝人面皮？』皓曰：『見無禮於君者則剝之。』濟時伸腳局下，而皓譏焉。」〔註34〕此外還要孫皓作爾汝歌：

> 晉武帝問孫皓：「聞南人好作爾汝歌，頗能為不？」皓正飲酒，因舉觴勸帝而言曰：「昔與汝為鄰，今與汝為臣。上汝一桮酒，令汝壽萬春。」帝悔之。〔註35〕

司馬炎原先要消遣他，然而孫浩的爾汝歌，前二句描述朝代與邦國的交換，突顯孫浩對故國的緬懷之情，後二句表面上是以酒祝壽，卻有諷刺意味，暗指吳國雖然被你司馬氏所滅，但你也不要太過得意，引申歷史的興替是變化無常的，司馬炎聽了遂感愧疚。孫皓歸化為晉朝的臣子，但他畢竟曾是一國之君，因此能夠以上位者的心態來透視司馬炎的心理；他深諳君臣相處之道，能夠掌握對話的分寸與技巧，面對司馬炎的調侃與無理要求，均能從容應對甚至予以逆襲回去。

君臣之間的友情如張遼與魏文帝曹丕：「疾未瘳，帝迎遼就行在所，車駕親臨，執其手，賜以御衣，太官日送御食。疾小差，還屯。……遼病篤，遂薨於江都。帝為流涕，諡曰剛侯。」〔註36〕其友情表現於傷逝。

劉備與張飛、關羽：「先主與二人寢則同牀，恩若兄弟。而稠人廣坐，侍立終日，隨先主周旋，不避艱險。」〔註37〕范汪與簡文帝：「時簡文帝作相，

〔註34〕〔唐〕房玄齡等撰：《晉書》，卷42，列傳第11，〈王渾傳〉，頁579。
〔註35〕余嘉錫：《世說新語箋疏》（下），〈排調〉5，頁781。
〔註36〕〔晉〕陳壽撰，盧弼集解：《三國志集解》，卷17，〈張遼傳〉，頁464。
〔註37〕〔晉〕陳壽撰，盧弼集解：《三國志集解》，卷36，〈關羽傳〉，頁794。

甚相親昵。」〔註 38〕范甯少篤學，多所通覽，「孝武帝雅好文學，甚被親愛。」
〔註 39〕其友情表現於款昵。

賈充雖權擬人主，爲人狡詐奸險，但與晉文帝司馬昭感情甚好，司馬
昭也很依賴他，「及文帝寢疾，武帝請問後事。文帝曰：『知汝者賈公閭也。』」
〔註 40〕晉元帝司馬睿亦曾對王導說過相似的話：「時元帝爲琅邪王，與導素
相親善。導知天下已亂，遂傾心推奉，潛有興復之志。帝亦雅相器重，契
同友執。……帝嘗從容謂導曰：『卿，吾之蕭何也。』」〔註 41〕君臣相與爲
知交。

總結以上，君臣交係因政治而結交的友誼類型，因此其內涵包含上下的
君臣關係與平行的朋友關係，又時常與布衣交重疊並存，然與布衣交不同的
是，君王居於領導與統治的地位，君臣之間即使睌同布衣，彼此仍要保持一
定的距離，在友情之前尚有忠孝節義的道德規範與以制約，不能任其所欲，
故而君臣之間的友情往往是溫和而含蓄的。

貳、朋黨交

魏晉朋黨多由外戚爲首，黨羽包含朝中名士；朋黨爲人詬病，不僅因其
偉服華飾，不務正事，以浮華爲尚；其弊爲爭權奪勢，爲勢利之交，「大者傾
國喪家，次則覆身滅祀。」〔註 42〕本文所謂朋黨交，即謂魏晉之世朋黨相爭，
其間猜忌、殺戮與友誼並存，歷來被視爲小人之交，然其具有時代意義，故
而包含於友誼的類分中一併探討。

一、朋黨的意義

《論語‧衛靈公》曰：「（君子）群而不黨。」朋黨向來被視爲君子的對
立面，是小人的集合體。唐‧李絳論朋黨曰：「臣歷觀自古及今，帝王最惡者
是朋黨。」〔註 43〕裴度亦曰：「方以類聚，物以群分。君子小人，志趣同者，
勢必相合。君子爲徒，謂之同德，小人爲徒，謂之朋黨，外雖相似，內實懸

〔註 38〕〔唐〕房玄齡等撰：《晉書》，卷 75，列傳第 45，〈范汪傳〉，頁 971。
〔註 39〕〔唐〕房玄齡等撰：《晉書》，卷 75，列傳第 45，〈范汪傳〉，頁 972。
〔註 40〕〔唐〕房玄齡等撰：《晉書》，卷 40，列傳第 10，〈賈充傳〉，頁 559。
〔註 41〕〔唐〕房玄齡等撰：《晉書》，卷 65，列傳第 35，〈王導傳〉，頁 850。
〔註 42〕〔唐〕房玄齡等撰：《晉書》，卷 55，列傳第 25，潘尼〈安身論〉，頁 731。
〔註 43〕〔清〕董誥等編：《全唐文》（北京：中華書局，1987 年），卷 645，李絳：〈對
　　　　憲宗論朋黨〉，頁 6526。

殊，在聖主辨其所爲邪正耳。」〔註44〕朋黨向來爲朝廷所忌憚，漢末政權分崩離析，浮華交會之徒，結黨同盟，評論時政，最有名的是以許劭爲首的月旦評，對於政權的動盪造成了不容小覷的影響力，以致於曹魏時期，曹操大舉消滅以孔融爲首的一批名士，目的就是在幫助曹丕驅除異己，以鞏固其政治勢力。史上著名的魏明帝禁浮華，亦是因爲士人成黨結群，浮華相扇，憑藉權勢，割分產業，朝廷引以爲惡。

「浮華」指的是講究表面的華麗而不務實，可與「奢靡」相通。魏晉時期，浮華爲朋黨交遊的風氣，這群人大多空有理想抱負而好高鶩遠；志大才疏，極想有一番作爲，卻不足以成事，如孔融、鄧颺、何晏，甚至嵇康，在當時都被視爲浮華之徒。

以下依照魏晉著名的朋黨、朋黨交的內涵，及朋黨中的友情依序論述，以示魏晉朋黨交的全貌。

二、魏晉著名的朋黨

清‧王夫之云：「人臣而欲擅權以移國者，必立威以脅眾，子罕奪宋公之柄，用是術也。而曹操之殺孔融，司馬懿之殺曹爽，王敦之殺周顗、戴淵，無所稟承，猶無擇噬。」〔註45〕吾人可大致了解魏晉朋黨相爭之概況，以下依照時間，詳細論述魏晉著名的朋黨及其利害衝突的情形。

（一）曹氏兄弟各樹朋黨

曹操未立嗣時，曹丕與曹植各樹朋黨，黨羽擁護其主並爲之謀畫策略，曹植「以才見異，而丁儀、丁廙、楊脩等爲之羽翼。」〔註46〕曹丕則寵幸賈詡、吳質、毛玠等人。「植任性而行，不自彫勵，飲酒不節。文帝御之以術，矯情自飾，宮人左右，並爲之說，故遂定爲嗣。」〔註47〕曹植性格放蕩，且愛飲酒；曹丕爲人狡詐，掩飾真情，服侍曹操的宮人亦爲他遊說，曹操後來決定立曹丕爲嗣。

曹操未立嗣時，曹丕與曹植各與黨羽私通，擬定策略，並見史傳：

> 初，丞相主簿楊脩與丁儀兄弟謀立曹植爲魏嗣，五官將丕患之，以
> 車載廢簏內朝歌長吳質，與之謀。脩以白魏王操，操未及推驗。丕

〔註44〕〔宋〕司馬光編著：《資治通鑑》，卷240，頁7757。
〔註45〕〔清〕王夫之：《讀通鑑論》，卷20，頁713。
〔註46〕〔晉〕陳壽撰，盧弼集解：《三國志集解》，卷19，〈任城陳蕭王傳〉，頁489。
〔註47〕〔晉〕陳壽撰，盧弼集解：《三國志集解》，卷19，〈任城陳蕭王傳〉，頁490。

懼，告質，質曰：「無害也。」明日，復以簏載絹以入，脩復白之，推驗，無人；操由是疑焉。其後植以驕縱見疏，而植故連綴脩不止，脩亦不敢自絕。每當就植慮事有闕，忖度操意，豫作答教十餘條，敕門下，「教出，隨所問答之」，於是教裁出，答已入；操怪其捷，推問，始泄。操亦以脩袁術之甥，惡之，乃發脩前後漏泄言教，交關諸侯，收殺之。〔註48〕

吳質與曹丕交誼深厚，時有書信往來。曹丕密請吳質入內府，討論曹操立嗣之事，即以竹簏藏吳質入府，與之謀劃。丞相主簿楊脩為曹植好友，發現後向曹操告密，曹丕害怕事態揭露，趕緊諮詢吳質，吳質曰：「無憂也，明日用大簏裝絹再入以惑之。」曹丕隔日便以竹簏裝絹運入，曹操派人搜查並無發現，反而懷疑楊脩欲中傷曹丕。之後楊脩忖度曹操之意，為曹植作教條，教其應對之道，為曹操發現，故殺之。賈詡雖非曹丕黨羽，然對立嗣之事，心屬曹丕，史載：

> 是時，文帝為五官將，而臨菑侯植才名方盛，各有黨與，有奪宗之議。文帝使人問詡自固之術，詡曰：「願將軍恢崇德度，躬素士之業，朝夕孜孜，不違子道。如此而已。」文帝從之，深自砥礪。太祖又嘗屏除左右問詡，詡嘿然不對。太祖曰：「與卿言而不答，何也？」詡曰：「屬適有所思，故不即對耳。」太祖曰：「何思？」詡曰：「思袁本初、劉景升父子也。」太祖大笑，於是太子遂定。詡自以非太祖舊臣，而策謀深長，懼見猜疑，闔門自守，退無私交，男女嫁娶，不結高門，天下之論智計者歸之。〔註49〕

賈詡懼見猜疑，不參朋黨，其表面中立，是為明哲保身；曹丕諳解其語，故為推心之交。曹丕即王位，剷除曹植黨羽，「誅右刺姦掾沛國丁儀，及弟黃門侍郎廙并其男口，皆植之黨也。」〔註50〕並誅殺其弟任城王曹彰，如《世說‧尤悔》1載：

> 魏文帝忌弟任城王驍壯。因在下太后閤共圍棋，並噉棗，文帝以毒置諸棗蒂中。自選可食者而進，王弗悟，遂雜進之。既中毒，太后索水

〔註48〕　〔宋〕司馬光編著：《資治通鑑》，卷68，頁2162。
〔註49〕　〔晉〕陳壽撰，盧弼集解：《三國志集解》，卷10，〈賈詡傳〉，頁330。
〔註50〕　〔宋〕司馬光編著：《資治通鑑》，卷69，頁2177。

救之。帝預敕左右毀缾罐，太后徒跣趨井，無以汲。須臾，遂卒。復
欲害東阿，太后曰：「汝已殺我任城，不得復殺我東阿。」〔註51〕

嘉錫曰：「蓋彰之暴卒，固爲丕所殺，又實有害植之意。」〔註52〕骨肉相殘肇
因朋黨相爭，凡所犧牲皆爲權勢所害也。

此外，建安七子中，除孔融之外，其他六人都依附於曹操父子之下，孔
融被殺也是因爲黨派不同所由。

（二）四聰八達與臺中三狗

魏明帝太和四年董昭上疏云：

> 凡有天下者，莫不貴尚敦樸忠信之士，深疾虛僞不眞之人者，以其毀
> 教亂治，敗俗傷化也。……竊見當今年少，不復以學問爲本，專更以
> 交游爲業；國士不以孝悌清脩爲首，乃以趨勢游利爲先。合黨連羣，
> 互相褒歎，以毀訾爲罰戮，用黨譽爲爵賞，附己者則歎之盈言，不附
> 者則爲作瑕釁。至乃相謂「今世何憂不度邪，但求人道不勤，羅之不
> 博耳；又何患其不知己矣，但當吞之以藥而柔調耳。」〔註53〕

趨勢游利爲浮華，合黨連群則爲朋黨，因此可知浮華朋黨指稱的是同一群人。
明帝當時發切詔禁浮華，斥免諸葛誕、鄧颺等，人稱「四聰八達」，各有主名，
因其牽連人數甚多，於是明帝收李勝等人，禁錮數歲：

> 當世俊士散騎常侍夏侯玄、尚書諸葛誕、鄧颺之徒，共相題表，以
> 玄、疇四人爲四聰，誕、備八人爲八達，中書監劉放子熙、孫資子
> 密、吏部尚書衛臻子烈三人，咸不及比，以父居勢位，容之爲三豫，
> 凡十五人。帝以構長浮華，皆免官廢錮。〔註54〕

四聰、八達、三豫凡十五人皆入獄，明帝禁浮華的最終目的，便是禁絕崇尚
浮華、結交朋黨的風氣。

曹爽與明帝曹叡交情甚好，「明帝在東宮，甚親愛之。及即位，爲散騎侍
郎，累遷城門校尉，加散騎常侍，轉武衞將軍，寵待有殊。」〔註55〕明帝病

〔註51〕余嘉錫：《世說新語箋疏》（下），〈尤悔〉1，頁895。
〔註52〕余嘉錫：《世說新語箋疏》（下），〈尤悔〉1，頁896。
〔註53〕〔晉〕陳壽撰，盧弼集解：《三國志集解》，卷14，〈董昭傳〉，頁411。
〔註54〕〔晉〕陳壽撰，盧弼集解：《三國志集解》，卷28，〈諸葛誕傳〉，頁648。
〔註55〕〔晉〕陳壽撰，盧弼集解：《三國志集解》，卷9，〈曹眞傳〉，頁292。

重，任命曹爽爲大將軍，並將太子曹芳交託給曹爽和司馬懿，命令二人共同輔助年僅八歲的少主。曹芳繼位後，加曹爽侍中，改封武安侯。曹爽聽信丁謐建言，尊司馬懿爲太傅，乘機削去司馬懿實權，時謂「臺中有三狗，二狗崖柴不可當，一狗憑默作疽囊。」三狗，謂何晏、鄧颺、丁謐也。

　　後來司馬懿發動高平陵政變，趁曹爽與曹芳兄弟至高平陵祭拜明帝時，稱曹爽意圖篡位，罷黜曹爽，「有司奏收黃門張當付廷尉，考實其辭，爽與謀不軌。又尙書丁謐、鄧颺、何晏、司隸校尉畢軌、荊州刺史李勝、大司農桓範皆與爽通姦謀，夷三族。」〔註56〕將曹爽及其黨羽一併誅殺。

　　何晏、鄧颺等人死後，夏侯玄與李豐等人密謀剷除司馬師，然事蹟敗露，被司馬師誅殺。《世說・識鑒》3云：「何晏、鄧颺、夏侯玄並求傅嘏交，而嘏終不許。」〔註57〕余嘉錫曰：「嘏爲司馬氏之死黨，而玄則司馬師之讎敵也。」〔註58〕傅嘏「自少與冀州刺史裴徽、散騎常侍荀鯤善，徽、鯤早亡。又與鎮北將軍何曾、司空陳泰、尙書僕射荀顗、後將軍鍾毓並善相友綜朝事，俱爲名臣。」〔註59〕諸人共爲司馬氏黨。司馬懿殺何晏諸人，以及司馬師殺夏侯玄諸人，這些人雖爲明帝禁浮華，免官禁錮的同一批人，然其見殺卻非浮華所害，而係司馬氏黨掃蕩曹魏黨的結果。

　　總結晉宣帝至景帝時，司馬氏黨有：傅嘏、何曾、裴徽、荀鯤、陳泰、荀顗、鍾毓諸人；曹魏黨則有：曹爽、曹義、曹訓、何晏、鄧颺、丁謐、畢軌、李勝、桓範諸人。

（三）賈氏專朝與八王之亂

　　高貴鄉公曹髦深忌司馬昭，謂侍中王沈、尙書王經、散騎常侍王業曰：「司馬昭之心，路人所知也。吾不能坐受廢辱，今日當與卿等自出討之。」〔註60〕遂拔劍升輦，帥殿中宿衛蒼頭官僮擊戰鼓，欲伐司馬昭，王沈、王業奔走告密，要司馬昭有所準備，後賈充贏戰於南闕下，眾人見曹髦拔劍，不敢進擊，賈充遂命成濟刺殺曹髦，曹髦死後曹奐即位。自此賈充得寵於司馬氏，爲賈氏專朝奠定基石。

〔註56〕〔晉〕陳壽撰，盧弼集解：《三國志集解》，卷4，〈帝紀・齊王芳〉，頁149。
〔註57〕余嘉錫：《世說新語箋疏》（上），〈識鑒〉3，頁384。
〔註58〕余嘉錫：《世說新語箋疏》（上），〈識鑒〉3，頁386。
〔註59〕〔晉〕陳壽撰，盧弼集解：《三國志集解》，卷21，〈傅詁傳〉，頁549。
〔註60〕〔晉〕陳壽撰，盧弼集解：《三國志集解》，卷4，〈帝紀・高貴鄉公髦〉，頁169。

　　曹渙禪位，司馬炎為晉武帝，追尊司馬懿、司馬師及司馬昭為晉帝。賈充深得文帝司馬昭與武帝司馬炎的寵愛，「自文帝時寵任用事，帝之為太子，充頗有力，故益有寵於帝。充為人巧諂，與太尉、行太子太傅荀顗、侍中、中書監荀勖、越騎校尉安平馮紞相為黨友，朝野惡之。」〔註61〕可知賈充、荀顗、荀勖與馮紞皆司馬氏之黨。武帝在位，「時司空賈充權擬人主，曾卑充而附之。及充與庾純因酒相競，曾議黨充而抑純，以此為正直所非。」〔註62〕何曾畏懼賈充權勢，故亦卑躬屈膝於賈充。「充無公方之操，不能正身率下，專以諂媚取容。侍中任愷、中書令庾純等剛直守正，咸共疾之。」〔註63〕又「充既為帝所遇，欲專名勢，而庾純、張華、溫顒、向秀、和嶠之徒皆與愷善，楊珧、王恂、華廙等充所親敬，于是朋黨紛然。帝知之，召充、愷宴于式乾殿，而謂充等曰：『朝廷宜一，大臣當和。』充、愷各拜謝而罷。既而充、愷等以帝已知之而不責，結怨愈深，外相崇重，內甚不平。」〔註64〕此外，「帝自太康以後，天下無事，不復留心萬機，惟耽酒色，始寵后黨，請謁公行。而駿及珧、濟勢傾天下，時人有『三楊』之號。」〔註65〕武帝時前後任皇后分別為楊艷及楊芷，楊駿為楊芷之父，楊珧與楊濟為楊駿之弟，「珧初以退讓稱，晚乃合朋黨，構出齊王攸。中護軍羊琇與北軍中候成粲謀欲因見珧而手刃之。珧知而辭疾不出，諷有司奏琇，轉為太僕。」〔註66〕司馬攸與三楊為當時的外戚勢力。

　　總結晉文帝至武帝時的朋黨，其一以賈充為首，其黨羽蓋為：荀顗、荀勖、馮紞、何曾、王沈、裴秀諸人；另一派為齊王司馬攸與外戚三楊之族黨所結成的勢力。至於任愷、庾純、張華、溫顒、向秀、和嶠等反對賈充黨的人士，雖亦結為朋黨，然其為朝廷伸張正義，為同志相友。

　　惠帝即位，賈南風為后，三楊勢衰，賈后不但廢除楊芷的太后之位，並滅楊駿三族，剷除前朝后黨。此時「賈后專朝，彰豫參權勢，物情歸附，賓客盈門。世人稱為「賈郭」，謂謐及彰也。」〔註67〕賈謐藉賈后得勢，對愍懷

〔註61〕〔宋〕司馬光編著：《資治通鑑》，卷79，頁2516。
〔註62〕〔唐〕房玄齡等撰：《晉書》，卷33，列傳第3，〈何曾傳〉，頁476。
〔註63〕〔唐〕房玄齡等撰：《晉書》，卷40，列傳第10，〈賈充傳〉，頁560。
〔註64〕〔唐〕房玄齡等撰：《晉書》，卷45，列傳第15，〈任愷傳〉，頁618。
〔註65〕〔唐〕房玄齡等撰：《晉書》，卷40，列傳第10，〈楊駿傳〉，頁565。
〔註66〕〔唐〕房玄齡等撰：《晉書》，卷40，列傳第10，〈楊駿傳〉，頁567。
〔註67〕〔唐〕房玄齡等撰：《晉書》，卷40，列傳第10，〈郭彰傳〉，頁565。

太子傲慢無禮，無屈降心，「常與太子弈棊爭道，成都王穎在坐，正色曰：『皇太子，國之儲君，賈謐何得無禮！』謐懼，言之於后，遂出穎爲平北將軍，鎮鄴。」〔註68〕及賈后謀廢愍懷太子，與趙王倫及其親信孫秀、張林的趙王倫黨，以及後來謀廢賈后的司馬雅、許超、士猗等人；愍懷太子黨的張華、裴頠、解結、杜斌等，展開激烈的黨爭，終釀成元康元年至光熙元年，歷時16年的八王之亂。

（四）晉明帝討伐王敦之亂

王導與王敦都是東晉的開國功臣，導與元帝「晤同布衣，匪惟君臣而已」〔註69〕。晉明帝爲太子時，「當時名臣，自王導、庾亮、溫嶠、桓彝、阮放等，咸見親待。」〔註70〕王導、溫嶠、周顗、謝鯤、庾亮、桓彝等並與溫嶠親善。可知明帝亦親信王導黨人。然而元帝「寄人國土，心常懷慚」〔註71〕，雖然依靠王氏鞏固江東地位，卻與王氏處於政策對立地位，〔註72〕難免有所顧忌。

元帝十分信任劉隗與刁協，劉隗曾奏文彈劾王敦兄王含，王氏深忌之。此外，「以王敦勢盛，漸疏忌王導等」〔註73〕，周嵩上疏要明帝「以危爲安，以疏易親」。後來王導受元帝遺詔輔佐明帝，王敦於是趁機起兵，史稱「王敦之亂」。王敦之亂是東晉政權建立後第一次朝廷與藩鎮之爭，也是「王與馬，共天下」的代表之爭。

刁協「性剛悍，與物多忤，每崇上抑下，故爲王氏所疾。」〔註74〕劉隗曾經彈劾周顗使之免官，周氏兄弟對劉隗、刁協不滿，《世說‧方正》27云：

> 周伯仁爲吏部尚書，在省內夜疾危急。時刁玄亮爲尚書令，營救備親好之至。良久小損。明旦，報仲智，仲智狼狽來。始入戶，刁下牀對之大泣，說伯仁昨危急之狀。仲智手批之，刁爲辟易於戶側。

〔註68〕〔唐〕房玄齡等撰：《晉書》，卷40，列傳第10，〈賈充傳〉，頁563。

〔註69〕〔唐〕房玄齡等撰：《晉書》，卷65，列傳第35，〈王導傳〉，頁854。

〔註70〕〔唐〕房玄齡等撰：《晉書》，卷6，帝紀第6，〈肅宗明帝紀〉，頁81。

〔註71〕余嘉錫：《世說新語箋疏》（上），〈言語〉29，頁91。

〔註72〕唐長孺說：「元帝與王氏的矛盾，在政策上是『以法御下』和『務在清靜』的對立。根據記載，矛盾由來已久，或者可以說，在元帝渡江後不久就已產生，具體反映在劉隗、刁協的被寵任。」參唐長孺：《魏晉南北朝史論拾遺》，頁160。

〔註73〕〔唐〕房玄齡等撰：《晉書》，卷61，列傳第31，〈周浚傳〉，頁807。

〔註74〕〔唐〕房玄齡等撰：《晉書》，卷69，列傳第39，〈刁協傳〉，頁899。

　　既前，都不問病，直云：「君在中朝，與和長輿齊名，那與佞人刁協
　　有情？」逕便出。〔註75〕

周顗任吏部尚書時，夜裡在官府得病情況危急。刁協為尚書令，照顧周顗無
微不至。第二天早上，派人報告其兄周嵩，刁協哭著對周嵩訴說周顗前晚病
危的情況，周嵩卻打他耳光，然後責問周顗在朝廷中和嶠齊名，怎能與佞人
刁協有交情？

　　晉元帝永昌元年，王敦以誅殺劉隗、刁協之名義起兵，敦據石頭，戴若思、
劉隗帥眾攻之，王導、周顗、郭逸、虞潭等三道出戰，六軍敗績。王敦欲誣明
帝以不孝而廢焉，〔註76〕溫嶠出面未帝平反，王敦之謀無法得逞。王敦黨人錢
鳳，引薦同郡沈充，「知敦有不臣之心，因進邪說，遂相朋構。」〔註77〕

　　明帝即位，溫嶠假裝勤勉恭敬，為王敦出謀劃策，又與其心腹錢鳳交好，
漸漸取得王敦的信任。溫嶠將王敦的計謀告訴明帝，和庾亮策劃討伐王敦，
王敦大怒與王導書曰：「表誅姦臣，以嶠為首。募生得嶠者，當自拔其舌。」
〔註78〕後王敦病亡，太寧二年令王含為驃騎大將軍，明帝親信常從督公乘雄、
冉曾並為敦所害。

　　於是王導、溫嶠、郗鑒、庾亮、卞壺、劉遐、蘇峻等人，與明帝共同討
伐錢鳳、沈充、周撫、鄧岳等王敦黨人，於越城大破之，王敦憤惋而死。「帝
還宮，大赦，惟敦黨不原。」〔註79〕

　　王敦與王導為堂兄弟，但王導為人正直，對朝廷忠貞不阿，其子姪允之
及羲之年雖總角，皆曾暗中告密敦、鳳之謀。〔註80〕總結東晉明帝時的朋黨，

〔註75〕余嘉錫：《世說新語箋疏》（上），〈方正〉27，頁310。
〔註76〕〔唐〕房玄齡等撰：《晉書》，卷6，帝紀第6，〈肅宗明帝紹〉頁81。
〔註77〕〔唐〕房玄齡等撰：《晉書》，卷98，列傳第68，〈王敦傳〉，頁1258。
〔註78〕〔唐〕房玄齡等撰：《晉書》，卷67，列傳第37，〈溫嶠傳〉，頁872。
〔註79〕〔唐〕房玄齡等撰：《晉書》，卷6，帝紀第6，〈肅宗明帝紹〉，頁83。
〔註80〕《晉書》載：「允之字深猷。總角，從伯敦謂為似己，恒以自隨，出則同輿，
　　　入則共寢。敦嘗夜飲，允之辭醉先臥。敦與錢鳳謀為逆，允之已醒，悉聞其
　　　言，慮敦或疑己，便於臥處大吐，衣面並污。鳳既出，敦果照視，見允之臥
　　　吐中，以為大醉，不復疑之。時父舒始拜廷尉，允之求還定省，敦許之。至
　　　都，以敦、鳳謀議事白舒，舒即與導俱啟明帝。」參〔唐〕房玄齡等撰：《晉
　　　書》，卷76，列傳第46，〈王舒傳〉，頁979。《世說‧假譎》7亦載：「王右軍
　　　年減十歲時，大將軍甚愛之，恒置帳中眠。大將軍嘗先出，右軍猶未起。須
　　　臾，錢鳳入，屏人論事，都忘右軍在帳中，便言逆節之謀。右軍覺，既聞所
　　　論，知無活理，乃別吐汙頭面被褥，詐孰眠。敦論事造半，方意右軍未起，

係以王敦爲首的王含、錢鳳、沈充諸人；明帝帥王導與溫嶠等人討伐王敦成功，象徵司馬氏於江東的正統地位。

唐長孺指出，從孫吳開始，江南六代相承都是以皇族爲首的大姓豪門聯合統治，而形式上還是繼承秦漢君主專制政體，西晉北朝也是這樣，唯獨東晉，親疏宗室處於無權的地位，司馬氏並非最強大的家族，早期最強大的家族是王氏，以後是庾氏、桓氏、謝氏。東晉晚期，司馬道子、元顯父子專政，也想削弱方鎮，最後以失敗告終。〔註81〕而司馬道子與司馬元顯也因專事聚斂，奢侈無度，朝政日趨腐敗，最後激起孫恩起兵叛亂。

三、朋黨交的內涵

（一）朋黨相爭，附權結勢

魏晉時期爲爭奪帝位而結黨，最著名的應屬賈后黨與愍懷太子黨之爭，除了檯面上的謀畫策議、血腥殺弒，私底下還蘊藏著詭譎多變的人心及矯揉造作的奸情。愍懷太子司馬遹，〔註82〕幼而聰慧，爲晉武帝司馬炎所喜愛，長大後卻終日逸樂，不思上進：

> 惟與左右嬉戲，不能尊敬保傅。賈后素忌太子有令譽。因此密敕黃
> 門閹宦媚諛於太子曰：殿下誠可及壯時極意所欲，何爲**恒**自拘束？
>
> 〔註83〕

中舍人杜錫好言勸諫，卻換得「如坐針氈」的下場，〔註84〕司馬遹爲所欲爲，更加深了賈后廢太子的念頭。

賈后之黨由外戚組成，包括族兄賈模、從舅郭彰、妹妹賈午之子賈謐等。其黨羽多藉賈后之勢狐假虎威，如：

　　相與大驚曰：『不得不除之！』及開帳，乃見吐唾從橫，信其實孰眠，於是得
　　全。于時稱其有智。」參余嘉錫：《世說新語箋疏》（下），〈假譎〉7，頁855。
〔註81〕唐長孺：《魏晉南北朝史論拾遺》，頁171。
〔註82〕司馬遹，晉惠帝即位後冊立爲皇太子，後爲賈后南風陰謀廢黜，過不久又被
　　　殺害，追諡爲愍懷太子。參〔唐〕房玄齡等撰：《晉書》，卷53，列傳第23，
　　　〈愍懷太子傳〉，頁706～709；卷59，列傳第39，〈趙王倫傳〉，頁776～783。
〔註83〕〔唐〕房玄齡等撰：《晉書》，卷53，列傳第23，〈愍懷太子傳〉，頁706。
〔註84〕〈愍懷太子傳〉云：「中舍人杜錫，以太子非賈后所生，而后性兇暴，深以爲
　　　憂，每盡忠規勸太子修德進善，遠於讒謗。太子怒而使人以針著錫常所坐氈，
　　　中而刺之。」參〔唐〕房玄齡等撰：《晉書》，卷53，列傳第23，〈愍懷太子
　　　傳〉，頁706。

及賈后專朝，彰豫參權勢，物情歸附，賓客盈門。世人稱爲「賈郭」，
謂謐及彰也。〔註85〕

帝自太康以後，天下無事，不復留心萬機，惟耽酒色，始寵后黨，
請謁公行。而駿及珧、濟勢傾天下，時人有「三楊」之號。〔註86〕

彰豫積極的參予權勢，楊駿、楊珧、楊濟三人則是沾酒色，染浮華。雖同屬
朋黨交，但心態、動機不同，呈現出來的面貌也不同。

賈謐亦因得賈后嬌寵，「貴遊豪戚及浮競之徒，莫不盡禮事之。」〔註87〕
西晉著名的二十四人文學集團，號稱「二十四友」，當時也都以文才在賈謐底
下做事，爲其黨羽。二十四友蓋石崇、歐陽建、陸機、陸雲、劉琨、劉輿、
潘岳、繆徵、杜斌、摯虞、諸葛詮、王粹、杜育、鄒捷、左思、崔基、和郁、
周恢、牽秀、陳眕、郭彰、許猛、劉訥和摯虞，其中潘岳爲首，陸機、左思
和劉琨爲當時著名的詩人，歐陽建、陸雲、石崇等也有文名，但要在當時險
惡的政治環境下生存，光靠文采是不能的，故其在政治上亦需有所擁護，爲
朋黨交之另一種型態。此外，其又俱爲浮華交，經常在石崇的金谷園共同遊
樂，爲「金谷遊」，故又稱「金谷二十四友」。

賈后之黨中趙王司馬倫深交賈、郭，諂事中宮，深爲賈后所親信，起初
與賈后謀廢太子，中途卻改變計謀，背叛賈后。

司馬遹被廢太子位後，愍懷太子黨的司馬雅、許超與士猗等謀廢賈后，
本欲遊說張華、裴頠與之共謀，但二人終不可移。於是轉往與趙王倫黨同盟，
透過倫之親信孫秀，分析利害得失，說之曰：

中宮兇妬無道，與賈謐等共廢太子。今國無嫡嗣，社稷將危，大臣
將起大事。而公名奉事中宮，與賈、郭親善，太子之廢，皆云豫知，
一朝事起，禍必相及。何不先謀之乎？〔註88〕

孫秀又將愍懷太子黨所言轉告趙王倫，並且圖謀爲趙王倫奪取權力，倫納焉。
此時，趙王倫的親信張林與張衡更力勸他與愍懷太子黨同謀廢賈后，其預知
賈后必定會斬草除根殺害太子，假使在此時打著爲太子復仇的名號，廢除賈

南風的后位，則可收聲東擊西之效；表面上施行太子復仇計，與愍懷太子黨合，並藉以立功於朝廷，事實上是要推翻賈后之黨，奪取政權，建立自己的聲勢地位。

司馬遹被黃門孫慮殺害後，趙王倫便打著爲太子報仇的名義討伐賈后，將賈后黨人一併斬除，後追諡司馬遹爲愍懷太子。賈后與趙王倫起初同心廢掉愍懷太子，但是隨著彼此的利害關係轉變，賈后先利用趙王倫，而後趙王倫利用賈后，皆突顯了朋黨交趨勢逐利的特點。

（二）外相崇重，內實不平

朋黨交是一種非常複雜的交友類型，黨員各各心懷鬼胎，始合終乖、僞爲朋黨以維持表面關係的情形屢見不鮮，例如文欽爲曹爽之邑人，數有戰功，好增虜獲，以徼寵賞，「多不見許，怨恨日甚。毌丘儉以計厚待欽，情好歡洽。欽亦感戴，投心無二。」〔註 89〕之後二人共同謀反，據壽春叛。又晉武帝要賈充與任愷和睦相處，充與愷「外相崇重，內實不平」。〔註 90〕趙王倫黨雖有孫秀、張林、張衡等人，但秀與林有隙，「外相推崇，內實忌之」。〔註 91〕而王機慕王澄爲人，以爲己亞，遂與友善，「內綜心膂，外爲牙爪」。〔註 92〕以下舉孫秀之例論之。

孫秀爲趙王倫之心腹，於是勸倫誅林，倫從之。〔註 93〕又如溫嶠爲晉明帝重用，當時王敦恃侍軍隊，阻兵不朝並意圖謀反，溫嶠本欲勸諫王敦打消念頭，但是王敦不領情，於是假裝與王敦的親信錢鳳深交，史書載：

> 嶠知其終不悟，於是謬爲設敬，綜其府事，干說密謀，以附其欲。
> 深結錢鳳，爲之聲譽，每曰：「錢世儀精神滿腹。」嶠素有知人之稱，
> 鳳聞而悅之，深結好於嶠。〔註 94〕

〔註 89〕〔晉〕陳壽撰，盧弼集解：《三國志集解》，卷 28，〈毌丘儉傳〉，頁 644。
〔註 90〕〔唐〕房玄齡等撰：《晉書》，卷 45，列傳第 15，〈任愷傳〉，頁 618。
〔註 91〕〔唐〕房玄齡等撰：《晉書》，卷 59，列傳第 29，〈趙王倫傳〉，頁 779。
〔註 92〕〔唐〕房玄齡等撰：《晉書》，卷 100，列傳第 70，〈趙王倫傳〉，頁 1286。
〔註 93〕《晉書‧趙王倫傳》云：「秀本與張林有隙，雖外相推崇，內實忌之。及林爲衛將軍，深怨不得開府，潛與苓牋，具說秀專權，動違眾心，而功臣皆小人，撓亂朝廷，可一時誅之。苓以書白倫，倫以示秀。秀勸倫誅林，倫從之。於是倫請宗室會於華林園，召林、秀及王輿入，因收林，殺之，誅三族。」參〔唐〕房玄齡等撰：《晉書》，卷 59，列傳第 29，〈趙王倫傳〉，頁 779。
〔註 94〕〔唐〕房玄齡等撰：《晉書》，卷 67，列傳第 37，〈溫嶠傳〉，頁 872。

溫嶠與錢鳳結交其實是害怕王敦對他的猜忌之心，因此博取其親信之歡心亦是自全之計，但錢鳳生性陰險狡詐，當王敦的僚屬為他餞別時，溫嶠也被邀請來了，當他看到錢鳳時內心是無比的不安，於是佯狂偽醉，向錢鳳敬酒，鳳不飲，溫嶠遂藉故忽然怒色曰：「錢鳳何人，溫太眞行酒而敢不飲！」王敦以為溫嶠眞醉，使其先行離去，史書載其：「臨去言別，涕泗橫流，出閣復入，如是再三。」可見溫嶠深惡錢鳳，心懷朝廷卻必須在王敦面前藉酒裝瘋，先前與錢鳳深交也是裝出來的，原本以為可以使王敦之黨迷途知返，今知情勢已不可挽回遂痛哭而去。錢鳳此時亦發覺溫嶠先前的虛情假意，知曉溫嶠絕不會與之結黨，認為應該將其除去，遂告發溫嶠於敦：

> 鳳入說敦曰：「嶠於朝廷甚密，而與庾亮深交，未必可信。」敦曰：「太眞昨醉，小加聲色，豈得以此便相讒貳。」由是鳳謀不行，而嶠得還都，乃具奏敦之逆謀，請先為之備。〔註95〕

王敦信任溫嶠，並非畏懼溫嶠與朝廷的關係，而是王敦對他其實心懷幾分敬重，但溫嶠與王敦畢竟是處於朝野相抗衡的局面，時人稱「王與馬，共天下」，溫嶠處在司馬氏集團的一端，終究不會與王敦站在同一條陣線上；朋黨與朋黨間時刻處於對峙的局面。

此外，另有因黨派立場不同，父子結怨的例子。郗超雖實黨桓氏，然因其父郗愔忠於王室，不令知之。將亡，出一箱書交付門生，謂之曰：「本欲焚之，恐公年尊，必以傷愍為弊。我亡後，若大損眠食，可呈此箱。不爾，便燒之。」郗超死後，郗愔傷心哀悼成疾，門生依旨將郗超與桓溫往返密謀的書信拿給郗愔看，其結黨事蹟畢露，愔於是大怒曰：「小子死恨晚矣！」更不復哭。〔註96〕初，溫懷不軌，欲立霸王之基，超為之謀。謝安與王坦之嘗詣溫論事，溫令超帳中臥聽之，風動帳開，安笑曰：「郗生可謂入幕之賓矣。」〔註97〕《世說·捷悟》6 云：

> 郗司空在北府，桓宣武惡其居兵權。郗於事機素暗，遣牋詣桓：「方欲共獎王室，脩復園陵。」世子嘉賓出行，於道上聞信至，急取牋，視竟，寸寸毀裂，便回。還更作牋，自陳老病，不堪人閒，欲乞閒

〔註95〕同上註。
〔註96〕〔唐〕房玄齡等撰：《晉書》，卷67，列傳第37，〈郗鑒傳〉，頁881。
〔註97〕〔唐〕房玄齡等撰：《晉書》，卷67，列傳第37，〈郗鑒傳〉，頁880。

地自養。宣武得牋大喜，即詔轉公督五郡，會稽太守。〔註98〕

郗愔爲徐州刺史時，桓溫忌憚其握有兵權。郗愔不諳桓溫心懷，曾致信告知欲共同扶持王室恢復中原，並修復洛陽的園陵的心願。郗超得知，趕緊於中途攔截信函，看完後將信撕毀，重擬一封，內容改爲自陳老病，請求調往悠閒的地方安養天年。桓溫見信十分高興，於是詔調郗愔爲會稽太守。

郗超爲桓溫黨人，深諳桓溫居心，又顧及父親安危，因此假造信函。其隱瞞父親，直到死後才揭露與桓溫共事的事實，父子異心多年，其表裡不一的作風，與外相崇重，內實不平的黨人相同。

（三）朋黨同心，可以興邦

任何一種交友類型，當人們以眞誠、善良經營，大多能獲得令人欣悅的回應，反之，若以邪念、貪慾經營，則會失去交友的正當性，有可能會失去友誼，使原本的友人反目成仇；當影響到社會的交友風氣或政治運作體系時，因爲樹大招風必定引起執政者及朝臣的不滿，在任何時代都曾出現這種社會毒瘤，故而以統治者的角度而言，他爲鞏固自己的地位，同時是爲民除患。老子曰：「天下萬物生於有，有生於無。」萬物相生相始是宇宙客觀運行的法則，任何事物皆可看成是一體兩面；水能載舟亦能覆舟，好的朋友可以幫助你，壞的朋友可以殺了你，但好與壞如何認定？益友可以因背叛而成仇敵，損友亦無不能矯枉過正，甚至成爲知己。

歷代皆有朋黨，其弊病隨著時代的改變卻大抵相同，宋代歐陽修曾作〈朋黨論〉難道：

> 大凡君子與君子，以同道爲朋；小人與小人，以同利爲朋；此自然
> 之理也。然臣謂小人無朋，惟君子有之。其故何哉？小人所好者利
> 祿也，所貪者財貨也；當其同利時，暫相黨引以爲朋者，僞也。及
> 其見利而爭先，或利盡而交疏，則返相賊害，雖其兄弟親戚，不能
> 相保。〔註99〕

歐陽修認爲「朋黨」雖爲聯名，但「朋」和「黨」本質不同，君子之間有道，所以君子之間的交往可稱爲「朋」；小人之間唯有利益往來，當他們有共同利

〔註98〕余嘉錫：《世說新語箋疏》（下），〈捷悟〉6，頁583。
〔註99〕〔宋〕歐陽脩著，李逸安點校：《歐陽脩全集》（北京：中華書局，2001 年 3
　　　月），頁 297。

益時，才會暫時相互勾結成「黨」，等到財貨瓜分完了，就漸行漸遠，甚至反過來殘害對方，而他們之前或許曾經有過友愛的行為，那也只是互相取悅對方，僞「黨」爲「朋」罷了。其又引《書》曰：

> 「紂有臣億萬，惟億萬心；周有臣三千，惟一心。」紂之時，億萬
> 人各異心，可謂不爲朋矣，然紂以亡國。周武王之臣三千人爲一大
> 朋，而周用以興。後漢獻帝時，盡取天下名士囚禁之，目爲黨人；
> 及黃巾賊起，漢室大亂，後方悔悟，盡解黨人而釋之，然已無救矣。
> 〔註100〕

歐陽修承認，朋黨交可以興邦，亦可以亡國，如同水能載舟亦可覆舟之理。紂王領有億萬人，卻無法上下同心，商朝因爲沒有朋黨而亡國。周武王的大臣三千人結爲一個大朋黨，周朝因爲朋黨而興盛。後漢獻帝將天下名士囚禁起來，把他們視爲黨人；及黃巾之亂，漢室大亂，方才懊悔覺悟，釋放所有黨人，然而國家已經無可挽救了。

四、黨羽間的友情

　　正義之士結爲朋黨，志同道合爲民除害，於討伐邪佞小人時爲奔走之友。或因黨爭而猜疑忌恨，待眞相大白而自責悔恨，悼惋黨羽的逝去。事實上，因文獻記載十分主觀，大多記載朋黨交相害的史實，很難認定朋黨交是否亦有友善或愛惜之情。此外，黨羽間的情感交流，其中難免參雜勢利的考量，故而此種友誼類型即便有友情之存在，亦非如一般人的友情溫暖人心，而是在勢利之心發揮到極致時，所殘存人性原有的良善之心，反映在黨羽身上時，則彷彿是友情的投射。故而，朋黨交中固然能產生友情，然非常態，筆者稱之爲畸型的友情。

（一）情義相挺

　　史傳載袁紹有姿貌威容，能折節下士，士多附之，太祖少與交焉。「好游俠，與張孟卓、何伯求、吳子卿、許子遠、伍德瑜等皆爲奔走之友。」〔註101〕董卓召袁紹與之謀廢少帝劉辯，改立陳留王劉協，袁紹僞許，亡奔冀州，「及黨事起，顒亦名在其中，乃變名姓亡匿汝南間，所至皆交結其豪桀。顒既奇太祖而知荀彧，袁紹慕之，與爲奔走之友。是時天下士大夫多遇黨難，顒常

〔註100〕同上註。
〔註101〕〔晉〕陳壽撰，盧弼集解：《三國志集解》，卷6，〈袁紹傳〉，頁211。

歲再三私入洛陽，從紹計議，爲諸窮窘之士解釋患禍。」〔註102〕何顒原先是
董卓的親信，董卓之亂時，其名亦列於董卓之黨，於是變姓名逃難，後與袁
紹結識，爲奔走之友，並暗中幫助袁紹。〔註103〕後董卓於是拜袁紹爲渤海太
守，紹於渤海起兵，將以誅卓。荀攸與鄭泰、何顒、种輯、伍瓊等謀除董卓，
事覺被收繫獄，顒憂懼自殺，攸言語飲食自若，會卓死得免。

　　奔走之友講究義氣，情義十足，凡所交結皆爲豪杰之士，因黨難而相與
爲友；即使親暱友愛的表現不明顯，但爲道義相挺，亦可視爲黨羽間的友情。

　　（二）悔恨之情

　　《晉書》載王導語：「吾雖不殺伯仁，伯仁由我而死。幽冥之中，負此良
友！」〔註104〕《世說・尤悔》6 云：

> 王大將軍起事，丞相兄弟詣闕謝。周侯深憂諸王，始入，甚有憂色。
> 丞相呼周侯曰：「百口委卿！」周直過不應。既入，苦相存救。既釋，
> 周大說，飲酒。及出，諸王故在門。周曰：「今年殺諸賊奴，當取金
> 印如斗大繫肘後。」大將軍至石頭，問丞相曰：「周侯可爲三公不？」
> 丞相不答。又問：「可爲尚書令不？」又不應。因云：「如此，唯當
> 殺之耳！」復默然。逮周侯被害，丞相後知周侯救己，歎曰：「我不
> 殺周侯，周侯由我而死。幽冥中負此人！」〔註105〕

王敦舉兵時，劉隗勸元帝盡除王氏，王導帶領宗族子弟至臺城謝罪，並託周
顒進宮說情，周顒不理他，逕自入宮，王導當時以爲周顒不願幫他，懷恨在
心。王敦入城後問王導，是否應殺周顒，王導三不答，直到周顒被殺害，才
從昔日周顒上奏的文書中，得知周顒爲己言說，殷勤救己。王導恍然大悟，
遂感到懊悔不已。

　　類似的情形亦發生在劉琨身上。王敦舉兵之初，曾感嘆：「吾當以周伯仁
爲尚書令，戴若思爲僕射。」後以誅劉隗之名進攻建康，此時又問劉琨眾望
如何？劉琨答曰：「明公之舉，雖欲大存社稷，然悠悠之言，實未達高義。周

〔註102〕〔晉〕陳壽撰，盧弼集解：《三國志集解》，卷10，〈荀攸傳〉，頁324。
〔註103〕《三國志・袁紹傳》云：「侍中周毖、城門校尉伍瓊、議郎何顒等，皆名士也，
　　　　卓信之，而陰爲紹。」參考〔晉〕陳壽撰，盧弼集解：《三國志集解》，卷6，
　　　　〈袁紹傳〉，頁213。
〔註104〕〔唐〕房玄齡等撰：《晉書》，卷69，列傳第39，〈周顒傳〉，頁905。
〔註105〕余嘉錫：《世說新語箋疏》（下），〈尤悔〉6，頁899～900。

顗、戴若思，南北人士之望，明公舉而用之，羣情帖然矣。」言眾人皆議敦舉兵向闕，非義舉，不能明白王敦的用心；周、戴名冠當時，王敦若進用二人可以激勵人心。劉琨此言，其實是要王敦舉用周、戴，藉以籠絡士人。敦素忌二人之才，想其必為禍患，便誅殺周、戴，之後怒罵劉琨曰：「君粗疏邪！二子不相當，吾已收之矣！」指劉琨錯判情勢，二人非等閒之輩，既不能為己所用，因此殺之。「琨與顗素相親重，聞之愕然，若喪諸己。」〔註106〕劉琨與周顗有交情，聞周顗見殺，感到錯愕難過，推估其對先前向王敦諫言舉用周顗，使王敦產生誅殺之意，亦感到悔恨不已。

　　揆諸魏晉朋黨交之情況，黨羽間或朋黨間爭名奪利的下場通常是兩敗俱傷，誠後世之警鐘明鏡。「朋黨」合稱兼有「朋」義與「黨」義；朋義興為王，黨義興為寇。吾人言朋黨交，不能只知其交相害的一面，歷代的朋黨政爭中，皆為奸佞與正義相消長，小人無朋係因黨義伸張，若朝中志士齊心一致，朋義興則朋黨交也就不會為君子詬病，不但朝政穩定，且可避免不必要的戰亂而使國泰民安。

第二節　因地位而結交

壹、門第交

　　所謂門第，舊指家庭在社會的地位等級和家庭成員的文化程度等。門第交是指受門第觀念影響，家門子弟對外與相同階層的士人交往或締結友誼。從門第之間的交往，吾人可以了解門第對魏晉士人何其重要，以及門第觀念如何影響其交友與人際互動。

　　關於魏晉門第的研究，前賢諸如王伊同《五朝門第》、毛漢光《兩晉南北朝士族政治研究》、何啟民《中古門第論集》與蘇紹興《兩晉南朝的士族》等均曾探討。王氏以西晉至梁陳五朝為範圍，對高門氏族在政治、經濟、風範，與習俗方面的表現為主題研究；毛氏研究範圍涵蓋六朝，論述當時士族如何影響政治。何氏則以漢晉至唐為範圍，魏晉時期針對吳姓、僑姓與郡姓作比較研究；蘇氏則專門探討東晉南朝王謝二氏，並以《世說》為底本統計分析兩晉士族。

〔註106〕〔唐〕房玄齡等撰：《晉書》，卷49，列傳第19，〈謝鯤傳〉，頁667。

　　從西漢末年，「士」與「家族」相和，發展爲「士族」，是一個廣義的概念。毛漢光將士族分爲六個大類，其中包含家門、世族與勢族，家門貴盛者稱爲高門、門戶、門第、門地或門望；〔註107〕然而魏晉雖有門第的觀念，卻鮮少直接使用門第一詞來指稱家門貴盛者，比較常以姓氏來區分出身的家門。何啓民說：「門第，雖然一般學者主張東漢時已形成，然而就現有的材料來看，魏晉門第仍屬一種早期的形態，數目不會很多。」〔註108〕因此能夠突顯門第的名稱反而是世族或勢族，指具有名望或權勢，或二者兼具的姓氏，姓氏背後代表的是一個家門，通常是綿延數代的家族，因此，本章將在不違背毛氏界定門第的意義下，用這兩個名詞展現魏晉門第的流變。

　　爲了解門第交的內涵，應先劃分門第的範圍，才能確認來往的士人，係因彼此爲姻親關係或因門第位階相仿而結交。王伊同《五朝門第》計晉至梁陳，五朝的高門大族共 75 家，〔註109〕以此爲據，筆者進一步統計其中見於《世說新語》者 65 家，《世說》所載名士於《晉書》亦有載者 57 家。〔註110〕蘇紹興以清周嘉猷編〈南北朝世系表〉爲底本，得《世說》所載兩晉士族凡 43 家，〔註111〕顯有遺漏者也。附表中涵蓋勢族和世族，如桓溫乃譙國龍亢桓氏，並非世代顯達，至東晉方崛起；道士許邁爲高陽新城許氏，本爲寒族，後爲簡文帝所重，皆爲勢族代表。著名的琅邪臨沂王氏與河東聞喜裴氏則盛於魏晉之世，祖宗歷代爲官，「時人以爲八裴方八王、徽比王祥，楷比王衍，康比王綏，綽比王澄，瓚比王敦，邈比王導，頠比王戎，邈比王玄云。」〔註112〕則爲世族代表。

　　以下依照魏晉門第的流變、魏晉的門第觀念，以及門第交的內涵和門第間的友情，層層推演以示魏晉門第交之全貌。

　　一、魏晉門第的流變

　　世族的稱謂較早用之於兩漢，著名的有金、張、袁、楊等家族，其特徵

〔註107〕毛漢光：《兩晉南北朝士族政治研究》（台北：中國學術著作獎助委員會，1996
　　　　年），頁 1。
〔註108〕何啓民：《中古門第論集》（台北：台灣學生書局，1982 年），頁 126。
〔註109〕王伊同：《五朝門第》（下）（香港：中文大學出版社，1978 年），「高門權門
　　　　世系婚姻表」。
〔註110〕參見附錄，表 3—2。
〔註111〕蘇紹興：《兩晉南朝的士族》（台北：聯經出版事業公司，1987 年），頁 62。
〔註112〕〔唐〕房玄齡等撰：《晉書》，卷 35，列傳第 5，〈裴秀傳〉，頁 504。

爲累世爲官，德業相繼。自曹魏行九品中正制，「尊世冑，卑寒士，權歸右姓」〔註113〕，並且「別貴賤，分士庶」〔註114〕，人們有比較明確的階級意識，去區分各個姓氏在社會上的地位。西晉門第觀念主要建立在世族的體系中，漢魏的諸侯演變到晉世成爲各具純正血脈的世家大族。世族與王室多有通婚，如瑯琊王氏在王與馬共天下的政治情勢下，娶皇室公主的比例明顯高出當時其他的世族，司馬氏利用王氏爲第一大族的地位，以得到其他世族的認同，建立統治的正當性以維繫政權；王氏則憑藉司馬氏以鞏固自身於朝中的權勢，並以政治上得勢的優越地位，在與他族的往來互動中凌駕其上。因此西晉門第的意義，是指那些家族淵源已久，且世代爲官的世族。

世族雖然具有權勢，然若他們不能看清局勢，與勢族爭寵，那麼很容易就會遭受政壇的淘汰。魏晉之際，世族與勢族的勢力開始互爲消長；部分漢魏的世族加入了司馬氏政權，繼續鞏固自己的地位，某些世族因不能認同司馬氏，而被淘汰。同時，那些沒有良好家世背景的勢族們，爲了讓自己的家族獲得更高的地位，而擠身上流，與門第交往自是抬高個人名望與家族勢力的手段之一。

兩晉之際，世族的勢力漸漸超過王室，演變爲門閥士族，世族以德業爲重的觀念漸衍爲以爭名奪利爲要，門閥士族重視家族更甚於國家，與王室原本互惠互利的關係漸漸瓦解，使得表面安定的政治局面開始鬆動。司馬睿本依靠王敦、王導的勢力才能建立東晉，此時世族的勢力主要分爲三塊，「過江則爲『僑姓』，王、謝、袁、蕭爲大；東南則爲『吳姓』，朱、張、顧、陸爲大；山東則爲『郡姓』，王、崔、盧、李、鄭爲大；關中亦號『郡姓』，韋、裴、柳、薛、楊、杜首之。」〔註115〕此外，又有八族四姓之說，如《文選》載陸士衡〈吳趨行〉，注引張勃《吳錄》曰：「八族，陳、桓、呂、竇、公孫、司馬、徐、傅也。四姓，朱、張、顧、陸也。」吳四姓是江東舊有的世族，和渡江南下的僑姓世族，成爲東晉上層社會的兩大主流勢力。朱、張、顧、陸不但在當時勢力相當，私底下的交情也頗好，名流間互相拔擢，而不願與他姓往來，門第觀念頗重，如《世說·賞譽》19 載張華見褚陶，語陸平原曰：

〔註113〕〔宋〕歐陽脩、宋祈撰，楊家駱主編：《新唐書》（台北：鼎文書局，1981 年），卷 199，列傳第 124，頁 5677。

〔註114〕同上註。

〔註115〕〔宋〕歐陽脩、宋祈撰，楊家駱主編：《新唐書》，卷 199，列傳第 124，頁 5678。

「君兄弟龍躍雲津，顧彥先鳳鳴朝陽。謂東南之寶已盡，不意復見褚生。」
陸曰：「公未覩不鳴不躍者耳！」〔註116〕張華不願見褚陶的原因，其實不是褚生資質不夠優秀，而是褚氏門第不彰。

過江之初，世族的三大勢力，以吳姓的地位最大，王謝並稱則是後來謝氏建立功業，僑姓世族才漸漸在東晉獲得地位。東晉時期，獲得地位與權勢比維持家族一貫的血緣更重要，因此門第的意義從西晉家族綿延的世族，轉為指權勢顯赫的勢族。勢族除了包括兩漢以來的世族大姓，如琅琊王氏、太原王氏、河內司馬氏、河東裴氏等，也包括像石苞、鄧艾、鄧鑒等出身寒微的人。只要擁有權勢，就算是勢族，而所謂勢家子弟，就是當朝權臣的子弟。

東晉羅含為寒門士族，受桓溫器重，《世說·方正》56：「羅君章曾在人家，主人令與坐上客共語。答曰：『相識已多，不煩復爾。』」注引〈羅府君別傳〉曰：「含字君章，桂陽耒陽人。蓋楚熊姓之後，啟土羅國，遂氏族焉。……織葦為席，布衣蔬食，晏若有餘。桓公嘗謂眾坐曰：『此自江左之清秀，豈惟荊楚而已！』」〔註117〕顯現東晉寒門只要得到執政者的傾睞，也能有翻身的機會。

以上對魏晉門第之流變，大略言之，可知門第雖非制度，但卻深刻代表士人之地位並影響仕進。

二、魏晉的門第觀念

古人的門第觀念其實就是一種階級意識，也可視為門第間交往的準則。魏晉人的門第觀念很重；在辨析這句話的對錯之前，吾人可以先看袁行霈在〈魏晉時代的文藝思潮〉一文中的論述是極有見地的，他認為《孔雀東南飛》這篇長詩應成於魏晉時代，這是一篇表現家庭問題的悲劇，但是促成這個悲劇的原因，並不純粹是婆媳問題，而是門第觀念，他說：

> 蘭芝的被遣，不是因她本身才德的缺陷，實因她門第卑賤的原因。魏晉時代，是階級制度最嚴門第觀念最發達的時候。富貴二字，在魏晉人的眼**裏**，分辨的很清楚。貴人可以富，但富人不一定可以貴。……看蘭芝出嫁的時候，帶去了那（麼）多的嫁**粧**，她家**裏**恐怕是一個富戶或是商家，但門第一定很微賤，在社會上沒有什麼地

〔註116〕余嘉錫：《世說新語箋疏》（上），〈賞譽〉19，頁430～431。
〔註117〕余嘉錫：《世說新語箋疏》（上），〈方正〉56，頁330。

位。由蘭芝哥哥那麼想同官家攀親的一點來看，這種推想似乎很靠得住。焦家卻不同，門第很高，年青的兒子已在衙門內做官，前途是無限的，所以他的母親不滿意這種婚姻，非叫兒子媳婦離開不可。〔註118〕

由《孔雀東南飛》作為探討魏晉門第觀念的開端，可以證明門第觀念在魏晉初期即已造成深刻的影響，至於它形成的時間應該在更早之前，可再深入探究之。

魏晉之世，高門大族見到寒門之人，其厭惡之情會直接表現於臉上，或以言語相諷，或以行動表示心中的排斥感。《世說》〈排調〉與〈輕詆〉篇即可見許多高門因輕視寒門，而以言語相譏的例子；至於以行動來表示厭惡之意的，今舉〈世說・方正〉52 為例：

> 王脩齡嘗在東山甚貧乏。陶胡奴為烏程令，送一船米遺之，卻不肯取。直答語「王脩齡若飢，自當就謝仁祖索食，不須陶胡奴米。」〔註119〕

王脩齡表明即使餓死了也不要陶範的施捨，余嘉錫曰：「其厭惡之情可見。非必胡奴之為人果得罪於清議也，直以其家，出自寒門，擯之不以為氣類，以示品流之嚴而已。」〔註120〕對照〈文學〉97：「袁宏始作〈東征賦〉，都不道陶公。」亦猶是耳。此處的陶公亦是指陶範，嘉錫曰：「陶侃為庾亮所忌，於其身後奏廢其子夏，又殺其子稱，由是陶氏不顯於晉。當宏作賦時，陶氏式微已甚。其孫雖嗣爵，而名宦不達。陶範雖存，復不為名氏所與。」〔註121〕雖然人之出身非先天可選擇，但是量其人品前，要先考其門第；在結交朋友時，大部分的人也會將門第列入擇友標準內。

由上可知，門第觀念確實存在於魏晉士人的生活中，並且影響門第間的交往、互動與友誼；吾人所知魏晉士人重視門第，主要呈現兩個特點：

（一）傳德業，重門風

蘇紹興曰：「士族之所以為人所推重，余遜以為有三事：『一曰德行；二

〔註118〕賀昌群等著：《魏晉思想》甲編三種（台北：里仁書局，1995 年），袁行霈：〈魏晉時代的文藝思潮〉，頁 159～160。
〔註119〕余嘉錫：《世說新語箋疏》（上），〈方正〉52，頁 327。
〔註120〕余嘉錫：《世說新語箋疏》（上），〈文學〉97，頁 275。
〔註121〕余嘉錫：《世說新語箋疏》（上），〈文學〉97，頁 275。。

日學問；三曰功業』。」〔註122〕德性和學問內塑於家門，至於功業，則係由家門奠基而建立的。杜恕〈體論・臣第二〉云：

> 凡士之結髮束脩，立志于家門，欲以事君也，宗族稱孝焉，鄉黨稱悌焉。及志乎學，自託于師友，師貴其義，而友安其信，孝悌以篤，信義又著。以此立身，以此事君，何待乎法？〔註123〕

家門之所以為士人所重，即如杜恕所云，是立身、事君、為人臣的基礎，孝悌信義等為家門所樹，即蘇氏所謂德性。然而，家門之功能，亦有養家活口的現實考量，家門子弟的學問養成，有賴充足的金錢支援為後盾。傅玄〈重爵祿〉即云：

> 夫棄家門，委身于公朝，榮不足以庇宗人，祿不足以濟家室。骨肉怨于內，交黨離于外，仁孝之道虧，名譽之利損。能守志而不移者鮮矣。〔註124〕

古人為官罕言爵祿，因畏人言其勢利，傅玄卻不避嫌，推重爵祿，實有明見。其曰：「夫爵者位之級，而祿者官之實也。……爵祿之分定，必明選其人而重用之。德貴功多者，受重爵大位，厚祿尊官；德淺功寡者，受輕爵小位，薄祿卑官。」〔註125〕說明爵祿為論功行賞的指標，榮華富貴乃其應得，不應以功利之眼光視之。又曰：

> 夫授夷叔以事，而薄其祿。近不足以濟其身，遠不足以及室家。父母餓于前，妻子餒于後；不營則骨肉之道虧，營之則奉公之制犯。骨肉之道虧，則怨毒之心生；怨毒之心生，則仁義之理衰矣。

若要為官者清廉，而薄其祿，則他們將如伯夷、叔齊一般，不但自身餓死，且連累家人，致使仁義道德淪喪。傅玄撰此文的目的，是要上位者明瞭，勿以致清而求其清，指出「明君必順善制而後致治，非善制之能獨治也。」此外，亦間接點明，家門對於個人之重要，係不能拋棄且必須終身背負；個人

〔註122〕蘇紹興：《兩晉南朝的士族》（台北：聯經出版社，1987），頁2。
〔註123〕〔清〕嚴可均校輯：《全上古三代秦漢三國六朝文・全三國文》，卷56，杜恕〈體論・臣第二〉，頁1288。
〔註124〕〔清〕嚴可均校輯：《全上古三代秦漢三國六朝文・全晉文》，卷47，傅玄〈重爵祿〉，頁1731。
〔註125〕同上註。

的榮耀是家門的榮耀，個人的奉祿是家門的口糧。士人若不能濟其家門，則忠孝仁義亦無所生也。

家風或門風則是家族名聲的指標，指一家或一族世代相傳的道德準則和處世方法，通常指儒家的道德或倫理觀。錢穆即云：

> 一個大門第，決非全賴於外在權勢與財力，而能保泰持盈達於數百年之久；更非清虛與奢汰，所能闔門雍睦，子弟循謹，維護此門於不衰。當時極重家教門風，孝弟歸德，皆從兩漢儒學傳承。〔註 126〕

表現良好的士族子弟，人們往往歸因於名門家風，魏晉士人因而重視。《世說·文學》71 載：

> 夏侯湛作周詩成，示潘安仁。安仁曰：『此非徒溫雅，乃別見孝悌之性。』潘因此遂作家風詩。詩載其宗祖之德及自戒也。〔註 127〕

潘岳看了夏侯湛寫的〈周詩〉，稱讚其文溫文儒雅，且能彰顯孝悌的本性，因此作〈家風詩〉。潘岳〈家風詩〉文雖短卻涵義深遠，其詩曰：

> 綰髮綰髮，髮亦鬢止；日祗日祗，敬亦慎止。靡專靡有，受之父母。
> 鳴鶴匪和，析薪弗荷。隱憂孔疚，我堂靡構。義方既訓，家道穎穎。
> 豈敢荒寧，一日三省。

內容首先告誡子孫要心懷感恩，對父母恭敬謹慎。「鳴鶴匪和，析薪弗荷。」出自《周易·繫辭上》云：「鳴鶴在陰，其子和之。我有好爵，吾與爾靡之。」《左傳》亦云：「子產曰：『古人有言曰：其父析薪，其子弗克負荷。』」意謂繼承父業之困難；「隱憂孔疚，我堂靡構」，則砥礪子孫要有承繼此家風的決心，凡事謙恭慎密，出言為善，則可世代繁榮。最後敦勉子孫須時刻警惕，不可荒廢。

《世說·德行》28 載鄧攸南渡後：

> 取一妾，甚寵愛。歷年後訊其所由，妾具說是北人遭亂，憶父母姓名，乃攸之甥也。攸素有德業，言行無玷，聞之哀恨終身，遂不復畜妾。〔註 128〕

〔註 126〕錢穆：《國史大綱》（台北：台灣商務書局，1995），第 18 章〈變相的封建勢力〉，頁 310。

〔註 127〕余嘉錫：《世說新語箋疏》（上），〈文學〉71，頁 253。

〔註 128〕余嘉錫：《世說新語箋疏》（上），〈德行〉28，頁 29～30。

嘉錫曰：「古者姓氏有別，所買之妾若出於微賤，不能知其氏族之所自出，猶必詢之卜筮，以決其疑。自漢以後，姓氏歸一，人非生而無家，未有不知其姓者。此妾既具知父母姓名，而攸曾不一問，寵之歷年，然後訊其邦族，雖哀恨終身，何嗟及矣！白圭之玷，尚可磨乎？」同姓不婚也是門第觀念的一環，鄧攸娶外甥女爲妾，不但亂倫亦敗壞門風，故深以爲恥。

（二）鍊譜牒，愼婚姻

王伊同曰：

> 高門愼婚，婚者門地（第）略相等。通家則共相攜援，充塞廟堂。方面廣而仕途泰，所以維繫攀覽，使門第不稍墜者，通家預有力焉。
> 〔註129〕

又曰：

> 當是時，名門子弟，靡不重家諱。居官犯嫌，不得冒榮赴任。與親友交，犯其諱者，則悲泣趨避；甚則殺之。陸機公坐嘗以盧志家諱相戲，卒蒙殺生之禍。是以譜牒大興，所以辨氏族，區昭穆，曉名諱，不令差池也。婚姻必擇素對。〔註130〕

門閥士族爲了保持血統的純正高貴，在婚姻上講求門當戶對，從魏晉之際這種觀念漸漸形成，以至於東晉則發展爲門第之間必須遵守的一種規範。

　　東晉南北朝時，南人常譏北人粗鄙爲傖父。王丞相初在江左，欲結援吳人，請婚陸太尉。對曰：「培塿無松柏，薰蕕不同器。玩雖不才，義不爲亂倫之始。」〔註131〕吳姓與僑姓家族界線分明，即使同爲高門大族亦不相往來，余嘉錫曰：「王、陸先世，各有名臣，而功名之盛，王不如陸。過江之初，王導勛名未著，南方人以北人爲傖父，故玩託詞以拒之。其言雖謙，而意實不屑也。」由此可知高門通婚，不是只看門第和家業，其祖上功名、家族文化與先世是否有通婚之例，也須列入擇偶條件內。諸葛氏亦爲僑姓名門，渡江之初，猶以王、葛並稱，謝氏雖爲江左高門，但功業無聞，如《世說・方正》24載：

〔註129〕王伊同：《五朝門第》（上），頁18。
〔註130〕王伊同：《五朝門第》（上），頁4。
〔註131〕余嘉錫：《世說新語箋疏》（上），〈方正〉24，頁305。

> 諸葛恢大女適太尉庾亮兒，次女適徐州刺史羊忱兒。亮子被蘇峻害，
> 改適江虨。恢兒娶鄧攸女。于時謝尚書求其小女婚。恢乃云：「羊、
> 鄧是世婚，江家我顧伊，庾家伊顧我，不能復與謝裒兒婚。」及恢
> 亡，遂婚。〔註132〕

諸葛恢死後，謝氏方興，而葛氏微，由是王謝齊名，無復知有王、葛矣。其女遂妻謝氏。余嘉錫曰：「可見一姓家門之盛，亦非一朝一夕之故也。」門第之興替可以改變士人通婚與交際之準則。

　　王謝二氏相繼崛起，同為僑姓大家，和潁川荀氏、汝南袁氏、太原王氏、高平郗氏、潁川庾氏等，彼此通婚，世代互為婚配。如王羲之與郗家論婚書云：「仰與公宿舊通家。」羲之年少時，曾因坦腹東床而被郗鑒選為女婿，後來王獻之娶表姊郗道茂為妻，因被皇帝選為駙馬，才與郗道茂離婚，又娶新安公主司馬道福；王凝之則與謝家通婚，娶謝安的女兒謝道韞為妻；南陽安眾劉氏的劉暢則娶王羲之女為妻。〔註133〕

　　雖然慎選婚配已成為高門之慣例，然其中亦有破例。如王彪之屬東海郯人王氏族，但性情乖張，因此年長而無人與婚，太原孫綽（孫興公）有女亦僻錯，婚姻乏人問津。於是主動求見王家曰：「我有一女，乃不惡，但吾寒士，不宜與卿計，欲令阿智娶之。」（阿智，王彪之小字）其兄王坦之聽了跑去告訴父親王藍田，《世說》載：「藍田驚喜，既成婚，女之頑囂，欲過阿智。方知興公之詐。」〔註134〕這是高門被寒族騙婚的例子，但是王家願意娶孫女，其中尚有原因。《世說·方正》58載：

> 文度為桓公長史時，桓為兒求王女，王許咨藍田。既還，藍田愛念
> 文度，雖長大猶抱著膝上。文度因言桓求己女婚。藍田大怒，排文
> 度下膝曰：「惡見，文度已復癡，畏桓溫面？兵，那可嫁女與之！」
> 文度還報云：「下官家中先得婚處。」桓公曰：「吾知矣，此尊府君
> 不肯耳。」後桓女遂嫁文度兒。〔註135〕

〔註132〕余嘉錫：《世說新語箋疏》（上），〈方正〉24，頁306～307。

〔註133〕《世說·品藻》87注引劉瑾《集敘》曰：「瑾字仲璋，南陽人。祖遐，父暢。暢娶王羲之女，生瑾。瑾有才力，歷尚書、太常卿。」參余嘉錫：《世說新語箋疏》（上），〈品藻〉87，頁546。

〔註134〕余嘉錫：《世說新語箋疏》（下），〈假譎〉12，頁860。

〔註135〕余嘉錫：《世說新語箋疏》（上），〈方正〉58，頁332～333。

王坦之擔任桓溫的長史時，桓溫為自己的兒子求娶王坦之的女兒，坦之返家與其父王述商量，王述大怒，罵坦之愚鈍，懷疑其畏懼桓溫顏面，才保留商量的餘地。桓溫為兵家，若論家世，與世代為官的王氏無可相比，後來桓溫只好把女兒嫁給王坦之的兒子。余嘉錫曰：

> 蓋溫雖為桓榮之後，桓彝之子，而彝之先世名位不昌，不在名門貴族之列。故溫雖位極人臣，而當時士大夫猶鄙其地寒，不以士流處之。於此可見門戶之嚴。……王湛娶郝普之女，周浚娶李伯宗之女(均見賢媛篇)，皆非其偶。而王源嫁女與滿氏，沈休文至掛之彈章，謂王、滿連姻，寔駭物聽。知寒族之女，可適名門；而名門之女，必不可下嫁寒族也。

桓溫以軍功起家，雖在朝中掌握大權，但在名門貴族的眼中仍為卑賤之徒。桓溫希望與王氏通婚，可見其欲攀附高門，藉以提高自身家門的地位，王氏亦知其用意，故為不屑。「寒族之女，可適名門；而名門之女，必不可下嫁寒族」，可見高門和寒門通婚的規則是，寒族之男不可上娶，名門之女不可下嫁。故而王虔之娶孫綽之女；王坦之的兒子娶桓溫之女，但桓溫之子不能娶王坦之的女兒。推估其原因為，古人從父姓，故名門之女若下嫁寒族，則為寒族家譜所載，姓氏列於男方姓氏之下，無形中貶低其出身家門的地位；但寒族之女姓氏若見於高門家譜，無損其地位，反而使家門沾光。

綜上所述，門第觀念已為門第交劃出一條無形的界線，高門與寒門雖共事朝中，然而高門注重傳統，嚴守家訓、家風；鍊譜牒、慎婚姻以維持其地位不墜，寒門若想與高門相交，必須有相當的權勢，且在婚姻上依然以高門佔優勢。

三、門第交的內涵

門第交的底蘊不是門第本身，而是由門第觀所貫串的各種友誼類型。如前所述，代表門第的是一個個的家門，在門第發展的過程中，先有族姓，次有門戶，而後形成家風與地望，家門和家門之間的往來，有其必要性也有特殊性，是狹義的門第交，也是對門第交最粗淺的認識。門第間的通婚使家族勢力擴大，小則可以互通有無，大則聯手謀權奪利，因此凡人論門第必論及姻親關係。除此之外，門第也是士人對外自我表稱的一塊招牌，如何打響名號，獲得他人的敬重，甚至得到帝王、中正等的提拔，才是門第交發展的主因。門第內家族的成員雖多，但實際上交往的通常不是群體，而是代表家門

的個人，若把魏晉以來那些僑姓、吳姓、郡姓等大族，均視爲一個個獨立的個體，那麼個人和個人形成的交遊網絡即可視爲門第和門第間的交遊網絡。職此，由門第出發而拓展的人際關係與友誼類型，是交陳而複雜的。最典型的是，門第中朝臣與君王互動者爲君臣交；門第爲爭權奪勢者結爲朋黨交；門第公子奢靡；或爲玄儒之辯爲清談交；或與佛道往來爲塵外交或世外交。以下舉例證明門第交的內涵：

(一) 高門之習俗：清談交與門第交結合

王伊同以爲高門之習俗有四，其中清談爲第一，王氏舉當時談義之士 29 人，皆負重名。〔註136〕魏晉名士藉由談玄論辯交友，稱爲清談交，〔註137〕然而，清談之士並非全爲高門中人，唯有門第間的清談盛會，才能顯現門第交與清談交結合。《世說》中有二則因門第交而開展的清談：

> 裴散騎娶王太尉女。婚後三日，諸婿大會，當時名士，王、裴子弟悉集。郭子玄在坐，挑與裴談。子玄才甚豐贍，始數交未快。郭陳張甚盛，裴徐理前語，理致甚微，四坐咨嗟稱快。王亦以爲奇，謂諸人曰：「君輩勿爲爾，將受困寡人女婿！」〔註138〕

裴遐娶了王衍的女兒，婚後三日，王家召集眾女婿聚會，當時的名士，包括王、裴子弟都聚集於此。郭象在座，挑動裴遐與之論辯，郭象侃侃而談，裴遐則娓娓道來，兩人的義理情致皆表達得十分微妙，眾人無不讚賞。王衍也感到驚訝，便謂眾人勿自不量力，因其女婿言辭銳不可擋。

> 羊孚弟娶王永言女。及王家見婿，孚送弟俱往。時永言父東陽尚在，殷仲堪是東陽女婿，亦在坐。孚雅善理義，乃與仲堪道齊物。殷難之，羊云：「君四番後，當得見同。」殷笑曰：「乃可得盡，何必相同？」乃至四番後一通。殷咨嗟曰：「僕便無以相異。」歎爲新拔者久之。〔註139〕

〔註136〕王伊同：《五朝門第》（上），頁226。

〔註137〕清談交不同於劉孝標《廣絕交論》的「談交」，談交指言談之交，且在劉氏文中有貶義，劉曰：「弱冠王孫，綺紈公子，道不挂於通人，聲未遒於雲閣；攀其鱗翼，丐其餘論。附驥驤之旄端，軼歸鴻於碣石，是曰談交。」指綺紈子弟不務才學，相聚談論，專論是非，以爲能談。

〔註138〕余嘉錫：《世說新語箋疏》（上），〈文學〉19，頁209。

〔註139〕余嘉錫：《世說新語箋疏》（上），〈文學〉62，頁241～242。

羊孚之弟娶王永言的女兒，王家會見女婿時，王孚一同前往。殷仲堪亦爲王家女婿，羊孚善談玄理，便與之談〈齊物論〉，二人談論四回合後，意見相通，殷仲堪不覺讚嘆羊孚爲清談新秀。

由此二則「諸婿大會」可見，清談的開端有時源自門第通婚，互結姻親；先是有門第交才有清談交。

（二）君臣倫理的弱化：君臣交、朋黨交與門第交結合

于時君臣交、朋黨交及門第交，三者混然一體，密不可分。西晉劉毅爲政清廉，曾上疏貶責九品中正制，認爲依門第任官將使朝廷對官員的考績失去作用，助長浮華朋黨之勢，其曰：

> 凡所以立品設狀者，求人才以理物也，非虛飾名譽，相爲好醜。雖孝悌之行，不施朝廷，故門外之事，以義斷恩。既以在官，職有大小，事有劇易，各有功報，此人才之實效，功分之所得也。今則反之，於限當報，雖職之高，還附卑品，無績於官，而獲高敘，是爲抑功實而隆虛名也。上奪天朝考績之分，下長浮華朋黨之士。〔註140〕

朋黨互相籠絡，分割朝廷勢力，使人間接懷疑他們對上與君王交遊的動機。官場士人在人際關係方面的競爭，主要表現在兩個方面，一是對上找後台，左右結朋黨，而這兩方面都可視爲鞏固門第的手段；二是互相攻訐，互相傾軋；在君王面前識鑑人物，難免存有主觀愛憎的成分。結朋黨並與君王交好是顧權保位的基本功，基本上是以門第爲單位單方面的行動，當每個門第都想獲得強權時，就要有互動亦即互相競爭。

士人追名求利，結成勢力，於黨內互相援引形成了朋黨交，其友便佞與交相利也；而於黨外互相牽引結識則是門第交的一環，交朋友之餘，對有利用價值的門第加以籠絡，或藉機排除異己，這裡可以看到一條由朋黨延伸到門第的路徑。然而，得勢的門第日漸壯大，亦危及君臣間僅存的信義和友情，使魏晉之世君臣倫理逐漸失去原有的機制。唐長孺在〈魏晉南朝君父先後論〉文中指出：「後世往往不滿於五朝士大夫那種對於王室興亡漠不關心的態度，其實在門閥制度下培養起來的士大夫可以從家族方面獲得他所需要的一切，而與王室的恩典無關，加上自晉以來所提倡的孝行足以掩護其行爲，因此他

〔註140〕〔唐〕房玄齡等撰：《晉書》，卷45，列傳第15，〈劉毅傳〉，頁613。

們對王朝興廢的漠視是必然的，而且是心安理得的。」〔註141〕以下舉廣陵華譚為例，說明高門對於王朝興廢的漠視：

> 譚素以才學為東土所推。……博士王濟於眾中嘲之曰：「五府初開，羣公辟命，採英奇於仄陋，拔賢儁於巖穴。君吳楚之人，亡國之餘，有何秀異而應斯舉？」譚答曰：「秀異固產於方外，不出於中域也。是以明珠文貝，生於江鬱之濱；夜光之璞，出乎荊藍之下。故以人求之，文王生於東夷，大禹生於西羌。子弗聞乎？昔武王克商，遷殷頑民於洛邑，諸君得非其苗裔乎？」濟又曰：「夫危而不持，顛而不扶，至於君臣失位，國亡無主，凡在冠帶，將何所取哉！」答曰：「吁！存亡有運，興衰有期，天之所廢，人不能支。徐偃修仁義而失國，仲尼逐魯而逼齊，段干偃息而成名，諒否泰有時，豈人力之所能哉！」濟甚禮之。〔註142〕

華譚字令思，廣陵人也。生於五年，卒於晉元帝永昌元年，享年七十九歲。其一生歷三朝，從魏、西晉及東晉。王濟以其吳國故臣，譏諷亡國之餘，焉有可用之才？華譚才思敏捷，巧妙地以方外之秀自比，王濟又以其易主而仕難之，華譚卻答「天之所廢，人不能支」，其認為易主而仕乃理所當然。此種觀念即是王權流失與君臣倫理弱化的主因，因士人不以亡國為人禍，此時尚未有天下興亡，匹夫有責的觀念，門第鞏固自身勢利為要，其餘人際關係的維繫，諸如黨派與君王的友好關係，則可隨朝代更替而見風轉舵。

（三）道教的貴族化：世外交與門第交相抗衡

道教在兩晉時期貴族化，兩晉名士生活奢華，但卻仍嚮往神仙境界，以求永遠的享樂，是以平時的著裝打扮也有神仙風範，由此滿足精神上對「仕隱兼修」與「身名俱泰」的渴望。如《世說新語》載：

> 孟昶未達時，家在京口。嘗見王恭乘高輿，被鶴氅裘。于時微雪，昶於籬間窺之，歎曰：「此真神仙中人！」〔註143〕

孟昶尚未做官時，曾見王恭乘坐高大的車輛，披著鳥羽製成的大衣。當時戶外飄著細雪，孟昶從竹籬間偷看王恭，讚嘆其如神仙。

〔註141〕唐長孺：〈魏晉南朝君父先後論〉，《魏晉南北朝史論拾遺》，頁252。
〔註142〕〔唐〕房玄齡等撰：《晉書》，卷52，列傳第22，〈華譚傳〉，頁703～704。
〔註143〕余嘉錫：《世說新語箋疏》（下），〈企羨〉6，頁633。

王長史爲中書郎，往敬和許。爾時積雪，長史從門外下車，步入尚
書，著公服，敬和遙望嘆曰：「此不復似世中人！」〔註144〕

王右軍見杜弘治，嘆曰：「面如凝脂，眼如點漆，此神仙中人。」時
人有稱王長史形者，蔡公曰：「恨諸人不見杜弘治耳！」〔註145〕

王濛亦曾二度被人讚爲神仙。上一則王羲之見到杜乂，讚嘆其臉色如凝脂一
樣白皙，眼睛如點漆一樣明亮，宛如神仙。當時亦有人稱讚王濛的相貌很美，
蔡謨便說，眞可惜這些人沒有看到杜乂本人！又王濛爲中書郎時，前往王洽
公府，當時門外積雪，王濛穿著公服從外步入，王洽從遠處望而感嘆，此人
不再像塵世中人！

由上可知，魏晉人印象中的神仙，須皮膚雪白，眼睛明亮，象徵與世無
爭，能洞察世事；羽衣爲神仙所著，鳥羽象徵翅膀，王恭著鶴氅裘，符合神
仙的外觀。至於爲何神仙中人出現的時機多爲下雪時，則可能因爲雪景讓人
有遠離塵世之感，飄雪使其人渺茫，有隱逸之姿。

《晉書・王羲之傳》載道士許邁與王羲之相與爲「世外之交」，〔註146〕
可知世外交指與方外之道士結交。六朝道教有天師道、葛氏道與上清派三大
道流，天師道多爲高門大族信仰，如琅玡王氏、陳郡殷氏、陳郡謝氏等；上
清派則多寒門出身。

劉玉菁指出，《上清經》創製和傳播的過程中，參予者多爲江東的寒門士
族，東晉簡文帝表面上因宗教信仰，而與道士許邁、許穆和楊羲等交往深厚，
實際係爲強化皇權而引用寒人出身者，〔註147〕史載：

時徐貴人生新安公主，以德美見寵。帝常冀之有娠，而彌年無子。
會有道士許邁者，朝臣時望多稱其得道。帝從容問焉，答曰：「邁是
好山水人，本無道術，斯事豈所能判！但殿下德厚慶深，宜隆奕世
之緒，當從扈謙之言，以存廣接之道。」帝然之，更加採納。〔註148〕

簡文帝希冀有子嗣，時人多謂許邁爲得道者，因此請教許邁能否得子。同時

〔註144〕余嘉錫：《世說新語箋疏》（下），〈容止〉33，頁624。
〔註145〕余嘉錫：《世說新語箋疏》（下），〈容止〉26，頁620。
〔註146〕〔唐〕房玄齡等撰：《晉書》，卷80，列傳第50，〈王羲之傳〉，頁1031。
〔註147〕劉玉菁：《東晉南朝江東士族與道教之關係——以葛洪、陸修靜與陶弘景爲中
　　　　心》（台南：成功大學歷史研究所碩士論文，2003年），頁26～30。
〔註148〕〔唐〕房玄齡等撰：《晉書》，卷32，列傳第2，〈孝武文李太后傳〉，頁468。

簡文帝並與許謐交往：

> 長史名謐，字思元，一名穆，正生。少知名，儒雅清素，博學有才華，簡文皇帝垂俗表之顧，與時賢多所傳結。〔註149〕

嘉錫曰：「許長史名謐，一名穆，即道士許邁之弟。邁事附見晉書王羲之傳。真誥稱愔為同學，是愔已入道受籙，同於道士。而許穆又示以神仙之詩，將謂飛升可望，固宜其信道精勤矣。」此外，楊羲「幼有通靈之鑒，與先生（許邁）、長史（許穆）年並懸殊，而早結神明之交。長史薦之相王，用為公府舍人，自隨簡文登極後，不復見有迹出。」〔註150〕楊羲師事許邁，簡文帝任用許穆為長史，楊羲為公府舍人，可知此四人關係匪淺。

　　簡文帝與寒門道士交往，又欲任用寒微出身的卜術者為縣令、太守，引起高門王彪之的反對，《晉書・王廙傳》載：「簡文有命用秣陵令曲安遠補句容令，殿中侍御史奚朗補湘東郡。彪之執不從。」〔註151〕簡文帝與寒門交遊又重用之，使握有權勢的高門大族，備感威脅，並有違長期建立的門閥制度，因此受到士族反對。以此觀之，帝王之世外交亦可視為道教的貴族化，其與當時門第觀念不符，並且衝擊到士族的生存，故而與藉由連結門第，不斷增強勢力的門第交相抗衡。

　　總結以上，門第交涵蓋的交友型態甚廣，士人與君臣、朋黨結交、遊於世外或進行清談，凡所交遊都與門第有關，其中亦顯現高門為鞏固名聲、權勢，而籠絡朋黨並反對皇帝與道士、寒門相交的真實景象。

四、門第間的友情

（一）齊名友善

　　門第間時而互相賞譽、稱讚別家子弟，如陳郡謝鯤、潁川庾敳皆儁朗士，見裴憲而奇之，相謂曰：「裴憲鯁亮宏達，通機識命，不知其何如父；至於深弘保素，不以世物嬰心者，其殆過之。」〔註152〕名士交流喜歡互相比較，或與其自家比，或與他人比，魏晉之世齊名的士人如：「一臺二妙」、「王家三子」、「四伯」、「五儁」、「八達」以及「二十四友」等，皆著名於世。其中「王家

〔註149〕〔南朝梁〕陶弘景撰：《真誥》，卷20，〈真胄世譜〉（台北：台灣商務印書館，1965年），頁251。
〔註150〕〔南朝梁〕陶弘景撰：《真誥》卷20，〈真胄世譜〉，頁253。
〔註151〕〔唐〕房玄齡等撰：《晉書》，卷76，列傳第46，〈王廙傳〉，頁982。
〔註152〕〔唐〕房玄齡等撰：《晉書》，卷35，列傳第5，〈裴秀傳〉，頁502。

三子不如衛家一兒」，即爲世人評比高門子弟的結果：

> 琅邪王澄有高名，少所推服，每聞玠言，輒嘆息絕倒。故時人爲之
> 語曰：『衛玠談道，平子絕倒。』澄及王玄、王濟並有盛名，皆出玠
> 下，世云：「王家三子，不如衛家一兒」〔註153〕

此外，「（何）曾少襲爵，好學博聞，與同郡袁侃齊名。」〔註154〕二人同爲陳
郡陽夏人。何曾又與荀顗齊名：

> 司隸校尉傅玄著論稱曾及荀顗曰：「以文王之道事其親者，其潁昌何
> 侯乎，其荀侯乎！古稱曾、閔，今日荀、何。內盡其心以事其親，
> 外崇禮讓以接天下。……又曰：「荀、何，君子之宗也。」〔註155〕

二人皆以孝顯著，傅玄誇讚其爲君子的典範。至於門第交而友善，且聲名皆
傳於世，稱爲「齊名友善」。如《晉書·王濛傳》載：

> （王濛）與沛國劉惔齊名友善，惔常稱濛性至通，而自然有節，濛
> 每云：「劉君知我，勝我自知。」時人以惔方荀奉倩，濛比袁曜卿，
> 凡稱風流者，舉濛、惔爲宗焉。〔註156〕

> 王恭與王忱齊名友善……嘗從其父自會稽至都，忱訪之，見恭所坐
> 六尺簟，忱謂其有餘，因求之。恭輒以送焉，遂坐薦上。忱聞而大
> 驚，恭曰：「吾平生無長物。」其簡率如此。〔註157〕

王濛與劉惔、王恭與王忱皆爲門第交。王濛欣賞劉惔爲人通達，視其爲知己；
王濛爲太原晉陽王氏，劉惔爲沛國相人劉氏。王恭則順從王忱的要求，世人
以爲其簡率，其實亦表示其對王忱的友愛之情，故能大方相送；王恭與王忱
皆爲太原晉陽王氏，王忱的五世祖與王恭的六世祖，同爲魏司空王昶，門第
雖同然家門不同。

　　（二）情真篤實
　　門第交雖不乏勢利的連結，然而亦有眞情的流露，如《世說·傷逝》諸

〔註153〕〔唐〕房玄齡等撰：《晉書》，卷36，列傳第6，〈衛瓘傳〉，頁511。
〔註154〕〔唐〕房玄齡等撰：《晉書》，卷33，列傳第3，〈何曾傳〉，頁474。
〔註155〕〔唐〕房玄齡等撰：《晉書》，卷33，列傳第3，〈何曾傳〉，頁476。
〔註156〕〔唐〕房玄齡等撰：《晉書》，卷93，列傳第63，〈王濛傳〉，頁1186。
〔註157〕〔唐〕房玄齡等撰：《晉書》，卷84，列傳第54，〈王恭傳〉，頁1069。

篇所載：

> 顧彥先平生好琴，及喪，家人常以琴置靈牀上。張季鷹往哭之，不
> 勝其慟，遂徑上牀，鼓琴，作數曲竟，撫琴曰：「顧彥先頗復賞此不？」
> 因又大慟，遂不執孝子手而出。〔註158〕

顧榮平生喜歡彈琴，去世時，家人把琴放在靈床上，張翰前來弔唁，卻直接走
上靈床彈奏數曲，撫琴問顧榮還能欣賞嗎？於是又痛哭逕自走出門外。顧榮為
吳郡吳人顧氏，張翰則為吳郡吳人張氏，〔註159〕二人為同鄉友亦為門第交。

> 王子敬與羊綏善。綏清淳簡貴，為中書郎，少亡。王深相痛悼，語
> 東亭云：「是國家可惜人！」〔註160〕

王獻之與羊綏友善，羊綏為人清正淳樸，簡約尊貴，但英年早逝，王獻之哀
痛悼念，對東亭侯王珣說，國家失去了一個棟樑之材。羊綏為泰山平陽羊氏，
王獻之為琅瑘臨沂王氏。

> 王長史病篤，寢臥鐙下，轉麈尾視之，歎曰：「如此人，曾不得四十！」
> 及亡，劉尹臨殯，以犀柄麈尾著柩中，因慟絕。〔註161〕

王濛病重躺在床上，手轉動著麈尾，邊看邊說：「像我這樣的人，竟然活不過
四十歲！」其出殯時，劉惔親臨葬禮，把犀牛角柄的麈尾置於棺材內，並因
傷慟而昏厥。注引〈王濛別傳〉曰：「沛國劉惔與濛至交，及卒，惔深悼之。
雖友于之愛，不能過也。」二人齊名友善，一人逝去，另一人也哀痛不已。

門第間的友情可以清淡而齊名友善；亦可淳厚而哀傷嘆逝，王戎云：「情
之所鍾，正在我輩。」〔註162〕門第間的友情亦可視為我輩之情。

總結以上，門第交已落實在魏晉士人的生活中，以門第作為擇友之條件，
對今人而言，似乎不甚重要，然而，門第觀念不但影響士人的人際關係，也
影響其人生觀，從魏晉之世家譜、家訓、家風詩等流傳，可知其為家門子弟

〔註158〕余嘉錫：《世說新語箋疏》（下），〈傷逝〉7，頁640。

〔註159〕《晉書·張翰傳》載：「張翰字季鷹，吳郡吳人也。父儼，吳大鴻臚。」參〔唐〕
房玄齡等撰：《晉書》，卷92，列傳第62，〈張翰傳〉，頁1169。然王伊同《五
朝門第》（下）「高門權門世系婚姻表」66：「吳郡吳人張氏」未收張翰及張儼，
應為遺漏。

〔註160〕余嘉錫：《世說新語箋疏》（下），〈傷逝〉14，頁644。

〔註161〕余嘉錫：《世說新語箋疏》（下），〈傷逝〉10，頁641。

〔註162〕余嘉錫：《世說新語箋疏》（下），〈傷逝〉4，頁637。

為人處世奉行的準則，影響至今日，家教亦為今人品評人物的參考，自可視為魏晉以來，門第觀念的流傳。

貳、布衣交

布衣交指不拘身分地位高低的朋友；因布衣一般為平民所服，亦指貧賤之交。其含括了貧賤交與貴賤交。貧賤交是指貧賤時的知交好友，如《後漢書‧宋弘傳》載弘曰：「臣聞貧賤之知不可忘，糟糠之妻不下堂。」〔註163〕貴賤交則是指身分地位因時而異，或貴而為交，或富而為交，在貧賤時則能有知己好友相挺。例如《史記‧范睢傳》載秦昭襄王任用范睢為相，范睢在魏國時曾受當時宰相魏齊之辱，於是威脅魏國要殺了魏齊。魏齊逃到趙國，得到平原君的庇護，秦昭襄王得知後，向平原君要人，平原君則回答：「貴而為交者，為賤也；富而為交者，為貧也。夫魏齊者，勝之友也，在，固不出也，今又不在臣所。」〔註164〕注曰：「以言富貴而結交情深者，為有貧賤之時，不可忘之也。」意思是說，在富貴時結交的朋友，即使日後貧賤時也不能將之遺棄；魏齊既然是我的朋友，就算他在，我也不會交出來，何況他現在不在我那裡。另一種說法是，富貴時所結交的朋友，日後若貧賤當有所用，故不能忘。俗話說，養兵千日用在一時，將交友當成培養人脈的一種手段，顯現貴賤交有其功利的一面，但平原君沒有把魏齊交給秦昭襄王，可見他是看在友情的份上幫助魏齊的。

東漢隗囂「謙恭愛士，傾身引接為布衣交。」〔註165〕包括馬援、范逡、杜林等許多士大夫都前來歸附他。魏晉桓溫與謝奕「猶推布衣交。」〔註166〕，引奕為司馬，與之朝夕相處不拘禮節。又夏侯尚與魏文帝親善，《魏書》曰：「尚有籌畫智略，文帝器之，與為布衣之交。」〔註167〕《世說‧言語》33，顧和（顧司空）未知名之時，曾拜見丞相王導，王導卻因身體不適，當眾打瞌睡，顧和便提起顧榮曾說過，王導曾幫助元帝平定江東，如今看來面帶倦

〔註163〕〔劉宋〕范曄撰：《後漢書》（台北：鼎文書局，1981 年），卷 26，列傳第 16，〈宋弘傳〉，頁 905。

〔註164〕〔漢〕司馬遷撰：《史記》（台北：鼎文書局，1981 年），卷 79，列傳第 19，〈范睢傳〉，頁 2416。

〔註165〕〔劉宋〕范曄撰：《後漢書》，卷 13，列傳第 3，〈隗囂傳〉，頁 522。

〔註166〕余嘉錫：《世說新語箋疏》（下），〈簡傲〉8，頁 772。

〔註167〕〔晉〕陳壽撰，盧弼集解：《三國志集解》，卷 9，〈夏侯尚傳〉，頁 302。

容身體微恙，令人著急，此番話故意引起王導的注意，王導醒來並稱讚他「珪璋特達，機警有鋒」〔註168〕注引鄧粲《晉紀》曰：「導與元帝有布衣之好，知中國將亂，勸帝渡江。」依此，顧和在未當司空之前，即得王導之賞識，亦為布衣之交。〈雅量〉13，「有往來者云：庾公有東下意。或謂王公：『可潛稍嚴，以備不虞。』王公曰：『我與元規雖俱王臣，本懷布衣之好。若其欲來，吾角巾徑還烏衣，何所稍嚴。』」〔註169〕有人要王導提防庾亮，可能從江左前進建康，執掌朝政之意，王導卻說和庾亮為布衣之好，即便所言成真便還烏衣巷，也不會介意。

　　貴賤交的可貴之處在於不求回報的雅量，當其人未顯，有時甚至生活拮据，在各方面都需要他人的援助，此時貴顯的一方，往往伸出援手，或提拔舉薦，或給予資助等，皆是不求回報，其事蹟往往感人肺腑。例如：西晉豫章太守顧邵與丁諝、張秉、吳粲及殷禮為布衣之好，並時時予以關愛，《晉書·顧雍傳》云：

> 初，錢唐丁諝出於役伍，陽羨張秉生於庶民，烏程吳粲、雲陽殷禮起乎微賤，邵皆拔而友之，為立聲譽。秉遭大喪，親為制服結絰。邵當之豫章，發在近路，值秉疾病，時送者百數，邵辭賓客曰：「張仲節有疾，苦不能來別，恨不見之，暫還與訣，諸君少時相待。」其留心下士，惟善所在，皆此類也。〔註170〕

顧邵不但提拔丁諝等人，張秉逢大喪，還親自幫他制喪服、結麻帶，彷彿他的親人；至顧邵出發上任豫章太守前，張秉因病遲遲未去送行，顧邵甚至因為想念張秉，要在場的百位賓客稍作等待。其中原因都是因為友情的牽繫，才能如此心甘情願地為對方付出，友好相待。環濟《吳紀》曰：「紹字孝則，吳郡人。年二十七起家為豫章太守，舉善以教民，風化大行。」《世說·雅量》1載其亡於太守任上，則其與諸位布衣之友應當年紀相仿，與張秉之別亦極可能為死別。

　　又殷仲堪曾令帳下名醫醫治魏詠之的兔唇，其交往亦在詠之布衣之時，《晉書》載：

> 魏詠之字長道，任城人也。家世貧素，而躬耕為事，好學不倦。生而

〔註168〕余嘉錫：《世說新語箋疏》（上），〈言語〉33，頁95。
〔註169〕余嘉錫：《世說新語箋疏》（上），〈雅量〉13，頁356。
〔註170〕〔晉〕陳壽撰，盧弼集解：《三國志集解》，卷52，〈顧雍傳〉，頁1005。

兔缺。有善相者謂之曰：「卿當富貴。」年十八，聞荊州刺史殷仲堪
帳下有名醫能療之，貧無行裝，謂家人曰：「殘醜如此，用活何爲！」
遂齎數斛米西上，以投仲堪。既至，造門自通。仲堪與語，嘉其盛意，
召醫視之。醫曰：「可割而補之，但須百日進粥，不得語笑。」詠之
曰：「半生不語，而有半生，亦當療之，況百日邪！」仲堪於是處之
別屋，令醫善療之。詠之遂閉口不語，唯食薄粥，其屬志如此。及差，
仲堪厚資遣之。……詠之初在布衣，不以貧賤爲恥；及居顯位，亦不
以富貴驕人。始爲殷仲堪之客，未幾竟踐其位，論者稱之。〔註171〕

魏詠之天生有兔唇的缺陷，其曰：「殘醜如此，用活何爲！」可見他雖然不以
貧賤爲恥，卻對自己的容貌十分在意。兩手空空便造訪殷仲堪，一心只爲求
名醫，意氣之盛唯見「屬志如此」；殷仲堪非但不見怪，並納於舍下醫治百日，
治癒後又厚資遣之，亦顯其仁愛與宏量。此外，今人認爲兔唇破相，然相士
卻謂詠之爲富貴之命，且果然應驗，或是古之相術與今日不同。

　　公孫宏少孤貧，善鼓琴、能屬文，曾在河陽租種田地，潘岳時爲河陽令，
愛其才藝而待之甚厚。至公孫宏爲楚王瑋長史，掌管生殺大權，當時楚王下
令州郡主簿皆應誅殺，「同署主簿朱振已就戮，岳其夕取急在外」，當時情況
危急，然宏因潘岳有恩，仍謊稱岳爲假吏，助其逃過一劫。〔註172〕郄超有許
多出身寒門的朋友，並且多所提拔，「及死之日，貴賤操筆而爲誄者四十餘人，
其爲眾所宗貴如此。」〔註173〕此爲知恩圖報之例。亦證明，交於貧賤，待其
功成，亦會感念先前之恩，有時報答之心已非當時的恩情可比。

　　此外，張華「性好人物，誘進不倦，至于窮賤候門之士有一介之善者，
便咨嗟稱詠，爲之延譽。」〔註174〕王導、庾亮以阮放素知名，不營產業，不
免饑寒，常供給衣食。〔註175〕亦爲貴賤交。

參、同鄉友

　　張華和陸機皆曾作〈門有車馬客行〉詩，張華詩云：「門有車馬客，問君

〔註171〕〔唐〕房玄齡等撰：《晉書》，卷85，列傳第55，〈魏詠之傳〉，頁1086～1087。
〔註172〕〔唐〕房玄齡等撰：《晉書》，卷55，列傳第25，〈潘岳傳〉，頁729。
〔註173〕〔唐〕房玄齡等撰：《晉書》，卷67，列傳第37，〈郄鑒傳〉，頁881。
〔註174〕〔唐〕房玄齡等撰：《晉書》，卷36，列傳第6，〈張華傳〉，頁515。
〔註175〕〔唐〕房玄齡等撰：《晉書》，卷49，列傳第19，〈阮籍傳〉，頁662。

何鄉士。捷步往相訊，果是舊鄰里。語昔有故悲，論今無新喜。清晨相訪慰，日暮不能已。」〔註176〕陸機詩云：「門有車馬客，駕言發故鄉。念君久不歸，濡跡涉江湘。投袂赴門塗，攬衣不及裳。拊膺攜客泣，掩淚敘溫涼。」〔註177〕二人同題共作，不知是寫實還是虛構，但內容均敘述在異地偶遇故鄉友人，彼此言及故鄉事，離別依依不捨，充滿思鄉之情。陸機〈赴洛道中作詩〉詩亦云：「佇立望故鄉，顧影悽自憐。」〔註178〕人在異地最求同鄉友，同樣的生長環境宛如出自同一血脈，所謂一見如故，即是形容異地相見倍感親切，如果講得是同樣的方言，操著同樣的鄉音，情感溢於言表，則對此同鄉人必多花一份心思，也自然而然地結為朋友。

張華、陸機皆為吳姓世族，二人同題共作且內容大致相同，表示他們亦有交情。東晉之初，吳姓與僑姓世族因為政治關係，吳姓地位被僑姓壓抑，略次一等，且兩者之間的芥蒂甚深，往來出現人為的斷層。吳姓與僑姓出身的地域不同，永嘉亂後卻必須相處在同一塊土地上，撇開政治因素，亦可將吳姓與吳姓，以及僑姓與僑姓的往來，視為同鄉友的一環。

張華「少孤貧，自牧羊，同郡盧欽見而器之。鄉人劉放亦奇其才，以女妻焉。」〔註179〕其早年因鄉里人士的拔擢而漸露頭角，顯示同郡與同鄉的地緣關係，是人際關係中非常重要的一項利器。同鄉友來自同一地域，同一地域往往又為同姓或同家族，因此鄉里與門第的因素重疊，成為門第交的一環。然而同鄉友和門第交的不同在於，門第交強調的是血源關係與政治勢力，同鄉友則指其地緣關係，或人生際遇的相同，並非侷限於名門大族之間的往來。尤其寒族沒有優厚的家產與名望，在先天條件不足的影響下，更需要同鄉里的先輩先賢加以拔擢，才有一展長才的機會，甚至能使家族躍升名門。

魏晉之世，同鄉友的交往如杜摯與毌丘儉：「摯與毌丘儉鄉里相親，故為詩與儉，求仙人藥一丸，欲以感切儉求助也。」〔註180〕鄭袤與同郡任覽結交，魏諷為相國掾，名重當世，「袤以諷姦雄，終必為禍，勸覽遠之。及諷敗，論者稱焉。」〔註181〕張軌「與同郡皇甫謐善，隱于宜陽女几山。」〔註182〕等皆是。

〔註176〕逯欽立輯校：《先秦漢魏晉南北朝詩‧晉詩》，卷3，頁610。
〔註177〕逯欽立輯校：《先秦漢魏晉南北朝詩‧晉詩》，卷5，頁660。
〔註178〕逯欽立輯校：《先秦漢魏晉南北朝詩‧晉詩》，卷5，頁684。
〔註179〕〔唐〕房玄齡等撰：《晉書》，卷36，列傳第6，〈張華傳〉，頁515。
〔註180〕〔晉〕陳壽撰，盧弼集解：《三國志集解》，卷21，〈杜摯傳〉，頁545。
〔註181〕〔唐〕房玄齡等撰：《晉書》，卷44，列傳第14，〈鄭袤傳〉，頁601。

　　同鄉友的友誼來自對故鄉的情感，由於對於故鄉人有一份知己情懷，故能傾心友愛。嚴幹和李義情深意重，逢亂世與昔日知交採樵自活，和嵇康、向秀共鍛山陽的情景頗為相似：

> 嚴幹字公仲，李義字孝懿，皆馮翊東縣人也。馮翊東縣舊無冠族，故二人並單家，其器性皆重厚。當中平末，同年二十餘，幹好擊劍，義好辦護喪事。馮翊甲族桓、田、吉、郭及故侍中鄭文信等，頗以其各有器實，共紀識之。會三輔亂，人多流宕，而幹、義不去，與諸知故相浮沉，採樵自活。〔註183〕

嵇康與向秀非同鄉，其隱居的原因之一，是爲了避開司馬氏的眼線。嚴幹和李義舊無冠族，出身相同，逢亂避難不離不棄，表現了情同手足的友情。

　　總結以上討論魏晉的布衣交與同鄉友，例證雖不多，然而能夠反映出身下層的士人的友誼與友情。同鄉友除表現對故鄉的熱愛，也表現同在異鄉互相照顧的憐愛之情。貴賤交則是跨越層級的往來，即使對於貴顯者可以展現扶貧濟弱的一面，但是不能忽略其與寒士之間往來的情感，亦是眞誠而可貴的。

第三節　因藝術而結交

　　魏晉思想以道家爲主流，賀昌群言：

> 道家的思想，富於玄妙與神祕的成分，他們的腦裏，都有一個理想的世界，寄託在他們的靈魂裡。這種世界非出於人力創造的現實，乃出於腦力理想的構成，借以表現的，或出於言語，或出於辭章。言語者趨於清談，辭章者尊重文藝。〔註184〕

清談與文藝活動是魏晉名士最常用的交際方式，以此促成了清談交與文學交；理想世界的描繪是他們與人交流的動力之一，思想活化了談論的有無與文學的生命。道的本體是道法自然的自然，從亭臺樓閣走入山水雅集，以風

〔註182〕〔唐〕房玄齡等撰：《晉書》，卷86，列傳第56，〈張軌傳〉，頁1089。
〔註183〕〔晉〕陳壽撰，盧弼集解：《三國志集解》，卷23，〈裴潛傳〉，頁581～582。
〔註184〕賀昌群等著：《魏晉思想》甲編三種，劉大杰：〈魏晉思想論〉第六章：「魏晉時代的文藝思潮」，頁145。

流雅韻體現魏晉風度，士人結伴遊山玩水、吟詠詩文，或以書法、絲竹、下棋、投壺、飲酒等藝術型態作爲與友互動的方式，稱爲風雅交。

以下遂以文學交、風雅交與清談交三種友誼類型，作爲本節探討的重點。

壹、文學交

文學的定義甚廣，可以指經典、文體、文采、文才或儒生、官職，甚至孔門四科之一，本文之文學則係指客體之承載書寫之詩賦、文章，及主體個人之文采與文才而言。文學交的主體是創作的文人，文學只是交遊往來的媒介，故沒有文學就無法造就文人，沒有文人則無法成立文學交。

文學交的友誼類型若要產生真正的友情，即必需擺脫功利、門第等現實考量，純粹以文學品評人物，才能從鑒賞詩賦文章中見得他人之真性情。例如文學評鑒中有所謂知人論事的詮釋方法，多用在以今人眼光評賞古人作品，以洞悉寫作的動機與詩人的本性；透過文學，即使相隔千百年亦可與古人神遊。從文學的角度認識一個人，和從現實的互動中看見一個人，能產生不同的觀感，蘇軾觀廬山有云：「橫看成嶺側成峰，遠近高低各不同」，文學交的最高境界就是要打破人際互動中，真實個人所形成的一切面向，由文氣所散發出來的個人才氣作爲人際吸引的源頭，使人拋開成見，以一種審美的觀點來重新認識他人，加上些許忘機交的成分所形成的友誼，才是文學交的原始意涵。

魏代楊脩才思過人，楊脩與曹操經過曹娥碑下，曹操思碑文「黃絹幼婦，外孫虀臼」不解其意，然脩已解，曹操行三十里後方得「絕妙好辭」，乃歎才不及脩。二人共同思考文句並互換心得的過程，即是一種文學的交流，但尚未包含友情在內。楊脩是曹植的密友，兩人的友情才是真正因文學而締結，曹植愛好楊脩的文才，有意結好楊脩，數與脩書，書曰：

> ……蘭茝蓀蕙之芳，眾人之所好，而海畔有逐臭之夫；咸池、六英之發，眾人所樂，而墨翟有非之之論：豈可同哉！今往僕少小所著辭賦一通相與。……將以傳之同好，此要之白首，豈可以今日論乎！其言之不怍，恃惠子之知我也。〔註185〕

〔註185〕〔晉〕陳壽撰，盧弼集解：《三國志集解》，卷19，〈任城陳蕭王傳〉，頁491～492。

其相往來，因此甚數。曹植以辭賦示脩，希望楊脩能欣賞他的文才而成爲知交，以惠子比楊脩，暗喻自己爲莊子，與他狂傲放縱的性格相符，並且顯現他希望能和楊脩擁有惠施與莊子般的友情，以文學爲媒介作心靈上的良伴。

　　文學交的友情往往是因欣賞或批判對方的文筆或學養而建立起來的。如傅玄初作《傅子內篇》請子咸示王沈，沈遂書與玄，讚其言富理濟，「足以塞楊墨之流遁，齊孫孟於往代」，言其每開卷未嘗不嘆息，蓋自嘆弗如也。〔註186〕服虔欲爲《春秋》作注，聞崔烈集門生講傳，於是隱性埋名爲其門人作食，偶與諸生談論而自曝身分，崔烈與服虔共術同方，遂相與友善。〔註187〕孫綽作《天台賦》成，以示范啓（字榮期），云：「傾試擲地，要作金石聲。」范曰：「恐子之金石，非宮商中聲！」然每至佳句，輒云：「應是我輩語。」孫綽與范啓亦因文學而相友善。〔註188〕袁宏少貧，文章絕麗，嘗以運租爲業。謝尚時任鎮西將軍，微服泛江時，忽聞袁自詠《詠史詩》，因此相邀，談話申旦，〔註189〕此爲文學交亦爲布衣交。

　　又向秀注《莊》之始，曾問嵇康和呂安二人，嵇、呂不以爲然，嵇康曰：「此書詎復須注？正是防人作樂耳！」語中帶有貶意，完成後又與二人過目，二人深爲佩服，向秀即便完成曠世鉅作，仍要透過友人的評價以增強自信，可知其必定是友好信任的關係，才願意將作品供二人鑑賞。文學交的友情就是在這樣的文學評論與褒貶中顯現出來的。反觀鍾會撰《四本論》，本欲使嵇康一見，卻又「畏其難，懷不敢出，於戶外遙擲，便回急走。」這是由於對嵇康的不信任與不友善所產生的恐懼感，因爲知道彼此並非志同道合，更害怕對方從文中看到自己的心思，所以害怕嵇康的非難。然而眞正的朋友是不會害怕對方給予自己批評和指教的，因爲相信朋友給予的必定是一種懇切友善的評論，即使切中要害必定是有益而能使自己有所成長的。從鍾會遙擲《四本論》這個舉動，就可以知道他們不是朋友，也不會成爲朋友。

　　《晉書‧張華傳》載：「初，陸機兄弟志氣高爽，自以吳之名家，初入洛，不推中國人士，見華一面如舊，欽華德範，如師資之禮焉。」〔註190〕陸機和陸雲來到京城洛陽，初時由於談吐有吳國鄉音，受時人嘲弄，二陸不氣餒，

〔註186〕〔唐〕房玄齡等撰：《晉書》，卷47，列傳第17，〈傅玄傳〉，頁638。
〔註187〕余嘉錫：《世說新語箋疏》（上），〈文學〉4，頁194。
〔註188〕余嘉錫：《世說新語箋疏》（上），〈文學〉86，頁267。
〔註189〕余嘉錫：《世說新語箋疏》（上），〈文學〉88，頁268。
〔註190〕〔唐〕房玄齡等撰：《晉書》，卷36，列傳第6，〈張華傳〉，頁516。

後訪得時任太常的西晉名學者張華，得張華看重，使得二陸名氣大振。「陸機才名早著，吳亡後讀書華亭故里，流譽京華，固不待張華之褒而後馳名江左。」但他以東吳貴冑之身而北上事敵，內心多矛盾痛苦，張華爲北方人，爲吳人所輕，但陸機卻待以師禮，他們的交往本是源於文才互賞，故爲文學交，但卻參雜了欲求仕宦的勢利交性質。

左思生於魏晉之際，爲齊國臨淄人，初作〈蜀都賦〉，示張華，華曰：「此二京可三，然君文未重於世，宜以經高名之士。」思乃詢求於皇甫謐。可見當時寒族即便甚有文辭，時人依然先審門第，後斷優劣。左思才章美茂，〈三都賦〉未出，陸機即與弟雲書曰：「此間有傖父，欲作三都賦，須其成，當以覆酒甕耳。」認爲北方傖父不知風雅，無須理會。文學在當時無法溶化南北的隔閡，因爲除了門第觀念的根深柢固外，言人傖父的背後意義是一種文化的芥蒂，致使陸機對左思的文章有先入爲主的偏見，也使當時文學交漸漸成爲門第交和風雅交之附庸。

文學交和朋黨交結合，起初係因爲政治利益與門戶之見而產生不同的文學集團，但久而久之這種文人交峰的習慣養成了，文學集團各自發展出各自的文學觀點或理論，則產生了文人相輕的局面。例如《顏氏家訓‧文章》云：

> 邢子才、魏收俱有重名，時俗準的，以爲師匠。邢賞服沈約而輕任昉，魏愛慕任昉而毀沈約，每於談讌，辭以色之。鄴下紛紜，各有朋黨。〔註191〕

北魏邢邵與魏收同列「北地三才」〔註192〕之中，二人的地位不相上下，但因各自模擬沈約與任昉詩作，而導致擁護他們的士人形成朋黨，並互相非難。

郭英德將中國歷史上的文學集團分爲兩大類，「一是宮廷集團，如漢武帝金馬門侍從，漢末鴻都文學門學，建安七子，竟陵八友，唐初文章四友，明初三楊等等；二是藩王貴族集團，如陵園賓客，晉二十四友，明中葉趙王賓客等等。這兩種類型都是由文人群體圍繞著某個政治中心開展文學活動而形

〔註191〕〔北齊〕顏之推撰，王利器集解：《顏氏家訓集解》（上海：上海古籍出版社，1980年），卷4，〈文章〉第9，頁254。

〔註192〕溫子昇、邢邵、魏收三人在北魏末年、東魏之際，文名甚盛，人稱北地三才。其中溫子昇與邢邵成名在先，並稱爲「溫邢」；及子昇歿後，邢邵又與魏收並稱「邢魏」。參林晉士：《北朝散文研究》（高雄：中山大學中國文學研究所碩士論文，1999年），頁384。

成的，因此具有一些共同的文化功能，展示出相似的文學風貌。」〔註193〕魏晉的文學集團的代表爲建安七子與二十四友，竟陵八友則是南齊武帝永明年間招集的文學之士。吾人可以把此類文學集團的形成，視爲文學交的擴大，先前所舉的例子多是二人之間的文學交；文學集團則是一種以文學爲媒介集體交遊的友誼類型。其主要的文學活動爲侍從遊宴，寫詩作賦，並產生了同題共作的主題詩作，若其帶有遊宴與遊戲的性質，則又稱爲貴遊文學集團。

　　文學集團通常會有一至二人作爲集團的主人，號召大家共同創作，如建安文學集團即是以曹丕、曹植兄弟爲首，他們自己也加入寫作的活動，和前代的文學集團主人，只從旁觀者的角度觀覽群臣獻藝的參予方式不同，透過文學上的彼此觀摩交流，從集體創作中產生了共同的作風，並且跨越了政治上的君主臣僚隸屬關係，發展出深厚的友情，如曹丕與吳質書云：

> 昔年疾疫，親故多離其災，徐、陳、應、劉，一時俱逝，痛可言邪！昔日遊處，行則連輿，止則接席，何曾須臾相失。每至觴酌流行，絲竹並奏，酒酣耳熱，仰而賦詩，當此之時。忽然不自知樂也。謂百年已分，可長共相保。何圖數年之間，零落略盡，言之傷心！頃撰其遺文，都爲一集。觀其姓名，以爲鬼錄。追思昔遊，猶在心目，而此諸子，化爲糞壤，可復道哉！……閒者歷覽諸子之文，對之拔淚，既痛逝者，行自念也。〔註194〕

這是一篇悼念亡友的書信，徐、陳諸子去世後，建安文學集團形同解散。傷逝是面對友情最真誠的表達，魏晉士人往往在傷逝之中，感念往昔的友人；在人數眾多的文學集團中，能夠擁有如此深厚的情誼是十分難能可貴的。

　　魏晉士人所參予的文學活動中，以寫作詩賦爲最大宗，其次則爲學術交流，由此從文學交中又可分出「學術交」的友誼類型。例如鄭沖、孫邕、曹羲、荀顗與何晏同注論語，其「共集論語諸家訓注之善者，記其姓名，因從其義，有不安者輒改易之，名曰論語集解。」〔註195〕爲學術交。建安文學集團在阮瑀、王粲諸人亡逝以後，曹氏集團的重要文士以王象等人爲主，這批文士主要的文學活動，不像建安七子以侍從遊宴、寫詩作賦爲主，其主要的

〔註193〕郭英德：《中國古代文人集團與文學風貌》，頁40。
〔註194〕〔清〕嚴可均校輯：《全上古三代秦漢三國六朝文・全三國文》，卷7，魏文帝〈又與吳質書〉，頁1089。
〔註195〕〔唐〕房玄齡等撰：《晉書》，卷33，列傳第3，〈鄭沖傳〉，頁474。

工作是編纂類書。《三國志·紀第二·文帝曹丕》云：

> 初，帝好文學，以著述爲務，自所勒成垂百篇。又使諸儒撰集經傳，
> 隨類相從，凡千餘篇，號曰皇覽。〔註196〕

《三國志·楊俊傳》注引《魏略》亦云：

> 魏有天下，拜（王）象散騎侍郎，遷爲常侍，封列侯。受詔撰皇覽，
> 使象領祕書監。象從延康元年始撰集，數歲成，藏於祕府，合四十
> 餘部，部有四十篇，通合八百餘萬字。〔註197〕

《皇覽》的實際編纂人數今已不可考，今所知者則有王象、謬襲、劉劭、桓
範及韋誕五人。編纂類書雖然注重分工，但編纂的過程通常是朝夕相處的，
此類共同從事學術工作，彼此交流參酌同異，亦可納入學術交。

最後還有一點要說明的是，學術交和文學交相較，無法承載那麼多的情感，
即便夠成爲朋友，學術的立場往往擺在友情之前。人們對於自己用心鑽研的學
問總是視同珍寶；能夠與人學術交的人，首先在人品與學養上要能受到對方的
肯定，否則會被人質疑其交友動機是否是爲了盜竊學術的成果。《太平廣記》載：

> 魏鍾繇字元常。少隨劉勝入抱犢山。學書三年。遂與魏太祖、邯鄲
> 淳、韋誕等議用筆。繇乃問蔡伯喈筆法於韋誕。誕惜不與。乃目搥
> 胸嘔血。太祖以五靈丹救之得活。及誕死。繇令人盜掘其墓。遂得
> 之。由是繇筆更妙。〔註198〕

鍾繇善書法，與王羲之並稱「鍾王」，曾於韋誕的座位上看到蔡邕《筆法》這
本書，向韋誕苦求索取，韋誕不願相讓，於是鍾繇難過得搥胸至吐血，曹操
用五靈丹將他救起；鍾繇覬覦那本書，始終掛念於心，韋誕去世後，遂掘墓
將書奪走。從鍾繇苦求《筆法》的行爲來看，可以肯定他是一個對學術充滿
熱忱的人；但從他盜墓的行爲而言，他的人品十分可議，韋誕想必深知他的
爲人；或許他並非希望這本書失傳於世，只是害怕流入鍾繇的手中，因此即
便死了也要一起帶走。

〔註196〕〔晉〕陳壽撰，盧弼集解：《三國志集解》，卷 2，〈紀第二·文帝曹丕〉，頁
　　　　88。
〔註197〕〔晉〕陳壽撰，盧弼集解：《三國志集解》，卷23，〈楊俊傳〉，頁664。
〔註198〕〔宋〕李昉等編：《太平廣記》，卷206，〈書一〉鍾繇，頁1577。

貳、風雅交

「風雅」原指《詩經》中的《國風》和《大雅》、《小雅》，亦可用來指稱《詩經》。蓋雅有正之旨，在魏晉儒衰道興，玄談取代教化規範時，詩風亦趨向富豔難縱，因此《文選》提倡「風雅中興」〔註199〕，於詩道起衰救弊。然而，魏晉使用風雅一詞，除了包含儒家的道德規範義，也兼顧了道家的適性消遙義，於風雅中求變，由重雅轉而立風，蓋是魏晉之世隨玄風興起而出現風雅的另一種風貌。

風雅可以形容一個人舉手投足「風流儒雅」，例如北魏・裴祐「從容風雅，好爲詩詠，常與朝廷名賢汎舟洛水，以詩酒自娛。」由於品評人物與魏晉風度結合，風雅包含了一個人從靜到動的儀態、品行和行爲，凡事注重風采與神態，士人不但要舉止莊重且要如莊生風神俊悟，志尚清遠，如晉・裴楷「風神高邁，容儀俊爽，博涉羣書，特精理義，時人謂之『玉人』。」謝安年幼時，譙郡桓彝見而嘆曰：「此兒風神秀徹，後當不減王東海。」；風雅亦形容社會風氣，魏晉士人由於寄託老莊，較不會直接吐露對政治或統治者的不滿，因爲列子御風而行猶有所待，他們嚮往無己、無功、無名的境界，有時甚似消極頹廢，然實爲一種積極無爲的處世態度；〔註200〕這種態度反映在當時士人的生活中，今人稱作魏晉風度。

風度展現的僅是個人風範，但風雅除了描述個人，也能揭示生活的氛圍、社會的風氣與風俗文化，因此在討論風雅交的時候，應該要站在一個宏觀的角度，從名流風範放大到士人的文化交流，探討士人在社交場合中，個人風采的展現。

雅的起源來自個人情感與外在世界共鳴所產生的悸動，「永嘉亂後，名士

〔註199〕《世說・文學》85，余嘉錫案：「及風雅中興，玄談漸替，昭明文選一舉而廓清之，玄度、興公之詩，遂皆不入錄。……王僧達詩曰：『其源出於張華，才力苦弱，故務其清談，殊得風流媚趣。……』」參余嘉錫：《世說新語箋疏》（上），〈文學〉85，頁262。

〔註200〕積極和無爲看起來頗爲矛盾，然而觀李澤厚先生認爲魏晉士人的生命態度是：「表面看來似乎是如此頹廢、悲觀、消極的感嘆中，深藏著的恰恰是它的反面，是對人生、生命、命運、生活的強烈欲求和留戀。……表面看來似乎是無恥地在貪圖享受、腐敗、墮落，其實，恰恰相反，它是在特定的歷史條件下深刻地表現了對人生、生活的極力追求。」故而用積極表現強烈，強調無爲的態度，而不是積極的作爲。參李澤厚：《美的歷程》（台北：三民書局，1996年），頁110。

南渡，美麗的自然環境和他們追求玄遠的恬淡心境結合起來，於是山水美的發現便成了東晉這個時代對於中國藝術和文學的絕大貢獻。」〔註201〕山水成為一個獨立的審美對象，遊玩賞樂是在審美的情境下所展開，魏晉名士往往從胸臆中自然發出對山水的讚嘆，如王羲之嘆曰：「我卒當以樂死！」以及謝安在往臨安的山中，臨濬谷亦嘆「此去伯夷何遠！」純淨的山水彷彿是生活中唯一一塊樂土，秉著自然情性的陶冶，形成一股對自然美的嚮往與感動，如《世說》載：「簡文入華林園，顧謂左右曰：『會心處，不必在遠。翳然林水，便自有濠、濮閒想也。覺鳥獸禽魚，自來親人。』」〔註202〕「顧長康從會稽還，人問山川之美，顧云：『千巖競秀，萬壑爭流，草木蒙籠其上，若雲興霞蔚。』」〔註203〕「王司州至吳興印渚中看，嘆曰：『非唯使人情開滌，亦覺日月清朗。』」〔註204〕「王子敬云：『從山陰道上行，山川自相映發，使人應接不暇；若秋冬之際，尤難為懷。』」〔註205〕皆為乘雅興而遊，以山水獨照心靈之雅致。

　　魏晉士人的雅致可以說是一種將心靈淨空所呈現的虛無狀態，無爭無欲是他們的理想，因為無待所以沒有欲的界線，故而任性縱情以探尋自我，如同陶淵明尋訪桃花源時，即使世外桃源只是心靈的寄託，但依然要尋訪才能自得，也因為他們懂得發覺自我，所以今人說他們的自覺意識高昂。老莊思想不是本來就有，亦不是先天根植在魏晉士人的心中，而是受後天環境刺激或週遭人事影響而被動接受，因此必須在心中尋找一個能夠滋養聖人的淨土，此心靈的空曠處即是無，無才能觀照萬物，如《莊子·人間世》仲尼曰：「若一志，无聽之以耳而聽之以心，无聽之以心而聽之以氣！聽止於耳，心止於符。氣也者，虛而待物者也。為道集虛。虛者，心齋也。」心虛者如明鏡，方能探照生命之美、人生之真諦與世間萬物。唯有純淨的土壤才能開出美豔的花朵，魏晉士人在縱放之時，放掉世俗之欲，使世間一切喜樂納入其中，因此說這是一種雅致。

　　在前段提及的貴遊文學集團中，文學與遊宴幾乎是一體的，參予盛會的

〔註201〕王瑤：《中古文學史論·中古文學風貌》（台北：長安出版社，1975 年），頁61。
〔註202〕余嘉錫：《世說新語箋疏》（上），〈言語〉61，頁 120～121。
〔註203〕余嘉錫：《世說新語箋疏》（上），〈言語〉88，頁 143。
〔註204〕余嘉錫：《世說新語箋疏》（上），〈言語〉81，頁 138。
〔註205〕余嘉錫：《世說新語箋疏》（上），〈言語〉91，頁 145

文人往往都是當時的名望之士，因此可稱爲「名流交」；而其言詠寫懷，以文會友，可稱爲「文學交」；至於集遊園、奏樂、飲酒與賦詩等於文人雅聚之中，綜合了各種當時名士所喜愛的交流方式，在富含文化氣息的活動中，聯絡彼此的感情，則稱爲「風雅交」，如《世說・言語》23 載：

> 諸名士共至洛水戲。還，樂令問王夷甫曰：「今日戲樂乎？」王曰：
> 「裴僕射善談名理，混混有雅致；張茂先論史漢，靡靡可聽；我與
> 王安豐說延陵、子房，亦超超玄箸。」〔註206〕

王衍與名士遊洛水，期間談玄、講史、論名理皆饒有興味，不落俗套。魏晉士人的貴遊文化，著名的有建安時期的西園遊、南皮遊；竹林七賢的山陽遊，二十四友的金谷遊、洛水遊與南渡之後的新亭遊、華林遊，以及於會稽山陰蘭亭聚集的蘭亭遊。雖名爲遊，然而仍有固定的據點，或爲假造的庭園，如石崇的金谷園，或爲一處自然的山水勝地，如山陽遊；總之，不是漫無目的到處遊玩，有時「朝遊高台觀，夕宴華池陰」，白天出遊，傍晚回到主人家中設宴，今人郊遊的模式也是如此，而古時稱爲遊宴。小橋流水伴隨著絲竹宴會，文人雅士一時興起，公讌詩應然而生，如王粲、陳琳、阮瑀及應瑒均曾作〈公讌詩〉。公讌指公卿高官或官府的宴會。《文選・王粲公讌詩》張銑解題曰：「此侍曹操讌，時操未爲天子，故云公讌。」從這一系列的公讌詩，吾人可以看到除了遊山玩水，宴會中遊戲、詩賦與絲竹是必備的娛樂項目，至於飲酒則爲宴會的核心。

曹植覽揚雄〈酒賦〉〔註207〕，認爲他「頗戲而不雅」，於是另作一篇，其描寫漢代王孫公子「獻酬交錯，宴笑無方」，其實正是身處魏代的作者所看到情景，當「飲者竝醉，從橫譁譁，或揚袂屢舞；或扣劍清歌……。」其醉態已至狂妄的程度。他肯定士人在宴會中飲酒，可以打破人際間的藩籬，心中原有的偏見也會暫時忘卻，而令「質者或文，剛者或仁；旱者忘賤，竄者忘貧；和眭眦之宿憾，雖怨讎其必親。」從原本的飲酒助興，漸漸地在酒精的催眠下，暫時拋開現實的顧忌，人與人坦誠相見；現代人說飲酒搏感情，古人亦是如此，有些誤會與仇恨就是在半醉半醒中化解的，這是一種維繫友情的方法也是風雅交的特點。曹植之所以認爲揚雄「頗戲而不雅」，顯示其注

〔註206〕余嘉錫：《世說新語箋疏》（上），〈言語〉23，頁85。
〔註207〕〔清〕嚴可均校輯：《全上古三代秦漢三國六朝文・全三國文》，卷14，頁1128。

意到風雅交不能只有遊戲的性質，「若耽於觴酌，流情縱佚，先生所禁，君子所斥。」則飲酒將淪為「淫荒之源」。

投壺是古人的娛樂活動，賓主依次用矢投向盛酒的壺口，以投中多少決勝負，負者飲酒。《後漢書・祭遵傳》載：「遵爲將軍，取士皆用儒術，對酒設樂，必雅歌投壺。」〔註208〕魏・張郃雖武將而愛樂儒士，居軍中，與諸生雅歌投壺。〔註209〕玄學家王弼樂遊宴，解音律，善投壺。〔註210〕邯鄲淳作投壺賦千餘言奏之，文帝以爲工，賜帛千匹。〔註211〕諸葛瑾之子諸葛恪「秋冬則射獵講武，春夏則延賓高會，休吏假卒，或不遠千里而造焉。每會輒歷問賓客，各言其能，乃合榻促席，量敵選對，或有博弈，或有摴蒱，投壺弓彈，部別類分，於是甘果繼進，清酒徐行，融周流觀覽，終日不倦。」〔註212〕依照四季安排應景的活動，天冷於戶外射獵，溫暖則設宴款待賓客，諸葛恪的娛樂活動幾乎囊括了風雅交的全部，依照賓客擅長的項目，分爲下棋、擲骰、投壺等，分組競賽。其中摴蒱類似今日的賭博遊戲，漢代即有之，晉代猶盛行，以擲骰決勝負，得采有盧、雉、犢、白等稱，視擲出的骰色而定，後爲擲骰的泛稱。如曹丕《豔歌何嘗行》曰：「小弟雖無官爵……但當在王侯殿上，快獨摴蒱、六博，對坐彈棋。」《晉書・后妃傳上・胡貴嬪》載：「帝嘗與之摴蒱，爭矢，遂傷上指。」〔註213〕不但王孫公子喜好，連帝王后妃也沉迷其中。

《世說・巧藝》1 載：「彈棊始自魏宮內，用妝奩戲。文帝於此戲特妙，用手巾角拂之，無不中。有客自云能，帝使爲之。客箸葛巾角，低頭拂棊，妙踰於帝。」〔註214〕注引傅玄〈彈棊賦敘〉曰：「漢成帝好蹴踘，劉向以謂勞人體，竭人力，非至尊所宜御。乃因其體作彈棊。今觀其道，蹴踘道也。」《後漢書・梁冀傳》載：「（梁冀）」性嗜酒，能挽滿、彈棋、格五、六博、蹴踘、意錢之戲。」李賢注引《藝經》曰：「彈棋，兩人對局，白黑棋各六枚，先列棋相當，更先彈之。其局以石爲之。」可知魏文帝喜歡玩的彈棊（棋），應該

〔註208〕〔劉宋〕范曄撰：《後漢書》，卷20，列傳第10，〈祭遵傳〉，頁742。
〔註209〕〔晉〕陳壽撰，盧弼集解：《三國志集解》，卷17，〈張郃傳〉，頁469。
〔註210〕〔晉〕陳壽撰，盧弼集解：《三國志集解》，卷28，〈鍾會傳〉注，頁669。
〔註211〕〔晉〕陳壽撰，盧弼集解：《三國志集解》，卷21，〈阮瑀傳〉注引《魏略》，頁526。
〔註212〕〔晉〕陳壽撰，盧弼集解：《三國志集解》，卷52，〈諸葛瑾傳〉，頁1010。
〔註213〕〔唐〕房玄齡等撰：《晉書》，卷31，列傳第1，〈后妃上・胡貴嬪傳〉，頁460。
〔註214〕余嘉錫：《世說新語箋疏》（下），〈巧藝〉1，頁712。

和今日的跳棋相似，而非傅玄所說的蹴踘，爲古代的足球遊戲。

　　魏晉貴族與士大夫階層除了流行上述五花八門的遊戲外，某些士人則專精書畫藝術，並藉書畫與人切磋交流。和遊戲相較，書畫則蘊含深厚的文化氣息，不但具有藝術價值亦具有保存價值，以書畫聯絡感情既典雅又象徵友情長存。如皇象〈與友人論草書〉云：

> 欲見草書，宜得精毫羖筆，委曲宛轉不叛散者。紙當得滑密不粘污者，墨又須多膠紺黝者，如逸豫之餘；手調適而心佳娛，可以小展。
> 〔註215〕

從運筆的方式、紙張的選擇甚至墨色的濃淡都與友人分享心得。

　　觀琴書能知人，也有因爲談論琴書而改變一個人對另一人的觀感的，如《世說・雅量》34：

> 戴公從東出，謝太傅往看之。謝本輕戴，見但與論琴書。戴既無吝色，而談琴書愈妙，謝悠然知其量。〔註216〕

戴逵字安道，好鼓琴，善屬文，尤樂遊燕，多與高門風流者游，談者許其通隱。即使非名門出身，然因風雅而結交許多名士，謝安原本瞧不起他，也是見其雅量與藝能遂改變想法。又《世說・巧藝》6：

> 戴安道就范宣學，視范所爲：范讀書亦讀書，范鈔書亦鈔書。唯獨好畫，范以爲無用，不宜勞思於此。戴乃畫南都賦圖；范看畢咨嗟，甚以爲有益，始重畫。〔註217〕

戴逵欣賞范宣的才學，於是從其讀寫，二人因文學而結交。戴善畫，從而影響范宣開始重視畫藝，故爲風雅交。

參、清談交

　　魏晉清談盛行，透過言談，因意立論，設例求證，可以使思維更清晰，理論更暢達，更是表現自我、抒發心情的一種手段。清談也是一種說話藝術，梅家玲《世說新語的語言與敘事》即以專章探討《世說新語》的敘述藝術，

〔註215〕〔清〕嚴可均校輯：《全上古三代秦漢三國六朝文・全三國文》，卷74，頁1451。
〔註216〕余嘉錫：《世說新語箋疏》（上），〈雅量〉34，頁373。
〔註217〕余嘉錫：《世說新語箋疏》（下），〈巧藝〉6，頁719。

風雅交中其實也涵蓋了清談活動，但是因為魏晉清談具有時代意義，相對於飲酒、遊戲與書畫等藝術，有單獨論述的必要。

清談的發展，可分為名理派與玄論派，但是玄論派逐漸成為主流，後人言清談者，多指玄論一派。劉大杰指出，因為儒學衰微，玄學興起，以往重德行輕言語的觀念，便失去了力量，加以玄學的哲理，比儒家所講的倫理道德較為玄妙神秘，於是促成了魏晉清談的發展。〔註218〕梅家玲言：「學術思想上轉尚玄理，『遊戲』的態度，遂取代了原先實用的目的，此時清談乃成為士人之間標尚才情風致的重要社交活動。」〔註219〕唐翼明亦認為，通過談論可以發現對方是不是人才，品評人物與知人交友都是清談的一部分。〔註220〕士人藉由言談交流，認識他人，拓展人際關係，並暗自品評對方的才性與能力，如果遇到談得來的人，相談甚歡之餘還能結交為朋友，故而，由言談而結交便是談交的基本意涵。

清談是士人間交遊的一種方式，張琱琳曾將《世說》中參予清談的名士，以及他們的交往行動整理為表格，〔註221〕吾人可以初步認識魏晉時期清談交的概況。魏晉士族重視門第，士族間的往來互動，經常依靠言語的交流，錢穆指出，當時清談是門第中人一種「品格標記」，若在交際場中不擅此項才藝，便成失禮。門第中賢家長必教戒其子弟，注意相關言談的材料，稱為「言家口實」，此乃當時門第裝點場面周旋酬酢中一項重要節目。〔註222〕在此章第二節中即曾提到，門第中清談盛會頻繁，門第交遂與清談交結合，如裴散騎取王太尉女，因而有「諸婿大會」，殷仲堪與羊孚皆為王家女婿，僅管輩份不同，仍大論四回合。

然而，友誼的形成與情感的交流密不可分，因此若要將清談交定位在一種友誼的類型上，除了指出清談的重點、內容與參予人士，以確立其友誼建立的可能性，還要證明清談的名士間在談論內容之外，有著情感的流露，如

〔註218〕賀昌群等著：《魏晉思想》甲編三種，劉大杰：〈魏晉思想論〉，頁183～184。

〔註219〕梅家玲：《《世說新語》的語言與敘事》（台北：里仁書局，2004年），頁184。

〔註220〕唐翼明：《魏晉清談》（台北：東大圖書股份有限公司，1992年10月），頁176～177。

〔註221〕張琱琳：《「遊」與「友」：漢晉名士交往行動探究》，第三章第三節〈清談交：寄言出意的語言盛世〉，表一（台南：成功大學中國文學研究所碩士論文，2008年），頁139～142。

〔註222〕錢穆：〈略論魏晉南北朝學術文化與當時門第之關係〉，《新亞學報》第5卷第2期（1963年8月）。

此才能從可能的交往行動成為實際的友誼。探討抽象的情感是困難的，友誼的產生大抵是從交際變成交往，而後產生交情，友誼（或言友情）是交往行動中最後的產物，將情感的成分萃取出來，才能發現清談在品評人物與學術討論外的另一種風貌。

　　情感的交流互動，必須在雙方都情投意合的狀態下進行，一個善於談論的人，需要一個好的回應者，更需要一個好的傾聽者，清談交之所以可以成為一種友誼類型，在於良好的互動，而不是激烈的論辯與相互攻訐。若是撇開時代因素，將清談活動視為一種人與人的溝通、說服的過程，那麼便可以理解清談中為什麼可以產生友誼，然而，並不是所有參予清談的士人都能夠發展為朋友，畢竟像莊子與惠施那樣終生學術立場與意見相左，卻仍能保持友好關係的人不多。

　　清談之始，有時是因緣際會，例如紀瞻與顧榮「同赴洛，在塗共論易太極。」〔註223〕以及徐寧在上任途中，至廣陵尋親舊，「還遇風，停浦中，累日憂悒，因上岸，見一室宇，有似廨署，訪之」，巧遇桓彝：

> 寧清惠博涉，相遇欣然，因留數夕。彝大賞之，結交而別。至都，
> 謂庾亮曰：「吾為卿得一佳吏部郎。」〔註224〕

然而這種偶遇知音的緣分實在是可遇不可求。或者是聽聞對方具有才學或美譽，自相請求或由他人引薦而開啟對話，例如：

> 王衍當時談宗，自以論易略盡，然有所未了，研之終莫悟，每云：「不
> 知比沒當見能通之者不？」衍族子敦謂衍曰：「阮宣子可與言。」衍
> 曰：「吾亦聞之，但未知其矗矗之處定何如耳！」及與脩談，言寡而
> 旨暢，衍乃歎服焉。〔註225〕

能夠由清談而與人結交的人，其自身條件不須極好，不一定能於言談中以理屈人；然其本身的性格通常是性好人倫或愛樂人物，能與人相接，也就是自我心態調適得宜，能夠在談論中看見對方的優點，不求爭勝，因欣賞對方而成為朋友。

　　除了知道清談名士的基本性格，還要分析清談發展的局勢，才能了解如

〔註223〕〔唐〕房玄齡等撰：《晉書》，卷68，列傳第38，〈紀瞻傳〉，頁888。
〔註224〕〔唐〕房玄齡等撰：《晉書》，卷74，列傳第44，〈桓彝傳〉，頁957。
〔註225〕〔唐〕房玄齡等撰：《晉書》，卷49，列傳第19，〈阮籍傳〉，頁661。

何由清談發展友誼。以《世說新語》為例，清談的發展（談論時的發展）大約有下列幾個方向：

一、劇談相抗，不能拔理。

二、兩情相得，彼我相盡。

三、一方理屈，四座厭心。

四、經日不得，遂轉成病。

如衛玠，自抱羸疾與人談論，與樂廣談遂病，曾與謝鯤談遂不起，時友人嘆曰：「衛君不言，言必入真。」此蓋談論成痴，故為特例。此四種清談發展的方向中，第一種雖然看起來勢將結仇，但反因而相知，例如〈文學〉31：

> 孫安國往殷中軍許共論，往反精苦，客主無閒。左右進食，冷而復煖者數四。彼我奮擲塵尾，悉脫落，滿餐飯中。賓主遂至莫忘食。殷乃語孫曰：「卿莫作強口馬，我當穿卿鼻。」孫曰：「卿不見決鼻牛，人當穿卿頰。」〔註226〕

注引《續晉陽秋》曰：「孫盛善理義。時中軍將軍殷浩擅名一時，能與劇談相抗者，為盛而已。」如此說來，世間能解殷浩義者，唯有孫盛，則二人為相知也。

第二種則是客主皆歡，雙贏的局面，也最有可能發展誠摯的友誼。如傅嘏和荀粲的友誼來自清談，傅嘏善名理，粲尚玄遠，宗致雖同，倉卒時或格而不相得意。裴徽通彼我之懷，為二家釋，遂使兩情相得，彼此俱暢。〔註227〕王導邀殷浩、王濛、王述、桓溫與謝尚諸人聚會清談，殷浩與王導清談達三更，既彼我相盡，王導乃歎曰：「向來語，乃竟未知理源所歸，至於辭喻不相負。正始之音，正當爾爾！」桓溫語人曰：「昨夜聽殷、王清言甚佳，仁祖亦不寂寞，我亦時復造心，顧看兩王掾（王濛、王述，並為王導所辟），輒翣如生母狗馨。」〔註228〕意指二人清談得意，舉座皆感到愉悅且滿足。雖然在文本上不易看出抽象的情感，但從雙方均致力於得出令人滿意的結果，而談論不輟，可以合理的認為，他們成為朋友的可能性很大。

以今日而言，魏晉的清談盛會彷彿是一場高峰座談會，清談的主角如同

〔註226〕余嘉錫：《世說新語箋疏》（上），〈文學〉31，頁220。

〔註227〕余嘉錫：《世說新語箋疏》（上），〈文學〉9，頁200。

〔註228〕余嘉錫：《世說新語箋疏》（上），〈文學〉22，頁212。

論壇的主講人，清談的與會人士則是其他觀眾；講者精妙的對話，其實是一場表演，觀眾的喜悅來自觀點的認同以及講者生動的演出。清談的場合中，主要談論者的確是在辯論，但他們不一定是敵對關係，或許就如傅嘏和荀粲互為知己；而周圍的旁觀者極可能只是抱持著欣賞表演的心態，來參予該次盛會的。「兩情相得」除了指談論的雙方因通達義理而身心俱暢，在知識的傳達上也承載著情感的溝通；「彼此俱暢」所指的客體則應涵蓋在場的所有人，如同第三個例子所說的「四座厭心」，當論者通，則時人以為名通〔註229〕。

　　第三種情況最多，顯示出清談以雄辯為主，其於清談中發展友誼的條件必須是，一方甘敗下風且勝者亦不因此高傲自滿，那麼他們也可能成為朋友。今日已知支遁與殷浩、王坦之為塵外之友，但從他們清談的紀錄中，似乎看不出任何友好之情。例如〈文學〉42，王坦之「往與支語，不大當對」，支徐徐謂曰「身與君別多年，君義言了不長進。」王大慚而退。〈文學〉51，殷浩與支遁四番後，不覺入其玄中，簡文帝撫肩笑曰：「此自是其勝場，安可爭鋒！」但仔細推敲支遁對王坦之說的話，可以知道他與王坦之交往數年，並且十分了解他，否則如何判斷他在義理上有無長進。吾人可以猜測，因為殷、王二人對支遁的尊敬使他們無法獲得平輩般的友情，又敬又愛的心態是支持他們繼續與支遁交往的動力，支遁義理雖精，但也需要有人能夠激發他的思想，這種一勝一負而發展出的友誼，是亦師亦友的關係。

　　此外，談論的過程中，只要有一方突然中斷，或是雙方各持己見不願相讓，那麼就很難產生友誼。魏代嚴幹善《春秋‧公羊傳》，鍾繇則謂左氏為太官，而謂公羊為賣餅家，故數與幹共辯析長短，他們數度辯論不是為了聯絡感情，而是要攻擊對方的論點，直到對方臣服為止。

　　當談論進行到一半，倘若對方「笑而不言」，究竟代表怎樣的意涵？吾人看到魏晉士人於言談中，運用「笑而不言」或「笑而不答」回應方式，底下舉幾個例子：

1. 樂廣嘗與顧清言，欲以理服之，而顧辭論豐博，廣笑而不言。
　　時人謂朋黨的意顧為言談之林藪。〔註230〕

〔註229〕余嘉錫曰：「『通』謂解說其義理，使之通暢也。晉、宋人於講經談理了無滯義者，並謂之通。」又曰：「『名通』之為言，猶之『名言』、『名論』云爾。後人用此，誤以為名貴通達，失其義矣。」參《世說‧文學》46注1，頁231。
〔註230〕〔唐〕房玄齡等撰：《晉書》，卷35，列傳第5，〈裴秀傳〉，頁498。

2. 有北來道人好才理，與林公相遇於瓦官寺，講小品。于時竺法深、孫興公悉共聽。此道人語，屢設疑難，林公辯答清析，辭氣俱爽。此道人每輒摧屈。孫問深公：「上人當是逆風家，向來何以都不言？」深公笑而不答。〔註 231〕林公曰：「白旃檀非不馥，焉能逆風？」深公得此義，夷然不屑。

3. 張憑舉孝廉出都，負其才氣，謂必參時彥。欲詣劉尹，鄉里及同舉者共笑之。張遂詣劉。劉洗濯料事，處之下坐，唯通寒暑，神意不接。張欲自發無端。頃之，長史諸賢來清言。客主有不通處，張乃遙於末坐判之，言約旨遠，足暢彼我之懷，一坐皆驚。真長延之上坐，清言彌日，因留宿至曉。張退，劉曰：「卿且去，正當取卿共詣撫軍。」張還船，同侶問何處宿？張笑而不答。須臾，真長遣傳教覓張孝廉船，同侶愯愕⋯⋯。〔註 232〕

4. 殷荊州曾問遠公：「易以何爲體？」答曰：「易以感爲體。」殷曰：「銅山西崩，靈鐘東應，便是易耶？」遠公笑而不答。〔註 233〕

有時候不給答案反而是最好的答案，以不回應來回應是最高明的談話藝術。「不答」與「不言」意思相同，然非指其「不能答」或「不得答」，《世說》亦有載「不能答」或「不得答」之例，〔註 234〕「不得」與「不能」皆表示其當時的知識不足以回答，與「答」或「不答」是一種肯否的狀態，不能等同而論。上舉四例「不答」的場景均是在清談中，但「不答」之意不盡相同，且都不是因爲要讓對方有思考的空間，才不答的：前二例樂廣與深公的態度其實是一樣的，均認爲對方不能抗己，因此無須理會，樂廣笑而不言可能只是想表現自己的深不可測，竺法深卻是「夷然不屑」，有輕視與不值得浪費口舌的意思；其三張憑言約旨遠，原本屈居下座而被引至上位來，並獲劉恢

〔註 231〕余嘉錫：《世說新語箋疏》（上），〈文學〉30，頁 218。

〔註 232〕余嘉錫：《世說新語箋疏》（上），〈文學〉53，頁 235。

〔註 233〕余嘉錫：《世說新語箋疏》（上），〈文學〉61，頁 240。

〔註 234〕如〈文學〉73：「太叔廣甚辯給，而摯仲治長於翰墨，俱爲列卿。每至公坐，廣談，仲治不能對。退著筆難廣，廣又不能答。」余嘉錫：《世說新語箋疏》（上），頁 255。〈文學〉57：「僧意在瓦官寺中，王苟子來，與共語，便使其唱理。意謂王曰：『聖人有情不？』王曰：『無。』重問曰：『聖人如柱邪？』王曰：『如籌算，雖無情，運之者有情。』僧意云：『誰運聖人邪？』苟子不得答而去。」余嘉錫：《世說新語箋疏》（上），頁 238～239。

讚賞，他笑而不答的原因就是要讓「同侶惋愕」；他深諳人心，明白由他人肯定自己的才能，遠比從自己口中說出還要有說服力，因此與其自吹自擂，不如等待伯樂親自上門，頗有見龍在田的心態；至於慧遠笑而不答，答與不答已不是重點，突顯的反而是笑，因為殷仲堪提問的例子，和易理相去甚遠，慧遠因其可笑而笑，答之乃對牛彈琴，不如不答。

嵇康〈聲無哀樂論〉曰：「夫人心不歡則慼，不慼則歡，此情志之大域也。然泣是慼之傷，笑是歡之用。」笑以表情，在人類的所有情感中，笑容代表快樂的與善意的，即使是冷笑或苦笑，至少沒有要傷害他人的意思。在言談中，辨別對方表情的真意，有時會比探悉其言論的義理還要重要；有人說笑裡藏刀，此不答彷彿是那把刀，由上面所舉的例子，顯現在言談中如果對方故意不回應，可能帶有輕視的意味，此笑蓋由藉他人取樂而得，儘管無意令對方難堪，但如此令人不解的回應方式，表現出極欲結束談話的態度，好比現代人講電話講到一半，突然被對方掛電話一樣，何況是面對面地快速停止交談，難免會令人不悅或惋愕，對於人際關係的拓展與友情的聯繫是沒有幫助的。

清談中辯論的成分居多，故在參予清談的士人中，並不是所有談論者都是朋友關係。即使談論的結果非雙方皆能滿意，但對話要能持久，並且能夠相互包容，才能在談論之後，繼續連絡或進行其他互動，如桓玄和殷仲堪常終日談論不輟，殷仲堪苦思不得，「年餘後，再與桓談」。桓自歎才思轉退，殷云：「此乃是君轉解。」意思是兩人共談已久，因玄於己所言轉能了解，故攻難漸少，非才退也。〔註 235〕又裴楷嘗與樂廣共談，自夕申旦，雅相欽挹，歎曰：「我所不如也。」〔註 236〕諸如桓、殷幾番論辯，裴、樂昕夕共談，結果都是一方自願折服，而並非百般計較，非要勝過對方，可以推想其日後相見，繼續開啟談話的可能性極大，其友好之情已不言可喻。

有人劇談不休就是要辯輸贏優劣；但也有人採取較圓通的作法，例如許詢和支遁談論，《世說‧文學》38 支遁對許詢說：「君語佳則佳矣，何至相苦邪？豈是求理中之談哉！」〔註 237〕〈文學〉40：「支通一義，四坐莫不厭心。許送一難，眾人莫不抃舞。但共嗟詠二家之美，不辯其理之所在。」持續的

〔註 235〕余嘉錫：《世說新語箋疏》（上），〈文學〉65，頁 243～244。

〔註 236〕〔唐〕房玄齡等撰：《晉書》，卷 43，列傳第 13，〈樂廣傳〉，頁 598。

〔註 237〕余嘉錫：《世說新語箋疏》（上），〈文學〉38，頁 225。

對話與互相了解及包容，才是在清談中維繫友誼的不二法門。

清談可以發展學術，可以發展友誼，也可以兩者並存，但不能將學術和友誼混淆不分，因為學術和友誼各自有必需要堅持的原則，以及各自必經的道路。友誼是建立在學術之下的，能夠與他人辯論的人才，在交往時不一定會選擇與自己意見相同的人，志同道合的朋友可以成為知己，如此言談間便如沐春風；但那些結交和自己意見相左的朋友的人，有時是為了自我人格的成長與學術理論的加深。例如劉琨「少負志氣，有縱橫之才，善交勝己，而頗浮誇。」〔註238〕嵇康曾與向秀論養生，「辭難往復，蓋欲發康高致也。」〔註239〕王坦之嘗作〈公謙論〉，袁宏作論以難之，「伯覽而美其辭旨，以為是非既辯，誰與正之，遂作辯謙以折中。」〔註240〕其例不勝枚舉。當談論進行到相當階段，已能互認雙方為朋友，則清談交的友誼即已確立。

最後，言談之妙，在於聲、情、意的傳達，言外之意與言外之情皆經由聲音來傳達。余嘉錫曰：「晉、宋人清談，不惟善言名理，其音響輕重疾徐，皆自有一種風韻。」〔註241〕語言的藝術與言談的技巧，是清談的一門大學問。例如「支（遁）作數千言，才藻新奇，花爛映發。王（羲之）遂披襟解帶，留連不能已。」〔註242〕義理若能與聲情配合，除了達到娛樂的效果，亦可當作友情的催化劑。

第四節　因佛道而結交

佛教與道教並稱佛道，以交往對象區分有塵外交、世外交及僧道交，為名士與僧人、道士結交或僧道之間的往來。

壹、塵外交

塵外顧名思義為風塵之外，如王戎云：「太尉神姿高徹，如瑤林瓊樹，自然是風塵外物。」風塵代表平庸，故形容人為風塵外物，指其清新脫俗，品格清高。風塵用來形容環境則表示紛擾的現實生活與平庸的俗世，「塵外交」

〔註238〕〔唐〕房玄齡等撰：《晉書》，卷62，列傳第32，〈劉琨傳〉，頁823。

〔註239〕〔唐〕房玄齡等撰：《晉書》，卷49，列傳第19，〈向秀傳〉，頁665。

〔註240〕〔唐〕房玄齡等撰：《晉書》，卷75，列傳第45，〈韓伯傳〉，頁976。

〔註241〕余嘉錫：《世說新語箋疏》（上），〈文學〉19注2，頁210。

〔註242〕余嘉錫：《世說新語箋疏》（上），〈文學〉36，頁223。

即指名士與僧侶間超脫世俗的交往。

　　何尚之〈列敘元嘉讚揚佛教事〉載：「佛化被於中國，已歷四代」，佛教於漢代傳入，經魏代和兩晉，至劉宋已四處可見佛塔形像，然時人事佛「不以精誠爲至，更以奢競爲重」，於是著文「著〈明佛論〉，以廣其宗」，其中指出東晉諸多名士篤信佛教，與僧侶往來密切：

　　　　……中朝已遠，難復盡知。渡江以來，則王導、周顗，宰輔之冠蓋；
　　　　王濛、謝尚，人倫之羽儀；郗超、王坦、王恭、王謐，或號絕倫，
　　　　或稱獨步，韶氣貞情，又爲物表；郭文、謝敷、戴逵等，皆置心天
　　　　人之際，抗身煙霞之間；亡高祖兄弟，以清識軌世；王元琳昆季，
　　　　以才華冠朝。其餘范汪、孫綽、張玄、殷覬，略數十人，靡非時俊。
　　　　又並論所列諸沙門等，帛、雲、遠者其下輩也，所與比對，則庾元
　　　　規。自邃以上，護、蘭諸公，皆將亞跡黃中，或不測人也。〔註243〕

其點名的中國時俊約有 20 名，並曰：「若當備舉夷夏，爰逮漢魏，奇才異德，胡可勝言！」足見佛教發展至東晉已頗興盛，自漢至晉中國內外與僧侶往來的名士，其人數之眾已不可勝數。由於魏代歷時短，僧侶記載不足，故僧人的比例明顯偏重兩晉，這方面比較史書《三國志》和《晉書》發現，從《三國志》中檢索不到僧人與名士交往的例子。今參酌《高僧傳》、《世說新語》等書暨相關研究〔註244〕，考察魏晉時期僧侶與名士往來的情形，〔註245〕期能還原魏晉塵外交，以見名士與僧侶往來的全貌。表中揭示了幾個重點：

　　一、從僧侶與名士往來互動的事實，可知塵外交的方式大致有五種：（一）
　　　　建寺起塔（二）清談或聽講、譯經（三）爲僧撰寫碑誄銘文等（四）
　　　　與僧通詩、書等（五）禮敬及其他。其中論辯可視爲清談交的一部
　　　　份，而詩文與書信則最能證明僧人與名士之間的友情。

〔註243〕〔清〕嚴可均校輯：《全上古三代秦漢三國六朝文・全宋文》，卷28，何尚之：
　　　　〈列敘元嘉讚揚佛教事〉，頁 2590。
〔註244〕相關研究諸如：劉玉菁：《東晉南朝江東士族與道教之關係──以葛洪、陸修
　　　　靜與陶弘景爲中心》，附錄一，表（4-1）：東晉南朝僧侶與僑吳士族往來情
　　　　形表（台南：成功大學歷史研究所碩士論文，2003 年），頁 230～236。以及
　　　　陳柏光：《晉代僧人的情性問題研究─以支道林爲例》，兩晉名僧與士人往來
　　　　概況表（台南：成功大學中國文學研究所碩士論文，2005 年），頁 46～53。
　　　　筆者參錄部份表格內容，旁參史料，予以增刪補益，使表格更臻完善。
〔註245〕參見附錄，表 3-1。

二、與名士互動頻繁的僧人為：支遁、釋慧遠、釋道安、釋慧持、帛尸
黎蜜多羅及竺曇摩。

三、與僧人互動頻繁的名士為：庾亮、郗超、王導、謝安、王珣及殷仲
堪。

四、塵外交亦包含僧侶與帝王之間的交往。如：支遁與晉哀帝；竺法深
與晉元、明二帝以及簡文帝；釋慧遠與晉安帝；支曇籥與孝武帝等。

塵外交的名稱係由支遁與王洽等名士結「塵外之狎」著名而來：

> 支遁（支道林）年二十五出家，每至講肆，善標宗會，而章句或有
> 所遺，時為守文者所陋。謝安聞而善之，曰：「此乃九方堙之相馬也，
> 略其玄黃，而取其駿逸。」王洽、劉恢、殷浩、許詢、郗超、孫綽、
> 桓彥表、王敬仁、何次道、王文度、謝長遐、袁彥伯等，並一代名
> 流，皆著塵外之狎。〔註246〕

支遁字道林，陳留人，或云何東林慮人。家世事佛，早悟非常之理。他能與
眾多名士結好，大多是建立在佛玄論辯之上，其精通佛理已不消說，對於道
家義理亦別開生面，會通各家之言，如《世說·文學》32 載：

> 莊子逍遙篇，舊是難處，諸名賢所可鑽味，而不能拔理於郭、向之
> 外。支道林在白馬寺中，將馮太常共語，因及逍遙。支卓然標新理
> 於二家之表，立異義於眾賢之外，皆是諸名賢尋味之所不得。後遂
> 用支理。〔註247〕

《高逸沙門傳》載其「年二十五始釋形入道」，余嘉錫認為支氏〈逍遙論〉
補向、郭之注所未盡。由於佛道皆通，故能使當時名士心服。

王曉毅以支道林先後所居寺院為中心，將其一生劃歸為六個時期，〔註
248〕並依此劃分其生平，對其交遊事蹟亦作繫年並加以考證。王氏評論支遁
云：

> 他作為東晉第二代僧人的代表人物，一方面活動於京師與會稽的士
> 族上流社會中，與當時最重要的士族名士密切交往，以其人格和才

〔註246〕〔梁〕釋慧皎撰：《高僧傳》（北京：中華書局，1992 年），卷 4，頁 159～160。
〔註247〕余嘉錫：《世說新語箋疏》（上），〈文學〉32，頁 220。
〔註248〕（1）從吳縣餘杭山到建康白馬寺；（2）吳縣支山寺；（3）山陰縣靈嘉寺；（4）
剡縣沃州山禪院與石城山棲光寺；（5）建康東安寺；（6）石城山棲光寺逝世。

智擴大了佛教影響；另一方面，又創造性地運用玄學語言解釋了佛經般若義理，創立了即色宗學派。兩晉之際的玄學，以郭象《莊子注》理論影響最大。支道林的即色宗學派，可視為對郭象玄學的佛教超越，因此在江南三吳地區士族階層中影響最大，而三吳地區是當時中國文化的腹地。當時，與支道林同時代的道安僧團遠在江北，鳩摩羅什還未到中土。支道林的理論與實踐活動，使士族玄學名士認同佛教，因而直接影響了這個時期中國文化由玄學向佛學的變化，為爾後佛教在東晉的大發展開拓了道路。〔註249〕

因為支遁在晉代的影響力極大，結識的士人也最多，故以他作為魏晉士人塵外交的代表。如許詢「好遊山水，而體便登陟。時人云：『許非徒有勝情，實有濟勝之具。』」〔註250〕且曾與僧人支遁等遊，《世說・品藻》54即載：

支道林問孫興公：「君何如許掾？」孫曰：「高情遠致，弟子蚤已服膺；一吟一詠，許將北面。」〔註251〕

支道林、許掾諸人共在會稽王齋頭。支為法師，許為都講。支通一義，四坐莫不厭心。許送一難，眾人莫不抃舞。但共嗟詠二家之美，不辯其理之所在。〔註252〕

上一則是支遁要孫綽自我評比許詢如何？孫綽欣賞許詢的情懷高雅、淡泊遠致；但認為其在吟詠詩歌方面不如自己。其次則是支遁與許詢等人，一同聚在會稽王司馬昱的書齋中，支遁講解佛經義理，許詢為唱經的都講。眾人皆妙讚二人連珠妙語配合的天衣無縫，早已忘記論辯其中的義理是非。

　　然而，本文之目的並非考察支遁的交遊，無法對其友善或相輕詆的名士一一討論，故以下將焦點放在支遁與謝安的友誼，以突顯這位名僧在修道的同時，也有鍾情的一面。

　　在眾多名士中，謝安與支遁的感情最好，支遁與謝安認識應在25歲甫出家之時。《高僧傳》云：「年二十五出家，每至講肆，善標宗會，而章句或

〔註249〕王曉毅：〈支道林生平事蹟考〉，《中華佛學學報》第8期（1995年7月），頁266。
〔註250〕《世說・棲逸》16：「晉成之世，與康法暢、支敏度等俱過江，淵雖德愈暢、度，而別以清約自處。」余嘉錫：《世說新語箋疏》（下），頁662。
〔註251〕余嘉錫：《世說新語箋疏》（上），〈品藻〉54，頁529。
〔註252〕余嘉錫：《世說新語箋疏》（上），〈文學〉40，頁227。

有所遺，時爲守文者所陋，謝安聞而善之，曰：『此九方歅之相馬也，略其玄黃而取其駿逸。』」王曉毅據《晉書·謝安傳》指出：

> 謝安「弱冠」即十九歲時，曾與王濛清談，並得王導賞識，地點無疑爲京師建康。謝安生於公元三二〇年，十九歲時應爲三三九年，此時支道林亦在京師建康，深受玄學思想界關注。支道林與謝安都與王濛爲友，故可能通過王濛相識。謝安對支道林的讚譽可能發表於此時。〔註253〕

《世說新語·雅量》注引《中興書》曰：「安先居會稽，與支道林、王羲之及許詢共游處。出則漁弋山水，入則談說屬文，未嘗有處世意也。」〔註254〕王氏亦考證王羲之、謝安、孫綽、許詢與支遁同在會稽郡的時間，係從永和七年（西元351年）王羲之任右將軍、會稽內史與孫綽任右軍長史開始，至永和十一年（西元355年）王羲之辭官與孫綽轉任永嘉太守這一時期內。〔註255〕王羲之與支遁論《逍遙遊》，「披襟解帶，留連不能已」，也是在這段時間，此時支遁年約四十。

謝安在升平四年（西元360年）入桓溫幕府爲司馬，思友殷切卻無人可以傾訴，因此寫信給支遁，聊表情懷。謝安〈與支遁書〉云：

> 思君日積，計辰傾遲。知欲還剡自治，甚以悵然。人生如寄耳，頃風流得意之事，殆爲都盡。終日感感，觸事惆悵。唯遲君來，以晤言消之。一日當千載耳。此多山縣閑靜，差可養疾。事不異剡，而醫藥不同，必思此緣，副其積想也。〔註256〕

王氏考證：

> 謝安信寫得甚爲傷感，信中所言「風流得意之事，殆爲都盡」，是指當年在會稽的名士朋友大都去逝或出仕。如僅升平五年，王羲之、許詢、謝萬、王洽等人便相繼作古，而孫綽等人則早已入仕離開會稽。綜上所述，謝安此信定寫於興寧二年支道林準備「還剡」之後。〔註257〕

〔註253〕王曉毅：〈支道林生平事蹟考〉，《中華佛學學報》第8期，頁246。
〔註254〕余嘉錫：《世說新語箋疏》（上），〈雅量〉28，頁368～369。
〔註255〕王曉毅：〈支道林生平事蹟考〉，《中華佛學學報》第8期，頁254。
〔註256〕〔清〕嚴可均校輯：《全上古三代秦漢三國六朝文·全晉文》，卷83，頁1938。
〔註257〕王曉毅：〈支道林生平事蹟考〉，《中華佛學學報》第8期，頁262。

《高僧傳》亦載：

> 遁先經餘姚塢山中住，至於明辰猶還塢中。或問其意，答云：「謝安
> 在昔數來見，輒移旬日，今觸景舉目，莫不興想。」後病篤，移還塢
> 中。〔註258〕

支遁晚年回會稽隱居，經過餘姚山中，想到昔日謝安未出東山時，曾數度來見，
遂觸景生情，而根據記載，支遁於太和元年（西元 366 年）終於所住，得年 53，
即是在謝安寫信給他的六年後。今傳其葬處有兩說（餘姚塢山或剡石城山），若
餘姚山屬實，則這段思念謝安的典故將更顯淒婉。

　　支遁曾作〈八關齋詩〉三首，〔註259〕序云：「至四日朝，眾賢各去。余既
樂野室之寂，又有掘藥之懷，遂便獨住。於是乃揮手送歸，有望路之想。靜拱
虛房，悟外身之真；登山采藥，集巖水之娛。遂援筆染翰，以慰二三之情。」
詩亦云：

> 建意營法齋，里仁契朋儔，相與期良晨，沐浴造閑丘……冷冷振金策，
> 引領望征人，悵恨孤思積，咄矣形非我。

支遁與同道行八關齋，在送走友人後，雖自言樂野室之寂，但仍透露「惚喪神
偶」之情。「引領望征人」是盼的動作，蓋與友別後有所期。詩云：「冷風解煩
懷，寒泉濯溫手」，其修道之心已固，但仍不脫一個凡人的思維，煩懷指思友之
懷，與朋友相處如沐春風，因此手是溫暖的，但孤寂如冷風與寒泉，即使有超
凡之志，偶爾也會慨嘆「愧無連化肘」，其重情如此。

　　此外，王坦之和竺法深的友情也十分感人，如《晉書·王湛傳》載：

> 初，坦之與沙門竺法師甚厚，每共論幽明報應，便要先死者當報其事。
> 後經年，師忽來云：「貧道已死，罪福皆不虛。惟當勤修道德，以升
> 濟神明耳。」言訖不見。坦之尋亦卒，時年四十六。〔註260〕

這段記載的真實性雖已無從查證，但其展示了友情的真摯與誠信，故其相約先
死者當報其事，竺法深顯靈即是遵守生前約定而來，後云王坦之亦卒，則有跟
隨法師升濟的意味，象徵追從其道亦追從其友。

〔註258〕〔梁〕釋慧皎撰：《高僧傳》，卷4，頁 163。
〔註259〕遼欽立輯校：《先秦漢魏南北朝詩·晉詩》，卷 20，頁 1079～1080。
〔註260〕〔唐〕房玄齡等撰：《晉書》，卷 75，列傳第 45，〈王湛傳〉，頁 964。

其他諸如支孝龍與阮瞻、庾凱並結知音之交；〔註261〕竺法崇與孔淳之為得意之交；〔註262〕竺法義大開講席，王導、孔敷並承風敬友〔註263〕等，亦皆可考。

塵外交亦包括僧侶與帝王之間的交往，帝王奉佛的情形勝過奉道，反映魏晉佛教勢力高過道教。如《世說》載：

> 竺法深在簡文坐，劉尹問：「道人何以游朱門？」答曰：「君自見其朱門，貧道如游蓬戶。」或云下令。〔註264〕

> 後來年少，多有道深公者。深公謂曰：「黃吻年少，勿為評論宿士。昔嘗與元明二帝、王庾二公周旋。」〔註265〕

注引《高逸沙門傳》曰：「晉元、明二帝，游心玄虛，託情道味，以賓友禮待法師。王公、庾公卿心側席，好同臭味也。」竺法深處王所如遊蓬戶，與王導、庾亮傾心好同，其面對帝王和名士皆是以同等的心態待之。塵外之名是由世俗之角度稱之，因與僧侶來往，而以為出世，然而在僧侶的眼中，世間一切平等，豈有塵內、塵外之分？

後秦文桓帝姚興與鳩摩羅什為知交，亦為塵外交。《晉書‧鳩摩羅什傳》載：「羅什雅好大乘，志在敷演，常嘆曰：『吾若著筆作大乘阿毗曇，非迦旃子比也。今深識者既寡，將何所論！』惟為姚興著實相論二卷，興奉之若神。」〔註266〕可見其互為所重。

貳、世外交

名士若與道士結交稱為「世外交」。之前曾指出六朝天師道多為高門所信仰，如琅邪王氏、陳郡殷氏、陳郡謝氏等。《晉書‧殷仲堪傳》載：「仲堪少

〔註261〕《高僧傳‧支孝龍傳》云：「陳留阮瞻、潁川庾凱，並結知音之交，世人呼為八達。」參〔梁〕釋慧皎撰：《高僧傳》，卷4，頁149。

〔註262〕《高僧傳‧竺法崇傳》云：「與隱士魯國孔淳之相遇，每盤遊極日，輒信宿妄歸，披衿頓契，自以為得意之交也。」參〔梁〕釋慧皎撰：《高僧傳》，卷4，頁171。

〔註263〕〔梁〕釋慧皎撰：《高僧傳》，卷4，頁172。

〔註264〕余嘉錫：《世說新語箋疏》（上），〈言語〉48，頁108～109。

〔註265〕余嘉錫：《世說新語箋疏》（上），〈方正〉45，頁323。

〔註266〕〔唐〕房玄齡等撰：《晉書》，卷95，列傳第65，〈鳩摩羅什傳〉，頁1226。

奉天師道，又精心事神，不吝財賄。」〔註267〕《世說‧術解》10 云：

> 郗愔信道甚精勤，常患腹內惡，諸醫不可療。聞于法開有名，往迎
> 之。既來，便脉云：「君侯所患，正是精進太過所致耳。」合一劑湯
> 與之。一服，即大下，去數段許紙如拳大；剖看，乃先所服符也。
> 〔註268〕

郗愔十分信奉天師道，時常肚子痛，遍尋名醫皆無法根治，後求治於于法開，法師診斷他的病是熱衷信教所引起，便開了一劑湯藥，服用後腹瀉，拉出一團拳頭般的紙團，原來是先前吃下的符紙，可見迷信之甚。

　　至於世外交名稱之由來，見於《晉書‧許邁傳》：「羲之造之，未嘗不彌日忘歸，相與為世外之交。」這裡的世外之交，是指與道士結交，一是由於許邁的道士身分已確定，〔註269〕二是從許邁寫給王羲之的信中，可知這裡的世外指的是仙境：

> 玄（許邁）遺羲之書云：「自山陰南至臨安，多有金堂玉室，仙人芝
> 草，左元放之徒，漢末諸得道者皆在焉。」羲之自為之傳，述靈異之
> 跡甚多，不可詳記。玄自後莫測所終，好道者皆謂之羽化矣。〔註270〕

王氏信奉道教有跡可循，《世說》載王獻之於病篤時上章天曹，請為陳厄，自省其過，唯嘆與原配郗道茂離婚；〔註271〕《御覽》引《太平經》曰：「王右軍病，請杜恭。恭謂弟子曰：『右軍病不差，何用吾？』十餘日果卒。」〔註272〕父子二人皆曾依陰陽五行術數推算年命，和道教素有淵源。據余嘉錫言：

> 杜恭者，即晉書孫恩傳之錢唐杜子恭。恩叔父泰師事之，而恩傳其
> 術，亦五斗米道也。則羲之傳謂「王氏世事五斗米道」不虛矣。以

〔註267〕〔唐〕房玄齡等撰：《晉書》，卷84，列傳第54，〈殷仲堪傳〉，頁1077。
〔註268〕余嘉錫：《世說新語箋疏》（下），〈術解〉10，頁708。
〔註269〕《晉書‧許邁傳》云：「許邁字叔玄，一名映，丹楊句容人也。家世士族，而邁少恬靜，不慕仕進。未弱冠，嘗造郭璞，璞為之筮，遇泰之大畜，其上六爻發。璞謂曰：『君元吉自天，宜學升遐之道。』時南海太守鮑靚隱跡潛遁，人莫之知。邁乃往候之，探其至要……父母既終，乃遣婦孫氏還家，遂攜其同志徧游名山焉。」〔唐〕房玄齡等撰：《晉書》，卷80，列傳第50，〈王羲之傳〉，頁1030。
〔註270〕〔唐〕房玄齡等撰：《晉書》，卷80，列傳第50，〈王羲之傳〉，頁1031。
〔註271〕余嘉錫：《世說新語箋疏》（上），〈德行〉39，頁40。
〔註272〕〔宋〕李昉等奉敕編：《太平御覽》，卷666，〈道部八〉道士，頁3104。

右軍之高明有識，不溺於老、莊之虛浮，而不免爲天師所惑。蓋其
家世及婦家郗氏皆信道，右軍又好服食養性，與道士許邁游，爲之
作傳，述其靈異之跡甚多。邁亦五斗米道，即眞誥所謂許先生者。
右軍蓋深信學道可以登仙也。〔註273〕

《晉書・王羲之傳》亦云：「王氏世事張氏五斗米道，凝之彌篤。」〔註274〕
所謂道家其實是指張角所創的五斗米道，故實指道教。可知王羲之亦與僧侶
往來，且同一人或一整個家族可以同時奉佛、奉道並行不悖。《晉書・郗鑒傳》
載：「愔事天師道，而超奉佛。愔又好聚斂，積錢數千萬，嘗開庫，任超所取。
超性好施，一日中散與親故都盡。其任心獨詣，皆此類也。」〔註275〕郗愔父
子一奉道一奉佛，亦不相牴觸。

東晉郭璞字景純，好經術，辭賦爲中興之冠，今存〈遊仙詩〉14 首爲其
代表作。好古文奇字，妙於陰陽算曆，爲方術之士。《晉書・郭璞傳》載：「有
郭公者，客居河東，精於卜筮，璞從之受業。公以青囊中書九卷與之，由是
遂洞五行、天文、卜筮之術。」王導深重之，引參己軍事。〔註276〕元帝未即
帝位之時，即嘗令作卦，後爲晉王亦甚重之。〔註277〕桓彝與郭璞友善，亦爲
《晉書》所載：

初，彝與郭璞善，嘗令璞筮。卦成，璞以手壞之。彝問其故。曰：「卦
與吾同。丈夫當此非命，如何！」竟如其言。〔註278〕

璞素與桓彝友善，彝每造之，或値璞在婦間，便入。璞曰：「卿來，
他處自可徑前，但不可廁上相尋耳。必客主有殃。」彝後因醉詣璞，

〔註273〕余嘉錫：《世説新語箋疏》（上），〈德行〉39，頁 41。
〔註274〕〔唐〕房玄齡等撰：《晉書》，卷80，列傳第50，頁80，列傳第50，〈王羲之
傳〉，頁 1028。
〔註275〕〔唐〕房玄齡等撰：《晉書》，卷67，列傳第37，〈郗鑒傳〉，頁880。
〔註276〕《晉書・郭璞傳》載：「王導深重之，引參己軍事。嘗令作卦，璞言：「公有
震厄，可命駕西出數十里，得一柏樹，截斷如身長，置常寢處，災當可消矣。」
導從其言。數日果震，柏樹粉碎。」〔唐〕房玄齡等撰：《晉書》，卷 72，列
傳第42，〈郭璞傳〉，頁929。
〔註277〕《晉書・郭璞傳》載：「時元帝初鎮建鄴，導令璞筮之，遇咸之井，璞曰：『東
北郡縣有『武』名者。當出鐸，以著受命之符。西南郡縣有『陽』名者，井
當沸。』其後晉陵武進縣人於田中得銅鐸五枚，歷陽縣中井沸，經日乃止。」
同上註。
〔註278〕〔唐〕房玄齡等撰：《晉書》，卷 74，列傳第 44，〈桓彝傳〉，頁 950。

正逢在廁，掩而觀之，見璞躶身被髮，銜刀設醱。璞見彝，撫心大驚曰：「吾每屬卿勿來，反更如是！非但禍吾，卿亦不免矣。天實爲之，將以誰咎！」璞終嬰王敦之禍，彝亦死蘇峻之難。〔註279〕

上述事蹟列於史傳，本義是要表現郭璞其人之神秘與卜筮之神準，但在本文則突顯方術之士亦與帝王、名士交往，且因其神通博得眾人的喜愛。

即使佛道在當時沒有明顯對立的情況，但佛教卻得到較多的支持。其原因亦是佛教在魏晉興起的外在原因，一是帝王崇信，一是外來僧人多能配合本土的風尚，一開始就被視爲神仙方術的一種。〔註280〕

從內在因素來看，清談的場合是最能夠宣揚教義的地方，當時談論盛行的主題仍圍繞著玄學與名理，但士人卻喜歡聽佛教的僧侶講解義理，其原因和早期佛學與玄學交融有極大關係，亦即透過格義和般若三派與六家七宗，使玄學和佛學混合爲一體，是在異中求同以宣揚教義的手段。韋政通解釋，格義是以玄學比附佛學，使佛學容易理解並便廣傳的一種方法，也是佛學沒有獨立發展之前，在中土所表現的主要特色。〔註281〕晉代孫綽〈道賢論〉〔註282〕以天竺七僧比附竹林七賢，即是運用格義的方法：

1. 以法護比山濤：護公德居物宗，巨源位登論道，二公風德高遠，足爲流輩矣。（《高僧傳》卷1〈曇摩羅叉傳〉）竺法護。又見出三藏集記十三。

2. 以白祖華比嵇康：帛祖釁起于管蕃，中散禍作于鍾會，二賢竝以俊邁之氣，昧其圖身之慮，栖心事外，輕世招患。殆不異也。（《高僧傳》卷1〈帛遠傳〉）

3. 以法乘比王戎：法乘安豐，少有機悟之鑒，雖道俗殊操，阡陌可以相準。（《高僧傳》卷4〈法乘傳〉）

4. 竺道潛比劉伶：公道素淵重，有遠大之量；劉伶肆意放蕩，以宇

〔註279〕〔唐〕房玄齡等撰：《晉書》，卷72，列傳第42，〈郭璞傳〉，頁933。

〔註280〕參湯用彤：《漢魏兩晉南北朝佛教史》（台北：台灣商務書局，1962年），頁40。

〔註281〕韋政通：《中國思想史》（下冊），頁725。又《高僧傳·晉高邑竺法雅傳》云：「雅乃與康法朗等，以經中事數，擬配外書，爲生解之例，謂之格義。」〔梁〕釋慧皎撰：《高僧傳》卷4，頁152。

〔註282〕〔清〕嚴可均校輯：《全上古三代秦漢三國六朝文·全晉文》，頁1812。

宙爲小。雖高栖之業,劉所不及,而曠大之體同焉。(《高僧傳》卷4〈竺道潛傳〉)

5. 以支遁比向秀:支遁向秀,雅尚莊老,二子異時,風好玄同矣。(《高僧傳》卷4〈支遁傳〉)

6. 以法蘭比阮籍:蘭公遺身,高尚妙迹,殆至人之流,阮步兵傲獨不羣,亦蘭之儔也。(《高僧傳》卷4〈法蘭傳〉)

7. 以于道邃比阮咸:或曰:「咸有累騎之譏,邃有清冷之譽,何德爲匹?」孫綽曰:「雖迹友窪隆,高風一也。」(《高僧傳》卷4〈于道邃傳〉)

僧肇作〈不眞空論〉,將晉代盛行的般若學分爲三派:本無、心無和即色,各有主張的僧人,因《般若經》的解釋不同分爲六家七宗,支遁的即色宗爲其中之一。支道林造〈即色論〉,論成,示王坦之,王深佩服〔註283〕唐君毅說:「即色宗之關內即色義言『色無自性,故言即色是空』,未言即色是本性空,亦正如郭象之言『有之未生,不能爲生耳』。支道林言『色不自色,知不自知』,故即色是空,則如郭象之言物我皆冥耳。」〔註284〕支遁在白馬寺論逍遙時,諸名賢遂用支理的原因,亦是因爲即色義在玄學派別中與向、郭最契合。

名士雅重清談,他們與僧侶往來,佛理逐漸成爲清談中的重要議題,運用格義的方法,闡釋佛理或結合老莊思想,這些名士也漸漸對佛教產生興趣,有的則成爲佛教徒。因此可以說,塵外交的興盛,與當時格義佛教的流行有關。

反觀世外交在魏晉的例子沒有十分顯著,係因其在同中求異的情形下發展。東漢張道陵創立正一道,奉老子爲太上老君,發明符籙儀軌,遂和道家清靜無爲之說漸行漸遠。如元·馬瑞臨言:

黃帝、老子、列禦寇、莊周之書,所言者清淨無爲而已,而略及煉養之事,服食以下所不道也。至赤松子、魏伯陽之徒,則言煉養而不言清靜;盧生、李少君、欒大之徒,則言服食而不言煉養;張道陵、寇謙之徒,則言符籙而俱不言煉養服食。至杜光庭而下,以及近世黃

〔註283〕余嘉錫:《世説新語箋疏》(上),〈文學〉35,頁223。
〔註284〕唐君毅:《中國哲學原論·原道篇》,卷3(台北:學生書局,1978年),頁9。

冠師之徒，則專言經典科教。所謂符籙者，特其教中一事。於是不惟清淨無為之說，略不能知其旨趣；雖所謂煉養服食之書，亦未嘗過而問焉矣。然俱欲冒以老氏為之宗主，而行其教……。〔註285〕

如此難以在清談中成為談論的主題，關於世外交的言論與事蹟也難以保存。

由於士人們與僧侶密切往來，也使佛教擴張的速度較道教為快，至東晉已塔寺林立，甚至有氾濫的情況出現，《晉書·何充傳》即載何充：

所昵庸雜，信任不得其人，而性好釋典，崇修佛寺，供給沙門以百數，糜費巨億而不吝也。親友至於貧乏，無所施遺，以此獲譏於世。阮裕嘗戲之曰：「卿志大宇宙，勇邁終古。」充問其故。裕曰：「我圖數千戶郡尚未能得，卿圖作佛，不亦大乎！」于時郗愔及弟曇奉天師道，而充與弟準崇信釋氏，謝萬譏之云：「二郗諂於道，二何佞於佛。」〔註286〕

謝萬用「諂」與「佞」來形容二何與二郗對佛、道的推崇，表現其不屑的態度，也展現佛道二教勢力在魏晉並駕齊驅的情形。不論何充是否真心禮敬佛教，但從其面對親友與沙門的態度截然不同而論，他在世俗無法獲得世人的認同，而一味地供養沙門，只能說是媚外而不能說在塵外。

參、僧道交

士人與佛教的僧侶往來稱為塵外交，與道教的道士往來稱為世外交。至於僧侶與僧侶，或道士與道士之間的友誼則稱為僧道交。

道士與道士之間的友誼，如楊羲與許穆（許長史）書信的往來。〔註287〕僧人與僧人之間的友誼，從僧侶間的書信亦可大致了解主要的交遊者。〔註288〕其內容可歸納為三類：一是簡訊。如竺道潛〈答支遁書〉：「欲來便給，未聞巢由買山而隱。」〔註289〕釋法遇〈與釋慧遠書〉：「吾人微闇短，不能率眾和

〔註285〕〔元〕馬端臨撰：《文獻通考·經籍考》，卷52，頁1810～1811。
〔註286〕〔唐〕房玄齡等撰：《晉書》，卷77，列傳第47，〈何充傳〉，頁992～993。
〔註287〕參見附錄，表3－4。
〔註288〕參見附錄，表3－5。
〔註289〕《高僧傳·竺法潛傳》：「支遁求遣使求買仰山之側沃洲小嶺，欲為幽棲之處。」又《世說·排調》28：「支道林因人就深公買山，深公答曰：『未聞巢、由買山而隱。』」余嘉錫：《世說新語箋疏》（下），〈排調〉28，頁802。

上。雖隔在異域，猶遠垂憂念，吾罪深矣。」〔註290〕二是評論。如支遁〈與高驪道人論竺法深書〉〔註291〕、竺法汰〈與釋道安書追論竺僧敷〉。三則是對西域僧人示好，請求闡釋經文。如釋慧遠〈重與鳩摩羅什書〉：

> 日有涼氣，比復何如。去月法識道人至，聞君欲還本國，情以悵然！先聞君方當大出諸經，故未欲便相諮求，若此傳不虛，眾恨可言。今輒略問數十條事，冀有餘暇，一一為釋；此雖非經中之大難，要欲取決於君耳……。

釋慧遠〈遣書通好曇摩流支〉：

> 佛教之興，九行上國。自分流巳來，四百餘年。至於沙門律戒，所闕尤多。頃有西域道士弗若多羅，是罽賓人，其諷十誦梵本。有羅什法師，通才博見，為之傳譯，十誦之中，文始過半。多羅早喪，中途而寢，不得究竟大業，慨恨良深。傳聞仁者齎此經自隨，甚欣所遇，冥運之來，豈人事而已邪？想弘道為物，感時而動，叩之有人，必情無所悋。若能為律學之徒，畢此經本，開示梵行，洗其耳目，使始涉之流，不失無上之津。澡懷勝業者，日月彌朗，此則惠深德厚，人神同感矣！幸願垂懷，不乖往意。一二悉諸道人所具。

今觀本國僧人與西域僧人通信，內容都十分冗長，恭維之詞甚多，態度也較為謙慎，其原因有二：一是是當時中外僧侶基本上仍透過筆談而交往，語言不通無法簡短交代，所以必須詳實敘述，如果無法面對面筆談，僅透過通信則更為困難，如鳩摩羅什〈答慧遠書〉云：「既未言面，又文辭殊隔，導心之路不通，得意之緣圯絕。……所以寄心通好，因譯傳意，豈其能盡？」造成今日吾人看到中外交流的信函內容，大多比與本國僧侶通信的內容為長，並

〔註290〕《高僧傳・釋法遇傳》：「時一僧飲酒，廢夕燒香，遇止罰而不遣，安公遙聞之，以竹筒盛一荊子（杖條），手自緘封，以寄遇，遇開封見杖，即曰：『此由飲酒僧也，我訓領不勤，遠貽憂賜。』即命維那鳴槌集眾，以杖置香橙上，行香畢，遇乃起，出眾前向筒致敬。於是伏地，命維那行杖三下，內杖筒中，垂淚自責。時境內道俗莫不歎息，因之勵業者甚眾。既而與慧遠書曰：『吾人微闇短，不能率眾和上。雖隔在異域，猶遠垂憂念，吾罪深矣。』」參〔梁〕釋慧皎撰：《高僧傳》，卷5，頁201。

〔註291〕《世說・德行》30注亦云：「支道林宗其風範，與高麗道人書，稱其德行。」余嘉錫：《世說新語箋疏》（上），〈德行〉30，頁32。

且無法完全解讀其義。二是信中必有所求，大多請求解經或譯經。佛教由西域傳入中國，梵本經文必須透過翻譯，因此中國僧人對於西域僧人分外禮遇，信中頗多感歎或讚賞的語句。

　　當時中國僧侶除了和西域僧人往來論道，從支遁〈與高驪道人論竺法深書〉可知當時和高麗僧人也有接觸。魏晉時期正值朝鮮半島的三國時代（新羅、百濟和高麗三國鼎立），高麗為三國中最大且為當時朝鮮的門戶，與中國國境銜接；三國的文化和語言相通，宗教原本共同崇尚薩滿教，佛教後來傳入，並迅速傳播，成為三國的國教。高麗道人指高麗的僧人，支遁與高麗僧人書信交流，可以推估至少在東晉亦即約西元 3 世紀時，佛教即從中國傳入高麗。

　　此外，支遁既然能與高麗僧人論竺法深，可見其亦識竺法深。吾人論清談交時曾舉《世說‧文學》30 竺法深笑而不答，對於支遁調侃其焉能逆風夷然不屑。然而支遁其實對竺法深的評價頗高，他向高麗僧人介紹竺法深：「體德貞峙，道俗綸綜。往在京邑，維持法網。內外俱瞻，弘道之匠也。頃以道業靖濟，不耐塵俗，放室山澤，修德就閑。今在剡縣之㟵山，率合同遊，論道說義。高栖皓然，遐邇有詠。」從信中提到在剡縣㟵山〔註292〕同遊，可知此信是在支遁寫信向竺法深買山，隱居後才寫的。

　　真正與支遁深交的僧人應為法虔，《世說‧傷逝》11 載：

> 支道林喪法虔之後，精神實喪，風味轉墜。常謂人曰：「昔匠石廢斤於郢人，牙生輟絃於鍾子，推己外求，良不虛也！冥契既逝，發言莫賞，中心蘊結，余其亡矣！」卻後一年，支遂殞。〔註293〕

法虔不知何許人也。法虔去世，支遁積哀成疾，年後亦升遐同歸。和塵外交所舉王坦之在竺法深身後辭世的情境相似。傷逝之例又如竺法汰〈與釋道安書稱竺僧敷〉云：

〔註292〕《高僧傳‧竺法潛傳》的「仰山」與《世說‧排調》28 的「印山」應和支遁〈與高驪道人論竺法深書〉中的「㟵山」同。

〔註293〕余嘉錫：《世說新語箋疏》（下），〈傷逝〉11，頁 642。《高僧傳》亦載：「遁有同學法虔經理入神，先遁亡，遁歎曰：『昔匠石廢斤於郢人，牙生輟弦於鍾子，推己求人，良不虛矣。冥契既潛，發言莫賞，中心蘊結，余其亡矣。』乃著〈切悟章〉，臨亡成之，落筆而卒。」參〔梁〕釋慧皎撰：《高僧傳》，卷4，頁 163～164。

> 每憶敷上人周旋如昨，逝歿奄復多年，與其清談之日，未不嘗相憶。
> 思得與君共覆疏其美，豈圖一旦永為異世。痛恨之深，何能忘情！
> 其義理所得，披尋之功，信難可圖矣。〔註294〕

不論是支遁的「發言莫賞，中心蘊結」，或是竺法汰的「痛恨之深，不能忘情」，其中心蘊結與痛恨係天然之性，誠如王戎所言：「聖人忘情，最下不及情；情之所鍾，正在我輩。」忘情乃是聖人的境界，古者謂是帝之懸解；無法達到哀樂不能入，至少要安時處順，鍾於性情。然鍾情只在我輩，亦即是只有在好友面前才能展露自己的本性，只有伯牙對子期及匠石對郢人的感情才能算是鍾情，其悲哀是真正發自內心而不矯揉造作的。以此言之，支遁對法虔以及竺法汰對於竺敷僧的傷逝之情亦是如此，更加顯示他們是真正的朋友。

肆、方外交

方外本義為域外，方外之人在魏晉指不拘禮節，越名教任自然的人。界定方外之人的標準有三：不拘禮法、順性無情與生死齊一。其中不拘禮法與順性無情分別代表兩種類型的人格特質，前者為外放型的「狂」；後者為內隱型的「癡」。

方外交底下包含5種友誼類型：

（一）忘形交：指不拘禮節，不計形體樣貌，任真率性地與朋友相處。
（二）忘言交：指不借語言為媒介而相知於心的友誼。
（三）爾汝交：指不計長幼尊卑，平起平坐的友誼。
（四）忘年交：指以才德相契，不拘年齡、行輩而結成的知交。
（五）神交：一指以精神相交，二指與神靈相交。

筆者以為方外交為魏晉士人實踐莊子友誼觀的具體表徵，至於如何實踐，將留待第五章詳細說明。

小　結

本章將魏晉名士在友誼發展過程中所形成的友誼類型，分門別類，建構了友誼類型的典範。依照友誼建立的原因，共分有4個大類與11個友誼類型。

〔註294〕〔梁〕釋慧皎撰：《高僧傳》，卷5，頁197。

　　揆觀魏晉的君臣倫理，可以推論魏晉名士友誼觀，是朝以下幾個方向發展：

1. 由孝順友愛轉爲行孝重義：檢視《晉書》、《魏書》均收錄〈孝友傳〉，至《南史》、《北史》、《隋書》、《宋史》、《明史》則改爲〈孝義傳〉，可知史臣的思想亦隨時代轉變，認爲道義恩情比孝順友愛更合乎士人之情。

2. 由德性交轉爲情意交：君臣倫理由注重忠孝轉爲出自義合，反映在友誼觀上係由重視友人的外在行誼是否能以友輔仁，轉而重視其內心的情感思想是否與己一致。

3. 由上下到平行的友誼：君臣關係由上下關係轉變爲平行關係，反映在友誼觀上，有助於魏晉士人表現鍾情的一面。上下關係的友誼不易傳達情感，平行的友誼則能擴展士人交友的層面，造就魏晉之世各類型的友誼。

4. 同氣相求與我輩意識：孟子的浩然正氣今日稱爲義氣，魏晉人依氣追尋我輩，同氣相求而爲友，此氣自是沿襲孟子提出的浩然正氣，應用在友誼觀上，則是爲情誼而甘願替友人承擔風險或作自我犧牲的氣度；此義不但是正義，也代表與友人的恩義、情誼。

　　友情使友誼成立，並豐富魏晉士人的情感生活，然而在魏晉名士的友誼觀裡，尚必須依循社會規範及個人準則，而根據友誼發展的不同階段，有不同的與友相處之道，此即友誼的內涵，職是之故，以下將以「交友之道」作爲論述要點。

第四章　接以友道──友誼觀的內涵

第一節　交友之道：友誼發展的過程論

壹、交友之道的定義

　　交友之道，簡稱「友道」，曹丕〈交友論〉曰：「陰陽交，萬物成；君臣交，邦國治；士庶交，德行光；同憂樂。共富貴，而友道備矣。」〔註1〕道的定義，可指道路或道理，因此友道定義亦可二分。首先依照曹丕的文意，指友誼發展的道路，在他的觀念裡，世間只有陰陽交、君臣交與士庶交三種友誼類型。此外，筆者以為亦可依過程論來分析友誼，說明友誼發展的道路；現代學者對友誼發展的過程劃分雖不一致，但仍可發現各階段具有不同的特質與互動關係，也可發現友誼的發展是從具體到抽象；從外在行為互動到內在情感分享；從自我到互惠；從陌生到親密。〔註2〕

　　社會心理學家 Levinger & Snoek 曾提出相互依賴模式〔註3〕（model of interdependence），將此過程分為五個階段，第一階段：「彼此陌生，互不相識」；第二階段：「開始注意」；第三階段：「表面接觸」；第四階段：「建立友誼」；第五階段「親密關係」。後文將使用此階段分法，探討各個友誼階段於魏晉有何特色。

〔註1〕　〔清〕嚴可均校輯：《全上古三代秦漢三國六朝文・全三國文》，卷7，頁1091。
〔註2〕　何雍慶、黃淑琴：〈從交換理論與對偶觀點探索商業友誼結構〉，《中華管理評論》國際學報，vol.5，no.4（2002年10月），頁41。
〔註3〕　Levinger,G., & Snoek,J.D.（1972）Attraction in relationships : A new look at interpersonal attraction. New York : General Learning Press.

其次，針對大多數交友論的內容，以及人們實際的交友情況，友道一詞又可指交友的道理，其中包括主觀的交友方法及態度等，以及客觀交友時應注意的道德規範與行爲準則。周昭〈立交〉云：

> 交之爲道，起自羲皇，造化之初，君臣始立。……故交全情親，則國安治強；交敗情乖，則國危治弱。……交乃人倫之本務，王道之大義也。〔註4〕

「交乃人倫之本務」，朋友在五倫中佔有地位，代表古人認爲交友是人活在世上的一種義務。由交際到交友，其中受到許多主客觀因素的影響，蘊含著做人處事的道理，從而演變成一門學問。主觀因素諸如個人愛憎、交友時的心理狀態、人際吸引因素、彼此的人格特質，以及每個人有不同評價他人的標準與方法等；客觀因素基本上是要符合仁、義、禮、信等道德規範。

以下二例可使吾人分辨，主觀和客觀友道的不同：

> 陳太丘與友期行，期日中。過中不至，太丘舍去，去後乃至。元方時年七歲，門外戲。客問元方：「尊君在不？」答曰：「待君久不至，已去。」友人便怒曰：「非人哉！與人期行，相委而去。」元方曰：「君與家君期日中。日中不至，則是無信；對子罵父，則是無禮。」友人慙，下車引之，元方入門不顧。〔註5〕

> 南陽宗世林，魏武同時，而甚薄其爲人，不與之交。及魏武作司空，總朝政，從容問宗曰：「可以交未？」答曰：「松柏之志猶存。」世林既以忤旨見疏，位不配德。文帝兄弟每造其門，皆獨拜牀下，其見禮如此。〔註6〕

前一則陳寔與友人相約，友人遲到，陳寔等了許久便先行離去，友人來到後，卻無愧意，反而當著陳子元方的面，罵他非人。陳元方指責父親的朋友無信與無禮，並非品評其人，而是就事論事，論其友人當時所表現出來的行爲。尤其當一個人的身分是做爲另一個人的朋友時，友誼關係基本上就是一種隱形的約定，約定對朋友之間來說格外重要，守信代表確定這份友誼的存在；

〔註4〕〔清〕嚴可均校輯：《全上古三代秦漢三國六朝文・全三國文》，卷71，頁1437。
〔註5〕余嘉錫：《世說新語箋疏》（上），〈方正〉1，頁279。
〔註6〕余嘉錫：《世說新語箋疏》（上），〈方正〉2，頁279～280。

至於無禮的禮，在這裡是指禮貌而非禮節，代表對朋友的尊重。於此，信與禮是與交友時很基本，也是客觀應遵守的道德規範。

東漢末宗世林「修德雅正，確然不群，徵聘不就，聞德而至者如林」，其品格高尚，即使曹操當了大官，仍堅持不願與曹操為友。「薄其為人」表示曹操違背了某些道德規範，其品格有瑕疵，「不與之交」則是宗世林認為曹操的人品不配與自己為友，其愛憎鮮明，顯示其有明確的主觀評斷。

儒家認為先有仁義後有禮信，《孟子・離婁上》曰：「仁，人之安宅也；義，人之正路也。」《告子上》曰：「仁，人心也；義，人路也。」洪櫻芬解釋，「義」是由人心所發，「義」的實踐使人完成「仁」，並說：

> 人性價值必在人際互動中開展，而人與人的聯繫維持必要有「義」作依歸，使彼此的對待關係平等合宜。……正義就關涉著吾人與他人的友誼關係。在人倫日用上，與他人和睦共處，過著合宜無私的正直生活，其實就是「義」的一種表現。〔註7〕

日常生活中凡事合宜、無私與正直是義的表現，那麼應用在交友上，則為交友之道，看似簡單，實行起來卻不容易。

「仁」是待人之心，「義」是待人之理，「禮」是約定俗成的文化規範，「信」是確保友誼存在的真實情感。在所有道德規範中，仁是先決條件，即誠意與誠心是友誼建立與維繫的最高原則。Kipnis 在山東研究一農村的的人際關係時，曾指出中國人，至少是在農村生活的中國人的人際關係，與西方的有三點不同，其中一點是：對誠意、誠心的注重遠超過對誠實的重視。〔註8〕楊中芳認為，這是源於「人人為我，我為人人」的人際交往模式，〔註9〕而信任在

〔註7〕洪櫻芬：〈試論孔孟學說中的價值衡量〉，《鵝湖月刊》第 294 期（1999 年 12月），頁 23。

〔註8〕Kipnis 指出中國人與西方人的人際關係有以下幾點不同：（1）中國人之情感交流似乎均與物品交換分不開，人們似乎即用物品來交換有無，也用之來看對方是否對自己有感情；（2）對誠意、誠心的注重遠超過對誠實的重視；（3）親密度往往不是人際關係中最主要的考慮，兩人關係中所內含的義務才是最重要的考慮。原文參照 Kipnis, A.B. (1991). Producing guanxi: Relationships, subjects and subcultures in a rural Chinese village. An unpublish dissertation, Department of anthropology, University of North Carolina at Chapel Hill. 中文轉引自楊中芳：〈人際關係與人際情感的構念化〉，《本土心理學研究》第 12 期，頁 141。

〔註9〕楊中芳：〈人際關係與人際情感的構念化〉，《本土心理學研究》第 12 期，頁 141。

此基礎下，是相信對方能以相同的心意、情感予以回報，因此友誼的內涵是一個隱形的合約，人若違背對方的心意，或者不在這個人際交往模式下，維繫彼此的友誼，則信任感不再，友誼很快即宣告破裂。禮雖然是一種文化規範，但也是由這個模式衍生出來的；亦即判斷一個人的行為是否合乎禮儀，僅從其外在行為來評定是不夠的，必須知道其是否具備足夠的心意。職此，交友之道在客觀的道德規範下，其實已經很完備了。

　　然而，交友時的客觀因素，時常受主觀因素的影響，這種影響是由於情的動搖，誠如第二章所提到，心動產生情，情足以亂性，當我們的心依照前述的人際交往模式運作，照理說一切交友行為都會符合道德規範，但當情擾亂心的意向時，人們轉而遵照自己的感情用事，而會有不同對待友人的方式，此情或許可以用「私心」來形容之，筆者以為，私心不是心，其真正的內涵其實是人的感情，甚至指個人在受到外界刺激後，所產生的各種情緒。人有私心不一定是不好的，人們可以因為私心而拋棄客觀道德規範，用自己的標準來看待友人，或做出超乎一般道德規範的良善行為，是對方得到更好的回報；但私心也可以使人對待朋友有輕重之分，或受到權力與金錢誘惑，而做出傷害友人的行為。

　　古人對朋友講「義」，除指凡事不計較回報為朋友貢獻心力外，也包含慎終、不背叛的意義，如孔巖曰：「無慎終之好，民所不取。」〔註10〕王羲之和王修、許玄度都有交情，王、許二人死後，王羲之議論起他們卻變得忌刻無恩，孔巖於是告誡他，友情若無法保持到底，是令人感到可恥且不足效法的，筆者亦認為在所有交友的道理與方法中，維繫友誼，使友情長存是最難執行的，此則除了告誡友誼的慎終之道，王羲之在友人身後說常論短，表示對其不尊重，亦有虧友道而不可取。

　　自古以來許多名士撰寫其對交友的看法與觀點，告誡自己、子孫與他人，如何交友，怎樣的友誼才是完美的友誼，以及交友時如何不違背客觀的道德規範等等，其實也都是希望自己與他人，不要讓私心產生負面的影響。

　　然而，許多觀念是落實在生活中，透過實際交友行為而表現出來，今人必須從散落的文籍篇章或言行事蹟中找尋。職此，以下擬將友道的第一個定義與第二個定義結合，綜合探討主客觀因素如何影響友誼發展的各階段，期能完整呈現魏晉名士的交友之道。

〔註10〕余嘉錫：《世說新語箋疏》（上），〈規箴〉20，頁 570。

貳、不妄交遊

「不妄」的意義，除了是不隨便、不任意，在魏晉時期，也指能夠認清時勢，順應自然的規律。「不妄交遊」的關係詞是：「不與世事」、「不交於世」、「不屑世事」、「不交人物」或是「不與世人交遊」等等，在本文中統稱「不妄交遊」，代表此種不喜好或不任意與人結交的作風。

《晉書・隱逸傳》記載的隱士大多不妄交遊，和三國時期相比，從魏至兩晉，隱逸漸漸形成一種時代風尚，而史官將此種隱而不仕的事蹟標誌出來，是爲了使後人正視此種獨特的社會現象。「隱逸」是那些不妄交遊的人的表面特徵，但不能全面代表其人格特質，事實上，不妄交遊的人物，也不盡然全部指那些隱而不仕，或行蹤不明的人；張蓓蓓即指出，東漢自和、安之世以下，由於戚宦專政，國事日壞，出現了一批「清流之士」，是漢代儒、俠兩種傳統結合後的產物，代表東漢後期士人的自覺，他們展現「擇交」的態度，而「不交非類」，但他們的不仕與「隱逸」不同，他們注重名節，忠憤並獎勵復仇殺人，屬於「游俠」一類。〔註11〕張氏亦云：「當時士人雖生自覺，讀書、修身、行事皆有新的方向與做法，但本質上仍是儒家嫡傳。」〔註12〕而魏世士人實出於漢末「清流」的轉化，其指出：

> 漢末的喪亂，頗使士人產生死生新故之感，避世自適的人生觀乃大盛；三國屬行法治，『清流』作風多見裁抑，士人亦多折而入於道家。道家思想主於清靜無爲，本合乎當時士人的心境，而所謂「名士風流」，不務實學，不問政治，又最宜於託附道家式的人生態度來發展，故道家思想遂成爲魏世的主流思想。〔註13〕

由上可知，東漢士風入魏即出現轉變，並依此延續至兩晉，這種觀念的轉變也影響到交友的層面，士人「不妄交遊」與「不交非類」的原因，有明顯的不同。

亞里士多德曾說：「喜歡孤獨的人，若非野獸，便是神靈。」培根論友情時指出，這句話有正確的成分，如果任何一個人對社會有一種天生的、隱密的厭惡與憎恨，這也許表明他的確有幾分獸性。但是這句話也有不妥之處，培根說：

〔註11〕 張蓓蓓：《東漢士風及其轉變》（台北：國立台灣大學出版委員會，1985 年 6 月），頁 82、92、94、107。

〔註12〕 張蓓蓓：《東漢士風及其轉變》，頁 131。

〔註13〕 張蓓蓓：《東漢士風及其轉變》，頁 166。

倘若一個聖靈這樣做，那麼恐怕在他身上並不能找到什麼神性的特質，除非這種孤獨生活的選擇，不是因為孤獨本身很快樂，而是因為渴望一個寧靜的地方面對自己，修身養性，或者為了尋找一個更好的談話地點。〔註14〕

魏晉士人不妄交遊的本質，從西方哲學家培根的角度來看，比較符合亞里士多德所謂「神靈」的特質，「修身養性」是解釋他們看似孤獨的理由之一。

從歷史面向來看，漢末以來便存在著一群隱居不仕的名士，郭太（林宗）是一個典型的代表，如《後漢書‧郭太傳》載：

林宗唯與李膺同舟而濟，眾賓望之，以為神仙焉。……或問汝南範滂曰：「郭林宗何如人？」滂曰：「隱不違親，貞不絕俗，天子不得臣，諸侯不得友，吾不知其他。」〔註15〕

李清筠舉陳仲舉、李元禮（膺）和郭林宗三人為例，認為他們都有著「清介超逸」的特色，並說他們：「在以德性真純為主體的儒者氣象中，實以揉雜了道家清邁飄逸的風神。這說明漢末以後名士人格的雙重性。」〔註16〕從而肯定「名士」一格的確立，係成於魏晉。

高華平指出，魏晉玄學人格美是一種獨特的個性之美，是中國哲學史，美學史上以追求獨特個性、形神合諧、內在超越、瞬間永恆著稱的哲學，故而，以「神」為個體人格生命的上承天道下接性情的本體、開創一條由外在而內在、既外在又內在的超越的途徑，而使個體的人格生命達到形神相親、表裡俱濟，極和諧的人格審美境界，這就是魏晉玄學人格美思想的又一基本特點。〔註17〕

若將魏晉名士與追求內在超越二者結合起來，可視為形成魏晉風度的基本元素，前者為魏晉風度的主體，後者為魏晉風度的精神；主體承載著精神，故二者密不可分。魏晉名士「不妄交遊」的性格也是魏晉風度的一種，其動機除了客觀政治、社會環境的險峻不安影響，在主觀精神的引導下，身體形骸只是隱逸的寄託處，以作為修煉老莊無為之道的場所。

〔註14〕 〔英〕培根編著，劉燁譯：《培根論人生》（臺北：正展出版公司，2006 年 8 月），頁 163。

〔註15〕 〔劉宋〕范曄撰：《後漢書》，卷 68，列傳第 58，〈郭太傳〉，頁 2225～2226。

〔註16〕 李清筠：《時空情境中的自我影像：以阮籍、陸機、陶淵明詩為例》（臺北：文津出版社，2000 年），頁 13。

〔註17〕 高華平：《魏晉玄學人格美研究》（成都：巴蜀書社，2000 年 8 月），頁 107。

歷史上隱逸人物的類型，學者有各種不同的劃分方式，如：蔣星煜在《中國隱士與中國文化》書中，從隱士的政治、經濟、社會和經濟生活四方面論述，將隱士分爲四類；劉澤華在《士人與社會（秦漢魏晉南北朝卷）》將秦漢隱士分爲五類；王仁祥在《先秦兩漢的隱逸》書中分爲三類。「不妄交遊」的人不代表他們眞的與世隔絕，否則在歷史上不會留下任何吉光片羽，倘若將他們歸類爲隱士亦不盡然恰當。即使《晉書‧隱逸傳》記載的人物大部分都有「不妄交遊」的行爲特徵，但這只能當做是魏晉隱士的其中一項特點。

筆者整理魏晉名士「不妄交遊」的事蹟。〔註18〕對於魏晉名士不妄交遊的原因，歸納出下列幾種情形：

1. 恬靜有德，閉門潔己。例如：

> 辛謐字叔重，隴西狄道人也。父怡，幽州刺史，世稱冠族。謐少有志尚，博學善屬文，工草隸書，爲時楷法。性恬靜，不妄交遊。

> 玘字宣佩。強毅沈斷有父風，而文學不及。閉門潔己，不妄交遊，士友咸望風敬憚焉，故名重一方。〔註19〕

2. 受生方外，心慕太古。例如：

> （宋纖）上疏曰：「臣受生方外，心慕太古。生不喜存，死不悲沒。素有遺屬，屬諸知識，在山投山，臨水投水，處澤露形，在人親土。」〔註20〕

> 子莊字祖休。少以孝友著名，遵湯之操，不交人物，耕而後食，語不及俗，惟以弋釣爲事。〔註21〕

3. 儉約畏愼，懼見猜嫌。例如：

> （徐晃）性儉約畏愼，將軍常遠斥候，先爲不可勝，然後戰，追奔爭利，士不暇食。常歎曰：「古人患不遭明君，今幸遇之，常以功自效，何用私譽爲！」終不廣交援。〔註22〕

〔註18〕 參見附錄，表4－1。
〔註19〕 〔唐〕房玄齡等撰：《晉書》，卷58，列傳第28，〈周處傳〉，頁763。
〔註20〕 〔唐〕房玄齡等撰：《晉書》，卷94，列傳第64，〈宋纖傳〉，頁1202。
〔註21〕 〔唐〕房玄齡等撰：《晉書》，卷94，列傳第64，〈子莊傳〉，頁1198。
〔註22〕 〔晉〕陳壽撰，盧弼集解：《三國志集解》，卷17，〈徐晃傳〉，頁470。

建安二十四年，先主爲漢中王，巴爲尚書，後代法正爲尚書令。躬
履清儉，不治產業，又自以歸附非素，懼見猜嫌，恭默守靜，退無
私交，非公事不言。〔註23〕

4. 避世遠害，明哲保身。例如：

譙秀字元彥，巴西人也。祖周，以儒學著稱，顯明蜀朝。秀少而靜
默，不交於世，知天下將亂，預絕人事，雖內外宗親，不與相見。

〔註24〕

（劉）曄在朝，略不交接時人。或問其故，曄答曰：「魏室即阼尚新，
智者知命，俗或未咸。僕在漢爲支葉，於魏備腹心，寡偶少徒，於
宜未失也。」〔註25〕

此四種原因，前一、二種分別代表儒、道兩家的行事風範，而具道家風範者
多爲隱士。第三種原因是其人生性拘謹，與人交接格外小心謹慎。所舉例子
如徐晃雖然屢有戰功，但是依靠自身勤奮努力，才能累積功勞，並非受到朋
友或同盟的庇蔭，在戰場或朝廷上得到援助。最後一種原因則歸結於時代與
政治因素，如劉曄自認知命，故不仕魏，其實他和譙秀相同，是爲了遠離禍
害，明哲保身。

由上可知，魏晉名士不妄交遊者，自有其考量因素，與東漢不交非類的
清流之士相比，他們表現的方式溫和許多。然而在這些因素之外，大多數人
仍然是喜於交遊的。

參、擇　交

楊中芳言：「沒有交往就沒有關係，但是並不是每一次人際交往都具有人際
關係意義。」〔註26〕亦即須具備交往的可能性，才有建立友誼的可能。互不相
識的個人是否展開交往行動，有主客觀的條件存在。就主觀而言，個人是否願
意與他人結交，形成一種關係，必須先經過「評估」的過程，楊中芳指出：

〔註23〕〔晉〕陳壽撰，盧弼集解：《三國志集解》，卷39，〈劉巴傳〉，頁823～824。
〔註24〕〔唐〕房玄齡等撰：《晉書》，卷94，列傳第64，〈譙秀傳〉，頁1198。
〔註25〕〔晉〕陳壽撰，盧弼集解：《三國志集解》，卷14，〈劉曄傳〉，頁415。
〔註26〕楊中芳：〈人際關係與人際情感的構念化〉，《本土心理學研究》第12期，頁
143。

當每一次交往的經驗在兩人關係的工具及情感成分內累積時，交往雙
方會經過一個評估過程，嘗試將兩人關係用一新的（原來兩人既定成
分中沒有的）社會既定關係類別或稱謂來概括之（或取代原有的經驗
類別），並使之進入既定成分之內，從而影響下一次的交往。〔註27〕

楊氏所說的交往，並不僅限於男女之間，而是一種社會行為、人際行為。根
據文意解釋，在每一次人際交往的場合，都包含工具交換和情感交流兩個層
面的往來。工具交換是指雙方在交往中以滿足交往場合的目的、按其內涵角
色規範所需（包括所應向對方表達之情感）而進行的往來活動，例如：互惠、
互助及禮尚往來的人情往復活動；感情交流則指雙方在交往，對對方表達自
發真情的往來活動。楊氏並認為：「中國文化之重人際情感，使得感情交流層
面的活動也或多或少成為必然。」〔註28〕也就是說，在交友過程中，友情的
存在是必然的，只是感情付出的多寡不同而已。

　　前述「評估」的過程，類似魏晉的品藻人物及人倫識鑒，但是所謂的「識
鑒」主要是基於政治上，從選人任官的角度出發，以鑒定一人未來的成就，
例如：著名的「山公啟事」〔註29〕，即是山濤「甄拔隱屈，搜訪賢才」並將
「所奏甄拔人物，各為題目」而成為選官的標準以及士人的楷模。這種挑揀、
選擇，應用在交友行為上，便形成「擇交」的關鍵性舉動。以下進一步將擇
交的重要、擇交的標準以及擇交的影響逐一說明：

一、擇交的重要

　　杜恕云：「君子居必選鄉，遊必擇士。」〔註30〕曹丕亦曰：「君子游必有
方，居必就士」〔註31〕君子擇人而交，要與品德高尚的士人結交，不與亂臣
賊子為友。北魏孝文帝戒南安王楨曰：

所宜慎者，略有三事：一者，恃親驕矜，違禮僭度；二者，傲慢貪

〔註27〕楊中芳：〈人際關係與人際情感的構念化〉，《本土心理學研究》第 12 期，頁
　　　　162。
〔註28〕楊中芳：〈人際關係與人際情感的構念化〉，《本土心理學研究》第 12 期，頁
　　　　146。
〔註29〕《晉書・山濤傳》載：「濤甄拔隱屈，搜訪賢才，旌命三十餘人，皆顯名當時。
　　　　人懷慕尚，風俗頗革。濤所奏甄拔人物，各為題目，時稱山公啟事。」參〔唐〕
　　　　房玄齡等撰：《晉書》，卷 43，列傳第 13，〈山濤傳〉，頁 588～589。
〔註30〕〔清〕嚴可均校輯：《全上古三代秦漢三國六朝文・全三國文》，卷 42，頁 1289。
〔註31〕〔清〕嚴可均校輯：《全上古三代秦漢三國六朝文・全三國文》，卷 7，頁 1090。

奢，不恤政事；三者，飲酒遊逸，不擇交友。三者不去，患禍將生，

但能慎此，足以全身遠害，光國榮家，終始之德成矣。」〔註32〕

交友和侍親、從政一樣重要，選擇朋友的重要性於此顯現出來。劉廙告誡其
弟曰：

夫交友之美，在於得賢，不可不詳。而世之交者，不審擇人，務合
黨眾，違先聖人交友之義，此非厚己輔仁之謂也。〔註33〕

劉廙認為交友的目的是為了厚己輔仁，與賢人結交是一件關係身家的大事。

《論語・顏淵》曰：「四海之內，皆兄弟也。」其本義是說，天下的人都是
自己的兄弟，如果天下人真的能以兄弟之誼相待，人與人之間的紛爭必將少了
許多。人的一生會遇到各式各樣不同的人，但並不是和每個人都能夠情同手足。
兄弟和朋友同為五倫之一，兩者之不同即在於，兄弟這一倫是天生既定的，無
法改變也無從選擇；然而，朋友卻是可以透過選擇而交往的，每個人都有選擇
與自己喜歡的人，成為朋友的權利，對朋友的選擇權，在五倫之中是十分可貴
的。此外，如果能夠經過篩選去除掉不合己意的人，那麼朋友之間才有可能發
展出形同兄弟般的情誼，如此四海之內皆兄弟的理想方可實現。

二、擇交的標準

人際間友誼關係所以不易形成，原因是一般人在心理上難免對交友一
事，帶有一些主觀條件。曾有心理學家以著名的大眾心理學雜誌《今天心理
學》，讀者四萬人為對象，調查他們對益友的條件。調查結果發現有十一項人
格特質，是多數人選擇益友的重要條件。〔註34〕顯示大部分的人都喜歡和值
得信賴的人交朋友。選擇朋友雖然是一種主觀上的認知，在今日開放的社會，
人與人接觸的機會增多，越需要小心擇友，以避免發生不必要的事端。

〔註32〕〔清〕嚴可均校輯：《全上古三代秦漢三國六朝文・全後魏文》，卷7，頁3550。
〔註33〕〔晉〕陳壽撰，盧弼集解：《三國志集解》，卷21，〈劉廙傳〉注引〈廙別傳〉，
　　　　頁539。
〔註34〕益友的十一項人格特質依序排列為：1.值得信賴（89%）2.待人忠厚（88%）
　　　　3.熱心且富情感（82%）4.樂於助人（76%）5.誠懇坦率（75%）6.有幽默感
　　　　（72%）7.肯花時間相處（62%）8.個性獨立（61%）9.健談（95%）10.有智
　　　　慧（58%）11.富有社會良心（49%）（括號內數字為填答者百分比）。資料來
　　　　源：Parlee，M.B.（1979）.The friendship bond. Pyschology Today, October,p.43
　　　　～54. 轉引自張春興：《現代心理學——現代人研究自身問題的科學》(重修版)
　　　　（臺北：台灣東華書局，2009年），頁441。

　　擇交的標準，除了可以反應一個人主觀上交友的動機與需求外，亦可以表現出，當代的社會與文化特質。魏晉許多人有知人之鑒，除了運用在選官任官上，有時也用在選擇朋友，或為人推薦朋友上，例如：管彥少有才力，未知名，王襃獨以為當自達，常友愛之。〔註35〕王戎有人倫鑒識，「嘗目山濤如璞玉渾金；王衍神姿高徹，如瑤林瓊樹；族弟敦有高名，戎惡之。敦每候戎，輒託疾不見，敦後果為逆亂，其鑒賞先見如此。」〔註36〕武陔「少好人倫，與潁川陳泰友善。」〔註37〕周浚「性果烈，以才理見知，有人倫鑒識。鄉人史曜素微賤，眾所未知，浚獨引之為友，遂以妹妻之，曜竟有名於世。」〔註38〕長沙太守萬嗣過廬江，見陶侃，虛心敬悅，曰：「君終當有大名。」命其子與之結友而去。〔註39〕可見擇友與人倫鑒識是密不可分的。

　　每個人對朋友的要求不同，因此會出現不同的擇友條件與擇友標準，先秦孔子曾說：「益者三友，損者三友」，他認為選擇朋友首重品格，荀子亦曰：「夫人雖有性質美而心辯知，必將求賢師而事之，擇良友而友之。得賢師而事之，則所聞者堯舜禹湯之道也。得良友而友之，則所見者忠信敬讓之行也。」〔註40〕荀子擇交在於使自身之行為符合忠信敬讓。

　　先秦士人擇交的重點，是對於內在德性與知識文采的要求，到了魏晉時期，則加入了外在氣質、容貌的審美觀點。《世說・賞譽》145云：

> 殷允出西，郗超與袁虎書云：「子思求良朋，託好足下，勿以開美求之。」世目袁為開美，故子敬詩曰：「袁生開美度。」〔註41〕

「開美」是形容一個人氣度豁達，此則說明袁虎向來以開美聞名，殷允仰慕袁虎風尚，欲求結交於袁虎，《世說》註引《中興書》曰：「殷允字子思，……恭素謙退，有儒者之風。」代表其尊崇儒學，通習儒家經典，但仍不及袁虎的胸襟開闊，通達曉暢之風。此處點出了魏晉時期官場上兩種不同的風範，一如殷允保有傳統儒家風範，一為袁虎帶有老莊的無為氣息；然而，此則透

〔註35〕〔晉〕陳壽撰，盧弼集解：《三國志集解》，卷11，〈王脩傳〉，頁343。
〔註36〕〔唐〕房玄齡等撰：《晉書》，卷43，列傳第13，〈王戎傳〉，頁594。
〔註37〕〔唐〕房玄齡等撰：《晉書》，卷45，列傳第15，〈武陔傳〉，頁617。
〔註38〕〔唐〕房玄齡等撰：《晉書》，卷60，列傳第30，〈周浚傳〉，頁806。
〔註39〕〔唐〕房玄齡等撰：《晉書》，卷66，列傳第36，〈陶侃傳〉，頁861～862。
〔註40〕〔唐〕楊倞注，〔清〕王先謙集解：《荀子集解・考證》（台北：世界書局，2000年12月二版），《荀子・性惡篇第二十三》，頁413。
〔註41〕余嘉錫：《世說新語箋疏》（上），〈賞譽〉145，頁492。

露出士人以「開美」為高，氣度通脫豁達者，是士人舉手投足的表率，也是擇交的典範。郗超要袁虎「勿以開美求之」，是在提醒他，殷允仍是保守的儒者，所以不要期待他能夠突破儒家的教義的藩籬，擁有開明的氣度。

據《世說・賞譽》73 載：

> 庾穉恭與桓溫書，稱「劉道生日夕在事，大小殊快。義懷通樂，既佳，且足作友，正實良器，推此與君，同濟艱不者也。」〔註42〕

庾翼寫信給桓溫，向他推薦劉恢，早晚勤於公事，辦事很有效率，識局明濟，思理淹通，具文武才，很值得做朋友。庾翼的通達及袁虎的開美，都表示一種氣度，人們喜歡與這種人相處，或許是因為他們散發出來的氣質，讓人感到很愉快。但是殷允保守而袁虎開明，兩人的氣質相反，殷允不選擇同性質的朋友，反而要與自己不同氣類的人相交，其交友的動機除了欣賞外，應該還有互補的考量。

從現代心理學的角度而言，相似（similarity）是影響人際吸引的一個因素，〔註43〕俗話說物以類聚、志同道合，因為年齡、嗜好、個性、學問等相似，容易引起共鳴，是大部分人擇交的考量因素；然而，人們除了和自己相似的人交朋友，有時也會選擇和自己不同氣類的人做朋友，甚至因為自己的氣度與時代的風尚不一致，想要與人們皆能認同的人做朋友，補足自己缺少的某些特質，行成互補的友誼。筆者以為，魏晉風度影響所及，不只在於名士的行事風範，甚至影響人們將此做為選擇朋友的標準之一。除了前述的開美與通樂，七賢是許多名士欣賞的對象，從他們互相吸引，集結而遊的因素，可使吾人更明確地瞭解魏晉名士的擇交標準，包括什麼樣的氣質是魏晉名士欣賞的，以及人們喜歡和什麼樣的人做朋友？嵇康〈琴賦〉曰：

> 非夫曠遠者，不能與之嬉遊；非夫淵靜者，不能與之閒止；非夫放達者，不能與之無恡；非夫至精者，不能與之析理也。〔註44〕

「曠遠」、「淵靜」、「放達」、「至精」是嵇康擇交的條件，也襯托出他的氣質與人倫鑒識的品味，嵇康生平所與友善者，有山濤、向秀、阮籍、王戎、呂安等人，他們的人格特質基本上，應仍符合嵇康選擇朋友的條件。

戴逵〈竹林七賢論〉曰：

〔註42〕余嘉錫：《世說新語箋疏》（上），〈賞譽〉73，頁 463。
〔註43〕張春興：《現代心理學──現代人研究自身問題的科學》（重修版），頁 439。
〔註44〕戴明揚著：《嵇康集校注》，頁 104～105。

> 山濤與阮籍、嵇康皆一面，而契若金蘭。濤妻韓氏嘗以問濤，濤曰：
> 「當年可爲友者，唯此二人耳。」妻曰：「負羈之妻，亦觀狐趙，意
> 欲一窺之可乎？」濤曰：「可也。」二人至，妻勸濤留之宿，具酒食
> 夜穿墉而窺之。濤入曰：「所見何如吾？」妻曰：「君才殊不如也，
> 正當以識度相友。」濤曰：「然，伊輩亦當謂我識度勝。」〔註45〕

山濤認爲只有嵇康、阮籍可以稱得上是朋友，其妻亦有知人之鑒，指山濤的
才能與嵇、阮相差甚遠，唯有識見與器度勝過他們。

　　由上可知，魏晉人的擇交標準首重氣度與器識，氣度是指氣魄風度，器
識則是指器量與識鑒能力；前者著重外在散發出來的氣息，後者著重內在的
涵養與學識。氣度通常是透過外貌及行爲作風表現出來，器識則是由內而外
散發出來的氣質，在擇交時，氣度往往優先於器識，顯示魏晉名士將擇交與
審美結合的獨特文化現象。

　　三、擇交的影響

　　交友前必須經過一道「選擇」的手續，由擇友衍伸出「擇」的觀念與重
要性，其影響的範圍不但表現在交往行動上，也擴及了君王「擇臣」、爲皇族
子弟「高選師友」以及女子「擇夫」的行爲上。

　　（一）君王擇臣

　　蔣濟〈政略〉云：

> 夫隨俗樹化，因世建業，愼在三而已：一曰擇人，二曰因民，三曰
> 從時。……擇人敗官之患也。三者失則天人之事悖矣。夫人乖則時
> 逆，時逆則天違，天違而望國安未有也。〔註46〕

擇人、因民與從時，是君王治國的三種良方，此三者當中，又以人事爲要，
假若人有叛離、動盪，則國家的作息也會跟著混亂，如此違逆天意，人民與
國家都不會安順。

　　魏代孫資對明帝曰：

> 臣聞知人則哲，惟帝難之。唐虞之聖，凡所進用，明試以功。陳平
> 初事漢祖，絳灌等謗平有受金盜嫂之罪。周勃以吹簫引彊，始事高

〔註45〕　〔清〕嚴可均校輯：《全上古三代秦漢三國六朝文·全晉文》，卷137，頁2253。
〔註46〕　〔清〕嚴可均校輯：《全上古三代秦漢三國六朝文·全三國文》，卷33，頁1239。

祖，亦未知名也。高祖察其行跡，然後知可付以大事。霍光給事中二十餘年，小心謹慎，乃見親信，日磾夷狄，以至孝質直，特見擢用，左右尚曰妄得一胡兒而重貴之。平、勃雖安漢嗣，其終勃被反名，平劣自免於呂須之讒，上官桀桑弘羊與霍光爭權，幾成禍亂。此誠知人之不易，為君之難也，又所簡擇。當得陛下所親，當得陛下所信，誠非愚臣之所能識別。〔註47〕

其中舉陳平、周勃、霍光三人為例，說明原本看似忠心耿耿的朝臣，最終也會為了權勢而反叛。知人者能夠洞察人心，而對君王而言，賢臣有輔佐之用，攸關國家存亡，在挑選時不得不小心謹慎。孫資認為君王擇臣「當得所親，當得所信」，必須靠君王的智慧去評估判斷，外人很難代為效勞。如同選擇朋友，還是要以自我為考量，有時後太過客觀，雖是益友卻不能成為知己。

（二）高選師友

應璩曰：「子弟可不慎，慎在選師友，師友必良德，中才可進誘。」〔註48〕古代有為太子及皇族子弟高選師友的制度，亦即在其及位之前，先為其挑選值得信任，並且能夠教育、輔佐他的老師和朋友。如：

> 吳王以其子登為太子，妙選師友：以南郡太守諸葛瑾之子恪、綏遠將軍張昭之子休、大理吳郡顧雍之子譚、偏將軍廬江陳武之子表皆為中庶子，入講詩書，出從騎射，謂之四友。登接待僚屬，略用布衣之禮。〔註49〕

孫權立孫登為太子，以諸葛恪、張休、顧譚、陳表為四友，為孫登侍講詩書及伴隨騎射。

晉文帝司馬昭曾下詔，為其子樂安平王司馬鑒、燕王司馬機高選師友曰：「樂安王鑒、燕王機並以長大，宜得輔導師友，取明經儒學，有行義節儉，使足嚴憚。昔韓起與田蘇遊而好善，宜必得其人。」〔註50〕晉惠帝時，湣懷太子司馬遹「以劉寔為師，孟珩為友，楊準、馮蓀為文學。」〔註51〕譙周《法

〔註47〕〔清〕嚴可均校輯：《全上古三代秦漢三國六朝文・全三國文》，卷32，頁1235。
〔註48〕逯欽立輯校：《先秦漢魏晉南北朝詩・魏詩》，卷8，應璩〈百一詩〉，頁470。
〔註49〕〔宋〕司馬光編著：《資治通鑑》，卷69，頁2198。
〔註50〕〔唐〕房玄齡等撰：《晉書》，卷38，列傳第8，〈樂安王鑒傳〉，頁545～546。
〔註51〕〔清〕嚴可均校輯：〔唐〕房玄齡等撰：《晉書》，卷53，列傳第23，〈愍懷太子傳〉，頁706。

訓·齊交》曰：「譬之於物，猶之白也，染之以藍則青。遊居交友，亦人之所染也，韓起與田蘇處，而成好仁之名。」〔註52〕田蘇爲春秋時代晉國的賢人，德善有仁心，「古人稱與田蘇遊，非舊德乎。」〔註53〕古人往往用與田蘇遊來形容其德行善績，選師友的標準亦從古訓。

（三）女子擇夫

擇交的觀念也影響魏晉人爲女兒挑選女婿的行爲，如衛玠喪妻後，「山簡見之，甚相欽重，簡曰：『昔戴叔鸞嫁女，唯賢是與，不問貴賤，況衞氏權貴門戶令望之人乎！』於是以女妻焉。」〔註54〕張華「少孤貧，自牧羊，同郡盧欽見而器之。鄉人劉放亦奇其才，以女妻焉。」〔註55〕

除了父爲女擇夫，魏晉亦有女子自行挑選丈夫的，如賈充之女賈午，見韓壽美姿貌，善容止，「充每讌賓僚，其女輒於青璅中窺之，見壽而悅焉。充祕之，遂以女妻壽。」〔註56〕「燕國徐邈有女才淑，擇夫未嫁。邈乃入會佐吏，令女於內觀之。女指濬告母，邈遂妻之。」〔註57〕王濬博涉墳典，美姿貌，徐邈因此將女兒嫁給他，羊祜謂濬有大才而舉用之，識者謂祜可謂能舉善焉。

肆、結交或拒交

一、結　交

要成爲朋友，首先必須彼此認可，互相知道自己對對方有善意，而且願意對方得到好處。一個人開始注意某人後，經過一番評估，便會做出是否應與該人發展友誼的結論；假如該人於待人處事並無違背客觀之道德標準，主觀上也符合個人的擇交條件，那麼就會進一步與之往來，此時在友誼的過程中，古人稱爲結交、納交、締交或定交，其義相同，魏晉時人則多用「結交」與「定交」來形容友誼之始，茲分述如下：

（一）結　交

《戰國策·燕策》曰：「故察能而授官者，成功之君也；論行而結交者，

〔註52〕〔清〕嚴可均校輯：《全上古三代秦漢三國六朝文·全晉文》，卷70，頁1862。
〔註53〕〔清〕嚴可均校輯：《全上古三代秦漢三國六朝文·全晉文》，卷2，頁1478。
〔註54〕〔唐〕房玄齡等撰：《晉書》，卷36，列傳第6，〈衛瓘傳〉，頁511。
〔註55〕〔唐〕房玄齡等撰：《晉書》，卷36，列傳第6，〈張華傳〉，頁512。
〔註56〕〔唐〕房玄齡等撰：《晉書》，卷40，列傳第10，〈賈充傳〉，頁562～563。
〔註57〕〔唐〕房玄齡等撰：《晉書》，卷42，列傳第12，〈王濬傳〉，頁580。

立名之士也。」與有德行的人交往，能使士人樹立名聲。阮籍〈詠懷詩〉其六十九：「人知結交易，交友誠獨難。」人們皆知結識交往易，而惟獨能結交到志同道合之人則難。〔註58〕傅玄〈何當行〉：「同聲自相應，同心自相知。外合不由中，雖固終必離。管鮑不世出，結交安可為？」〔註59〕指明友相交要以真心相待，若外表阿諛順迎，一味投其所好，則友誼終將破裂。

（二）定　交

東漢方士公沙穆與吳祐「定交於杵臼之間」。〔註60〕郭林宗見王允而奇之，曰：「王生一日千里，王佐才也。」遂與定交。〔註61〕魯肅為孫權之謀士，曾力主孫、劉共治曹操。劉表死後，孫權同意魯肅前往荊州與劉備結盟，當肅行經南郡時，表子琮已投奔曹操，劉備聞曹軍已向荊州，倉皇逃亡，魯肅則於當陽攔截逃亡中的劉備，「時諸葛亮與備相隨，肅謂亮曰『我子瑜友也』，即共定交。」〔註62〕

陸機赴洛途中，戴淵見其船裝甚盛而劫船，陸機見其才器不凡，指麾左右，皆得其宜，便與之言，「深加賞異，遂與定交焉。」〔註63〕此外，更親自寫信將之推薦給趙王倫，其後戴淵官至征西將軍，此事亦見於《世說·自新》15。

交友論方面，潘尼〈安身論〉曰：「定交而不求益，故交立而益厚。」〔註64〕范雲〈建除詩〉云：「定交無恆所，同志互相求。」〔註65〕亦是以同志相友為前提。

定交和結交仍有些微地差別，定交強調一面之緣，也就是俗話的「一面之交」。袁宏〈三國名臣頌〉曰：「公瑾英達，朗心獨見。披草求君，定交一面。」〔註66〕李善注引崔寔〈政論〉云：「且觀世人之相論也。徒以一面之交，定臧否之決。」友誼於直覺良好的瞬間成立，甚至不需要考慮是否合乎主客觀擇交標準。

〔註58〕陳伯君校注：《阮籍集校注》，頁381。
〔註59〕逯立欽輯校：《先秦漢魏晉南北朝詩·晉詩》，卷1，頁560。
〔註60〕《後漢書》云：「時公沙穆來遊太學，無資糧，乃變服客傭，為祐賃舂。祐與語大驚，遂共定交於杵臼之閒。」參見〔劉宋〕范曄撰：《後漢書》，卷64，列傳第54，〈吳祐傳〉，頁2100。
〔註61〕〔劉宋〕范曄撰：《後漢書》，卷66，列傳第56，〈王允傳〉，頁2172。
〔註62〕〔晉〕陳壽撰，盧弼集解：《三國志集解》，卷54，〈魯肅傳〉，頁1269。
〔註63〕〔唐〕房玄齡等撰：《晉書》，卷69，列傳第39，〈戴若思傳〉，頁901。
〔註64〕〔唐〕房玄齡等撰：《晉書》，卷55，列傳第25，〈潘岳傳〉，頁731。
〔註65〕逯欽立輯校：《先秦漢魏晉南北朝詩·梁詩》，卷2，頁1547。
〔註66〕〔梁〕蕭統編，〔唐〕李善注：《文選》，卷47，頁2133。

　　締交、納交與結交的意義相同，然此二詞魏晉較少使用。如左思〈吳都賦〉：「輕訬之客，締交翩翩。儐從弈弈，出躡珠履。」〔註67〕李善注云：「締，結也。」賈誼〈過秦論〉曰：「合從締交，相與為一。」〔註68〕則指國與國在軍事上的結盟。納交於魏晉僅見於《世說・識鑒》28，余嘉錫疏云：「所謂媒尼疑即是妙音。既因玄納交以得官，又欲師其故智以傾玄。成敗皆出於一尼，所謂君以此始，必以此終者與？」〔註69〕〈尤悔〉17注引周祗《隆安記》曰：「仲堪以人情注於玄，疑朝廷欲以玄代己，遣道人竺僧慜齎寶物遺相王寵幸媒尼左右，以罪狀玄。玄知其謀而擊滅之。」〔註70〕桓玄與殷仲堪表面為盟友，卻互相猜忌，前後與媒尼結交，實際上是為奪取政權而收買妙音幫助自己，最後桓玄擊敗殷仲堪，並篡奪王位，應驗了王忱的亡國之說。〔註71〕東晉末年，孝武帝寵幸司馬道子與媒尼，為狎褻交，後文將討論之。

二、拒　交

　　在友誼建立之前，拒絕與某人結交，稱為「拒交」。或僅停留在表面接觸階段，即不再繼續發展。如前述南陽宗世林鄙薄曹操為人，而「不與之交」。〔註72〕以及《世說》所載：

> 初，玄以鍾毓志趣不同，不與之交。玄被收時，毓為廷尉，執玄手曰：『太初何至於此？』玄正色曰：『雖復刑餘之人，不可得交。』」
>
> 〔註73〕

起初夏侯玄因和鍾毓志趣不同，拒絕與之往來。後玄遭囚禁，鍾毓為廷尉，夏侯玄仍不改其志。

> 王太尉不與庾子嵩交，庾卿之不置。王曰：「君不得為爾。」庾曰：「卿自君我，我自卿卿。我自用我法，卿自用卿法。」〔註74〕

王衍不與庾子嵩結交，庾子嵩不在意，仍然親暱地稱王衍「卿」。王衍不准

〔註67〕〔清〕嚴可均校輯：《全上古三代秦漢三國六朝文・全晉文》，卷74，頁1885。

〔註68〕〔清〕嚴可均校輯：《全上古三代秦漢三國六朝文・全漢文》，卷16，頁217。

〔註69〕余嘉錫：《世說新語箋疏》（上），〈識鑒〉28，頁411。

〔註70〕余嘉錫：《世說新語箋疏》（下），〈尤悔〉17，頁909。

〔註71〕余嘉錫：《世說新語箋疏》（上），〈識鑒〉28，頁409。

〔註72〕余嘉錫：《世說新語箋疏》（上），〈方正〉2，頁280。

〔註73〕余嘉錫：《世說新語箋疏》（上），〈方正〉6注引〈名士傳〉，頁285。

〔註74〕余嘉錫：《世說新語箋疏》（上），〈方正〉20，頁293。

他用親暱的稱呼，庾子嵩卻說，你儘管對我用君稱，我也儘管用我的稱法來稱呼你。表示堅持要與王衍為友之意。

　　拒交除在交友過程中，表現堅決的態度，也是魏晉名士自覺意識高昂的一項指標。

第二節　交友之道：友誼維繫的狀態論

　　在所有交友的道理與方法中，維繫友誼，使友情長保是最難執行的。從友誼維繫的狀態可使吾人區分其友情的濃淡，並且觀察交遊者對友道的實踐。底下將友誼維繫的狀態分為：一、親密關係；二、雖善不親；三、情感破裂；四、停止交遊，並依序討論之。

壹、親密關係

一、知交與金石交

　　知交指知心朋友，魏晉名士為知交者，如諸葛亮〈答李嚴書〉云：「吾與足下相知久矣，可不復相解！」〔註75〕安遠護軍郝詡犯法，有司根據其〈與故人書〉云：「與尚書令裴秀相知，望其為益。」〔註76〕奏免秀官，詔曰：「不能使人之不加諸我，此古人所難。交關人事，詡之罪耳，豈尚書令能防乎！其勿有所問。」〔註77〕意指雖然裴秀與郝詡為知交，但不能因人事；即人與人的相互關係來論定其罪。知交同莊子莫逆於心的德友，友誼的繫存不依靠友情，「蜀故尚書犍為程瓊雅有德業，與（文）立深交。」〔註78〕即因精神或德性相感而自然相好。

　　金石交又稱石交，指友誼最堅定，交情最深的朋友；雖然不及款昵交親暱，但卻最令人刻骨銘心。如周瑜與孫策同年，獨相友善，「推結分好，義同斷金」〔註79〕劉琨與祖逖「情好綢繆，共被同寢」，聞雞起舞共圖中原；金石交除指友誼之堅貞，亦表示其為盟友。

〔註75〕〔清〕嚴可均校輯：《全上古三代秦漢三國六朝文‧全三國文》，卷59，頁1374。
〔註76〕〔清〕嚴可均校輯：《全上古三代秦漢三國六朝文‧全三國文》，卷67，頁1844。
〔註77〕〔唐〕房玄齡等撰：《晉書》，卷35，列傳第5，〈裴秀傳〉，頁496。
〔註78〕〔唐〕房玄齡等撰：《晉書》，卷91，列傳第61，〈文立傳〉，頁1151。
〔註79〕〔晉〕陳壽撰，盧弼集解：《三國志集解》，卷46，〈孫策傳〉注引〈江表傳〉，頁902。

　　《三國志‧楊洪傳》載，建興五年（西元 227 年），丞相亮北住漢中，欲用張裔為留府長史，問洪何如？洪對曰：「裔天姿明察，長於治劇，才誠堪之，然性不公平，恐不可專任，不如留向朗。朗情偏差少，裔隨從目下，效其器能，於事兩善。」初，裔少與洪親善。裔流放在吳，洪臨裔郡，裔子鬱給郡吏，微過受罰，不特原假。裔後還聞之，深以為恨，與洪情好有損。及洪見亮出，至裔許，具說所言。裔答洪曰：「公留我了矣，明府不能止。」時人或疑洪意自欲作長史，或疑洪知裔自嫌，不願裔處要職，典後事也。後裔與司鹽校尉岑述不和，至於忿恨。亮與張裔書曰：

> 君昔在柏下營壞，吾之用心，食不知味。後流迸南海，相為悲歎，寢不安席。及其來還，委付大任，同獎王室，自以為與君古之石交也。石交之道，舉讐以相益，割骨肉以相明，猶不相謝也。況吾但委噫於元儉，而君不能忍邪！

論者由是明洪無私。〔註 80〕張裔原仕蜀，曾因雍闓叛蜀赴吳，將裔作為俘虜送給孫權。劉備死後，諸葛亮遣鄧芝使吳，並向孫權要回張裔。信中「流迸南海」即指張裔被送往東吳一事。楊洪忠清款亮，憂公如家，深諳張裔善於處理繁雜之事務，但秉性不公，因此向諸葛亮推薦向朗為長史。諸葛亮亦知張裔之疵，其與楊洪情好有損，也是因其偏於私心，器量狹小，故而寫信給他，表明石交之志。其曰：「石交之道，猶不相謝」，是指石交以義相挺，公私分明，雖能樹敵以利友人，割骨肉以表明其志，但不能相互推許揄揚，以免遭人非議，惹來包庇之嫌。不論交情如何深厚，不能以私馭公，即是石交之道。

二、款昵交

　　款昵交又名「暱交」，「款昵」的本義是指朋友間的友好親昵，陸機〈嘆逝賦〉序云：

> 昔每聞長老追計平生，同時親故，或凋落已盡，或僅有存者。余年方四十，而懿親戚屬，亡多存寡；昵交密友，亦不半在。或所曾共遊一塗，同宴一室。十年之外，索然已盡，以是思哀，哀可知矣。
> 〔註 81〕

〔註 80〕　〔晉〕陳壽撰，盧弼集解：《三國志集解》，卷 41，〈楊洪傳〉，頁 844～845。
〔註 81〕　〔清〕嚴可均校輯：《全上古三代秦漢三國六朝文‧全晉文》，卷 96，頁 2011。

為魏晉名士行款昵交之由來。《晉書·山濤傳》載:「(濤)與鍾會、裴秀竝申款昵。以二人居勢爭權,濤平心處中,各得其所,而俱無恨焉。」〔註82〕亦為款昵交。

然而,魏晉名士行款暱交大多表現在君臣之間私交甚篤,以及君王對臣子的寵禮與溺愛。

寵禮方面是指君王對臣子才能的賞識,予以重用,除了在官職、俸祿上不予虧待,更要的是君王對臣子表露的愛才之情。如《晉書·安平獻王孚傳》載:「時魏高貴鄉公好才愛士,望與裴秀、王沈、鍾會並見親待,數侍宴筵。」〔註83〕《世說·寵禮》1 載:

> 元帝正會,引王丞相登御床,王公固辭,中宗引之彌苦。王公曰:「使太陽與萬物同暉,臣下何以瞻仰?」〔註84〕

《世說·雅量》10 注引《晉陽秋》曰:

> (劉)輿字慶孫,中山人。有豪俠才算,善交結。為范陽王虓所暱,虓薨,太傅召之,大相委仗,用為長史。〔註85〕

《世說·寵禮》3 載:「王珣、郗超藝有奇才,為大司馬所眷拔。」〔註86〕《世說·寵禮》4 載:「許玄度停都一月,劉尹無日不往,乃歎曰:『卿復少時不去,我成輕薄京尹!』」〔註87〕以及《世說·寵禮》5 載:

> 孝武在西堂會,伏滔預坐。還,下車呼其兒,語之曰:「百人高會,臨坐未得他語,先問『伏滔何在?在此不?』此故未易得。為人作父如此,何如?」〔註88〕

凡《世說·寵禮》諸篇所載,皆指君王對臣子寵愛與禮遇,而以友誼觀論之,則為君臣之間行款昵交之實。

溺愛方面,如東晉周顗神采秀徹,有重名,王導甚重之,

〔註82〕 〔唐〕房玄齡等撰:《晉書》,卷43,列傳第13,〈山濤傳〉,頁588。
〔註83〕 〔唐〕房玄齡等撰:《晉書》,卷37,列傳第7,〈安平獻王孚傳〉,頁521。
〔註84〕 余嘉錫:《世說新語箋疏》(下),〈寵禮〉1,頁722。
〔註85〕 余嘉錫:《世說新語箋疏》(上),〈雅量〉10,頁354。
〔註86〕 余嘉錫:《世說新語箋疏》(下),〈寵禮〉3,頁722。
〔註87〕 余嘉錫:《世說新語箋疏》(下),〈寵禮〉4,頁723。
〔註88〕 余嘉錫:《世說新語箋疏》(下),〈寵禮〉5,頁723。

嘗枕顗膝而指其腹曰：「此中何所有也？」答曰：「此中空洞無物，
然足容卿輩數百人。」導亦不以為忤。又於導坐傲然嘯詠，導云：「卿
欲希嵇、阮邪？」顗曰：「何敢近捨明公，遠希嵇、阮。」〔註89〕

款昵交時基於對友人的愛護與包容，即使其已侵犯個人的私領域，亦不計較，
君臣之間的界線已不復明顯。《世說·寵禮》6 亦載：

卞範之為丹陽尹，羊孚南州暫還，往卞許，云：「下官疾動不堪坐。」
卞便開帳拂褥，羊徑上大牀，入被須枕。卞回坐傾睞，移晨達莫。
羊去，卞語曰：「我以第一理期卿，卿莫負我。」〔註90〕

卞範之任丹陽尹時，羊孚已從南州暫時回來，到範之家便直言發病，無法坐
下。範之於是打開羅帳，讓其上大床，並且從早晨到傍晚悉心照料。羊孚離
去時，範之告訴他，以第一理期待他，希望他能遵循最高尚的道義，不要辜
負了自己的一番心意。

孫秀降晉，晉武帝厚存寵之，妻以姨妹蒯氏，室家甚篤。妻嘗妒，
乃罵秀為「貉子」。秀大不平，遂不復入。蒯氏大自悔責，請救於帝。
時大赦，羣臣咸見。既出，帝獨留秀，從容謂曰：「天下曠蕩，蒯夫
人可得從其例不？」秀免冠而謝，遂為夫婦如初。〔註91〕

東吳將領孫秀投降晉朝，武帝司馬炎十分寵愛他，把自己的小姨子蒯氏嫁給
他，兩人情愛深厚。後來蒯氏曾因妒忌而罵孫秀為「貉子」，孫秀氣憤不已，
從此不入房，蒯氏只好找武帝幫忙，時值武帝大赦天下，群臣拜會天子，武
帝獨留孫秀勸其夫妻合好，孫秀聞之即脫帽叩謝，並與蒯氏合好如初。此則
足見武帝對孫秀厚愛之至，以及二人的友好親暱。

　　筆者論「君臣交」時曾提及王導和元帝「睦同布衣，匪惟君臣」，認為這
是魏晉君臣關係的一大突破。筆者以為，君臣之間的款昵交是建立在友誼的
基礎上，而不是因政治而結交的友誼，都必須一概往政治方向思考其友愛行
為的動機，故而，君臣之間的款昵，是君臣之間和諧的張力，也是友道運行
的一種表徵。

〔註89〕〔唐〕房玄齡等撰：《晉書》，卷 69，列傳第 39，〈周顗傳〉，頁 904。
〔註90〕余嘉錫：《世說新語箋疏》（下），〈寵禮〉6，頁 724～725。
〔註91〕余嘉錫：《世說新語箋疏》（下），〈惑溺〉4，頁 920。

三、生死交

生死交又稱「刎頸交」，顏師古曰：「刎，斷也。刎頸交，言託契深重，雖斷頸絕頭無所顧也。」〔註92〕謂友誼深摯乃至可以共生死的朋友。生死交既可為朋友赴湯蹈火、出生入死，其行事準則亦以朋友之利益為優先，而忘卻己利與人利，有些時候甚至做出不合常理的事。如東晉周訪「善於撫納，士眾皆為致死。」〔註93〕李頭感念祖逖贈馬之恩，每歎曰：「若得此人為主，吾死無恨。」其主陳川聞而怒，遂殺頭。〔註94〕又陳容與臧洪以及孫拯與門生費慈、宰意二人，皆為生死交。據《三國志・臧洪傳》載：

> 洪邑人陳容少為書生，親慕洪，隨洪為東郡丞；城未敗，洪遣出。紹令在坐，見洪當死，起謂紹曰：「將軍舉大事，欲為天下除暴，而專先誅忠義，豈合天意！臧洪發舉為郡將，柰何殺之！」紹慚，左右使人牽出，謂曰：「汝非臧洪儔，空復爾為！」容顧曰：「夫仁義豈有常，蹈之則君子，背之則小人。今日寧與臧洪同日而死，不與將軍同日而生！」復見殺。在紹坐者無不歎息，竊相謂曰：「如何一日殺二烈士！」先是，洪遣司馬二人出，求救於呂布；比還，城已陷，皆赴敵死。〔註95〕

東漢末臧洪歸附袁紹，為袁紹器重，出任東郡太守，同鄉書生陳容仰慕之，亦追隨赴任。後臧洪與袁紹友誼生變，袁紹派兵攻打臧洪所駐東武陽，城陷，紹生執洪，袁紹見洪寧死不屈，於是殺之，陳容見洪死，極力為臧洪抱不平，認為袁紹不顧忠義之士，己願同赴死，於是亦被袁紹處死。此外，臧洪原先派遣兩名司馬向呂布求援，歸來卻見城陷主亡，亦奔向敵人而壯烈犧牲。臧洪以真誠之心對待下屬，其城早先斷糧，臧洪「殺其愛妾以食將士。將士咸流涕，無能仰視者。男女七八千人相枕而死，莫有離叛。」〔註96〕吾人或許可以說這些人，自認無法承受如此沉重的恩惠，遂慚愧而死。但是如同陳容及二位赴敵而死的司馬，其甘願與臧洪共患難、同生死，除了感念其恩德，亦包含對友情的忠誠，其已將友情提升至道德的層次，不將之單單視為心動

〔註92〕〔宋〕司馬光編著：《資治通鑑》，卷182，〈隋紀六・煬皇帝中〉注，5688。
〔註93〕〔唐〕房玄齡等撰：《晉書》，卷58，列傳第28，〈周訪傳〉，頁768。
〔註94〕〔唐〕房玄齡等撰：《晉書》，卷62，列傳第32，〈祖逖傳〉，頁825。
〔註95〕〔晉〕陳壽撰，盧弼集解：《三國志集解》，卷7，〈臧洪傳〉，頁253。
〔註96〕〔晉〕陳壽撰，盧弼集解：《三國志集解》，卷7，〈臧洪傳〉，頁252。

的產物，故而效忠它；即使它是如此地抽象，令人無法理解，但藉著以死明志，亦能將抽象的友情化為具體。

同理，孫拯的門生費慈與宰意，也是如此看待他們之間的友情，據《晉書‧孫拯傳》載：

> 孫拯者，字顯世，吳都富春人也。能屬文，仕吳為黃門郎。孫晧世，侍臣多得罪，惟拯與顧榮以智全。吳平後，為涿令，有稱績。機既為孟玖等所誣，收拯考掠，兩踝骨見，終不變辭。門生費慈、宰意二人詣獄明拯，拯譬遣之曰：「吾義不可誣枉知故，卿何宜復爾？」二人曰：「僕亦安得負君！」拯遂死獄中，而慈、意亦死。〔註97〕

孟玖是成都王司馬穎親信的宦官，曾誣告陸機謀反，孫拯為陸機司馬，亦被收治入獄，兩踝遭拷打至見骨，仍不屈服招供。門生費慈與宰意至獄中探視，孫拯表明絕不誣陷好友陸機的心志，二人見其志不改，待孫拯死於獄中，亦追隨其後。

此外，《世說‧德行》9亦載：

> 荀巨伯遠看友人疾，值胡賊攻郡，友人語巨伯曰：「吾今死矣，子可去！」巨伯曰：「遠來相視，子令吾去；敗義以求生，豈荀巨伯所行邪？」賊既至，謂巨伯曰：「大軍至，一郡盡空，汝何男子，而敢獨止？」巨伯曰：「友人有疾，不忍委之，寧以我身代友人命。」賊相謂曰：「我輩無義之人，而入有義之國！」遂班軍而還，一郡並獲全。
>
> 〔註98〕

荀巨伯寧與友人同死而不願敗義以求生，使不義之匪徒產生羞愧之心，證明生死交之情義真摯足以感動人心。

然而，筆者以為，生死交以死明志的行為不見得是完全符合道義的，對儒家而言，忠孝難兩全，以生命盡忠卻不能盡孝，故而違反孝道；對道家而言，形就心和乃應世之方，以激烈的方式結束生命，實違反了自然之道與無為之道。

由上可知，生死交與金石交不能等同而論，雖然其中皆有義的存在，但金石交的友誼表現正確、理智的行為，不見得要以生命作為友情的見證；生

〔註97〕〔唐〕房玄齡等撰：《晉書》，卷54，列傳第24，〈孫拯傳〉，頁718。
〔註98〕余嘉錫：《世說新語箋疏》（上），〈德行〉9，頁11。

死交（刎頸交）對友情效忠，卻不見得與常理相符，朋友之間有義氣卻不見符合道德規範。

貳、雖善不親

一、狎褻交

狎褻有放蕩、淫穢之意，亦指輕慢的態度。狎褻交與款昵交的差別在於，放縱己欲與友好親暱。狎褻交的親暱行爲會引起他人嫌惡之感，甚至有害公序良俗，產生不良的社會觀感；款昵交的親暱行爲，只存在於朋友之間，不致於影響社會與他人。狎褻交或款昵交有時不易從文獻的字面上區分，以下二例可相較之：

> 會稽文孝王道子字道子。出後琅邪孝王，少以清澹爲謝安所稱。……
> 于時孝武帝不親萬機，但與道子酣歌爲務，姆姆尼僧，尤爲親暱，
> 並竊弄其權。凡所幸接，皆出自小豎。郡守長吏，多爲道子所樹立。
>
> 〔註99〕
>
> 導嘗與恢戲爭族姓，曰：「人言王葛，不言葛王也。」恢曰：「不言
> 馬驢，而言驢馬，豈驢勝馬邪！」其見親狎如此。〔註100〕

前者言「親暱」，實爲狎褻；後者言「親狎」，實爲款昵。司馬道子爲孝武帝之弟，簡文帝之子，他與子司馬元顯專事聚斂，奢侈無度，朝政日益敗壞，終引起孫恩起兵叛變。王導與諸葛恢看似爭論家族姓氏的先後，但其實是在互相取笑玩樂，表示他們十分親近狎昵，此事亦見於《世說・排調》12。

東晉王國寶與司馬道子狎昵諂邪，是魏晉名士狎褻交最顯著的例子：

> 時謝安女壻王國寶專利無檢行，安惡其爲人，每抑制之。及孝武末
> 年，嗜酒好內，而會稽王道子昏酗尤甚，惟狎昵諂邪，於是國寶讒
> 諛之計稍行於主相之間。而好利險詖之徒，以安功名盛極，而構會
> 之，嫌隙遂成。帝召伊飲讌，安侍坐。帝命伊吹笛。伊神色無忤，
> 即吹爲一弄，乃放笛云：「臣於箏分乃不及笛，然自足以韻合歌管，
> 請以箏歌，並請一吹笛人。」帝善其調達，乃敕御妓奏笛。伊又云：

〔註99〕 〔唐〕房玄齡等撰：《晉書》，卷64，列傳第34，〈會稽文孝王道子傳〉，頁844。
〔註100〕 〔唐〕房玄齡等撰：《晉書》，卷77，列傳第47，〈諸葛恢傳〉，頁998。

「御府人於臣必自不合，臣有一奴，善相便串。」帝彌賞其放率，
乃許召之。奴既吹笛，伊便撫箏而歌怨詩曰：「爲君既不易，爲臣良
獨難。忠信事不顯，乃有見疑患。周旦佐文武，金縢功不刊。推心
輔王政，二叔反流言。」聲節慷慨，俯仰可觀。安泣下沾衿，乃越
席而就之，捋其鬚曰：「使君於此不凡！」帝甚有愧色。〔註101〕

桓伊字叔夏，爲桓宣族子，善吹笛，號稱「江左第一」〔註102〕，他看到王國
寶「嗜酒好內」，司馬道子「昏醟尤甚」，二人「惟狎昵諂邪」，故藉撫箏而歌
怨，慨歎小人當道，忠臣難爲。《世說·規箴》26 亦云：「王緒、王國寶相爲
脣齒，並上下權要。王大不平其如此，乃謂緒曰：『汝爲此欻欻，曾不慮獄吏
之爲貴乎？』」〔註103〕王緒爲王國寶堂弟，王忱小字佛大，則爲國寶之弟，對
於王緒與國寶狼狽爲奸的行爲，感到十分不齒，遂以漢初周勃被誣陷入獄的
例子，告誡他們，小心自食其果。王恭與王緒、王忱與王國寶雖同出太原晉
陽王氏，但因其分屬兩個不同家族，〔註104〕王恭對王國寶的惡行，不但感到
厭惡且無法原諒，因此無論在言語或行爲上，不如王忱般含蓄溫婉，此外，
對於司馬道子等人狎藝之行爲，亦嚴正指責：

> 道子嘗集朝士，置酒於東府，尚書令謝石因醉爲委巷之歌，恭正色
> 曰：「居端右之重，集藩王之第，而肆淫聲，欲令羣下何所取則！」
> 石深銜之。〔註105〕

> 及帝崩，會稽王道子執政，寵昵王國寶，委以機權。恭每正色直言，
> 道子深憚而忿之。及赴山陵，罷朝，歎曰：「榱棟雖新，便有黍離之
> 歎矣。」〔註106〕

〔註101〕〔唐〕房玄齡等撰：《晉書》，卷81，列傳第51，〈桓宣傳〉，頁 1038。
〔註102〕〔唐〕房玄齡等撰：《晉書》，卷81，列傳第51，〈桓宣傳〉，頁 1037。
〔註103〕余嘉錫：《世說新語箋疏》（上），〈規箴〉26，頁 575～576。
〔註104〕王緒、王忱與王國寶三人，其祖同上溯於魏司空王昶之子王湛（西元 249～
　　　　295 年）；王恭之祖，與王湛同輩者，則爲王昶之侄王默。亦即自王昶之後，
　　　　王氏分家，王緒等人爲王湛以下第五代（包含王湛）；王恭則爲王默以下第六
　　　　代（包含王默），分家已久，故而王恭與王國寶在門第上爲同出，在親情上則
　　　　如陌路。以上關於門第之分析，參照王伊同：《五朝門第》（下），（三）太原
　　　　晉陽王氏。
〔註105〕〔唐〕房玄齡等撰：《晉書》，卷84，列傳第54，〈王恭傳〉，頁 1069。
〔註106〕同上註。

史載王恭清操過人，從上例文中，並可見其人剛正不阿，疾惡如仇。王國寶和司馬道子終日廝混，爲「狎褻交」；敗壞朝政，爲「朋黨交」，又「官以賄遷，政刑謬亂」〔註107〕，爲「賄交」〔註108〕，故王恭於隆安元年（西元397年）舉兵，顯王國寶之罪，朝廷殺之。〔註109〕

最後，狎褻與忘形於外在表現俱爲放達，如何評斷某人放達的行爲是狎褻或忘形，亦有討論的空間，以下舉胡毋輔之等人爲例：

> 是時王澄、胡毋輔之等，皆亦任放爲達，或至裸體者。廣聞而笑曰：「名教內自有樂地，何必乃爾！」其居才愛物，動有理中，皆此類也。〔註110〕

> 時王敦、謝鯤、庾敳、阮修皆爲衍所親善，號爲四友，而亦與澄狎，又有光逸、胡毋輔之等亦豫焉。酣讌縱誕，窮歡極娛。〔註111〕

上例樂廣對王澄和胡毋輔之等人說：「名教內自有樂地，何必乃爾！」言外之意，是把他們歸類爲「方外之人」，故其放任爲達，似乎是在實踐道家忘形之義。下例則著重表述四友的「酣讌縱誕，窮歡極娛」，則不免有狎褻之慮。此二例記載的對象既是同一批人，爲何可以令人產生兩種不同的觀感？胡毋輔之等人究竟爲忘形抑或是狎褻？筆者以爲，必須考量當時的社會風氣，以及其人的思想背景，再作判斷。

《世說·任誕》25注引鄧粲《晉紀》曰：「王導與周顗及朝士詣尚書紀瞻觀伎。瞻有愛妾，能爲新聲。顗於眾中欲通其妾，露其醜穢，顏無怍色。」《世說·德行》23注引王隱《晉書》曰：「魏末阮籍，嗜酒荒放，露頭散髮，裸袒箕踞。其後貴游子弟阮瞻、王澄、謝鯤、胡毋輔之之徒，皆祖述於籍，謂得大道之本。故去巾幘，脫衣服，露醜惡，同禽獸。甚者名之爲通，次者名之爲達也。」余嘉錫針對此二者說法認爲：

> 或謂諸人雖裸坦，不過朋友作達，何至眾人欲通人妾？不知王隱謂瞻等露醜惡，同禽獸，則亦何所不至？且此自是當時風氣，亦不獨

〔註107〕〔唐〕房玄齡等撰：《晉書》，卷64，〈會稽文孝王道子傳〉，列傳第34，頁844。
〔註108〕詳見本章第三節，頁153～154。
〔註109〕〔唐〕房玄齡等撰：《晉書》，卷12，志第2，頁162。
〔註110〕〔唐〕房玄齡等撰：《晉書》，卷43，列傳第13，〈樂廣傳〉，頁599。
〔註111〕〔唐〕房玄齡等撰：《晉書》，卷43，列傳第13，〈王戎傳〉，頁596。

瞻等爲然也。〔註112〕

其又曰：

> 伯仁大節無虧而言戲穢雜，蓋習俗移人，賢者不免。以彼任率之性，
> 又好飲狂藥，昏醉之後，亦復何所不至？固不可以一眚掩其大德，
> 亦不必曲爲之辯，以爲必無此事也。〔註113〕

按余氏之見，魏、晉之間，蔑棄禮法，放蕩無檢，乃名士習氣，並非「託云率任，強爲放達」〔註114〕。裸坦只是在朋友面前才表現的任誕行爲，怎麼能說周伯仁裸坦是爲了欲通人妾？甚至因此抹殺其德行；阮瞻、王澄、謝鯤與胡毋輔之等人飲酒、脫衣，也是魏晉時期名士普遍的風氣，若將他們視爲「無賴之子」、「落拓之子」〔註115〕，則有失公允。

從以上的討論中，吾人可比較以王國寶與胡毋輔之爲代表的兩種放達，前者的動機邪惡，其放達雖是放任己欲，但是對財、權、勢等等之欲望的放任，並非體道清高，超然物外；這些人聚在一起，所作所爲大抵放蕩、輕慢，因其專歙財權，旁若無人，故爲狎褻交。後者如上述，其人放達爲時代風尚，且其本身並非毫無修養。最重要的是他們聚在一起，互爲款昵，並沒有造成政治、社會的動盪不安，即使王隱認爲他們露醜惡、同禽獸，也僅能代表其個人思想，並不能作爲魏晉時期士人普遍的觀點。

總結以上，狎褻交的友誼，雖善不親；即表面上一起嬉笑玩樂，看似友好親近，事實上可能各自心懷鬼胎，心中充滿不軌之邪念。

〔註112〕余嘉錫：《世說新語箋疏》（下），〈任誕〉25，頁743。

〔註113〕同上註。

〔註114〕《抱朴子・疾謬篇》曰：「輕薄之人，跡廁高深。交成財贍，名位粗會，便背禮判教，託云率任。才不逸倫，強爲放達。」參見陳飛龍：《抱朴子外篇今註今譯》（台北：台灣商務，2002年），頁368。

〔註115〕《抱朴子・疾謬篇》曰：「無賴之子，白醉耳熱之後，結黨合羣，遊不擇類，攜手連袂，以遨以集。入他堂室，觀人婦女，指玷修短，評論美醜。或有不通主人，便共突前，嚴飾未辦，不復窺聽。犯門折關，踰垝穿隙，有似抄劫之至也。其或妾媵藏避不及，至搜索隱僻，就而引曳，亦怪事也。然落拓之子，無骨鯁而好隨俗者，以通此者爲親密，距此者爲不恭。於是要呼憒雜，入室視妻，促膝之狹坐，交杯觴於咫尺。絃歌淫冶之音曲，以誂文君之動心。載號載呶，謔戲醜褻。窮鄙極黷，爾乃笑(此句疑脫一字)。亂男女之大節，蹈相鼠之無儀。」參見陳飛龍：《抱朴子外篇今註今譯》，頁，369。

參、友情破裂

友情破裂即絕交，係指朋友關係斷絕，絕大部分的原因是由於，友誼維繫的狀態中友情破裂，友誼不復存在。最著名的例子為管寧、華歆割席絕交。《世說・德行》11 云：

> 管寧、華歆共園中鋤菜，見地有片金，管揮鋤與瓦石不異，華捉而擲去之。又嘗同席讀書，有乘軒冕過門者，寧讀如故，歆廢書出看・寧割席分坐曰：「子非吾友也。」

以及嵇康撰絕交書與山濤、呂悌二人絕交；〔註116〕劉孝標〈廣絕交論〉曰：「古人知三釁之為梗，懼五交之速尤。故王丹威子以檟楚，朱穆昌言而示絕，有旨哉，有旨哉。」〔註117〕向世人言勢交、談交、賄交、窮交、量交，五交之惡，以絕交斷絕此惡。《世說・方正》16 亦載：

> 向雄為河內主簿，有公事不及雄，而太守劉淮橫怒，遂與杖遣之。雄後為黃門郎，劉為侍中，初不交言。武帝聞之，敕雄復君臣之好，雄不得已，詣劉，再拜曰：「向受詔而來，而君臣之義絕，何如？」於是即去。武帝聞尚不和，乃怒問雄曰：「我令卿復君臣之好，何以猶絕？」雄曰：「古之君子，進人以禮，退人以禮；今之君子，進人若將加諸膝，退人若將墜諸淵。臣於劉河內，不為戎首，亦已幸甚，安復為君臣之好？」武帝從之。〔註118〕

西晉向雄任何內主簿時，有件公事因故未能辦理，太守劉淮怒而責打他，遂構嫌隙。之後武帝命二人重修君臣之好，向雄拒絕，並說自己與劉淮沒有兵戎相見，已經十分幸運了，更不用說要重修君臣之間的友好關係，可見其對劉淮的領導風格與處事態度非常不滿，堅拒與之親近和睦。

向雄與劉淮絕交，是由個人主觀意念所引導，然而，亦有因外在客觀因素影響，使原本相好的朋友不得已必須絕交。如東晉袁喬與褚裒絕交：

> 初，喬與褚裒友善，及康獻皇后臨朝，喬與裒書曰：「皇太后踐登正阼，臨禦皇朝，將軍之於國，外姓之太上皇也。至於皇子近屬，鹹

〔註116〕詳見第五章第二節，頁 182～184。
〔註117〕〔清〕嚴可均校輯：《全上古三代秦漢三國六朝文・全梁文》，卷 57，頁 3289。
〔註118〕余嘉錫：《世說新語箋疏》（上），〈方正〉16，頁 296。

有揖讓之禮，而況策名人臣，而交媟人父，天性攸尊，亦宜體國而
重矣。故友之好，請於此辭。」〔註119〕

褚裒之女爲晉康帝皇后，晉康帝司馬岳爲晉明帝之子，晉成帝之弟；成帝死
後，權臣庾冰與庾翼力推司馬岳，以兄終弟及之方式繼承帝位，但其上任兩
年便患病身故，於是由康獻皇后臨朝，褚裒從此貴爲外姓之太上皇，袁喬原
先與褚裒友善，爲了避免外界猜疑，不得已請辭故友之好。

　　最後，絕交在交友之道中，通常帶有絕情的意涵，友情盡而友道絕。然
而，某些時候，絕交並不表示從此不相往來，如前述嵇康與山濤絕交，山濤
是其平生交遊甚親者，不可能僅憑一封絕交書，好友之間便恩斷義絕。爲使
嵇康之友誼觀做一整體論述，筆者將留待後文探討之。

肆、停止交遊

　　停止交遊即息交，謂謝絕交遊，不問世事。如東漢馮衍〈楊節賦序〉云：

馮子耕于驪山之阿，渭水之陰。廢弔問之禮，絕游宦之路。眇然有
超物之心，無偶俗之志。〔註120〕

魏晉名士息交的代表爲陶淵明，〈歸去來辭〉曰：「歸去來兮，請息交以絕遊，
世與我而相遺，復駕言兮焉求？」〔註121〕明白透露其隱居遁世的意願。

　　息交在友誼維繫的狀態中，表示希望平和結束人世間的交際，尋求個人
心靈上的安定，雖不至於斷絕所有人際關係的往來，但已不想關心。鮑照〈侍
郎滿辭閣〉引馮衍之事蹟曰：

本應守業，墾疇剷荑；牧雞園豕，以給征賦。……既同馮衍負困之
累，復抱相如痟渴之疾。志逐運離，事與衰合；束馬埋輪，絕游息
世。〔註122〕

息交與不妄交遊不同，因息交之人本經仕宦的過程，而後產生杜絕人事的念
頭，而停止交遊。此爲士人內心轉折之後所產生的友誼觀，希望藉由息交使
經年累月之勞苦獲得解放，並寄託其隱逸的心志。

〔註119〕　〔唐〕房玄齡等撰：《晉書》，卷83，列傳第53，〈袁瓌傳〉，頁1062。
〔註120〕　〔清〕嚴可均校輯：《全上古三代秦漢三國六朝文·全後漢文》，卷20，頁579。
〔註121〕　〔清〕嚴可均校輯：《全上古三代秦漢三國六朝文·全晉文》，卷111，頁2097。
〔註122〕　〔清〕嚴可均校輯：《全上古三代秦漢三國六朝文·全宋文》，卷46，頁2691。

第三節　虧交友之道：有虧友道的行為與友誼類型

壹、有虧友道的行為

察考魏晉史實，魏晉有虧交友之道的行為，主要分為三大類，即背叛、殺害及交有厚薄，茲分述如下：

一、背　叛

背叛之義為背離叛變，在交友方面指違背原先結交之志，因為其他因素使友誼生變。背叛是「虧交友之道」最原始的意義，其典故出自臧洪〈答陳琳書〉曰：「喪忠孝之名與虧交友之道，輕重殊塗，親疏異畫。」〔註123〕歷來這封信多被用來作歷史解讀，因袁紹派陳琳寫信勸臧洪投降，臧洪回信表現其寧死不屈的意志，此封信是袁紹最後殺臧洪的關鍵。然而，若以倫理的角度觀之，臧洪於信中表現心中極大的矛盾與掙扎，因為無論是喪忠孝之名抑或虧交友之道，都是違背倫理道德的行為，兩者相衝突時，不得已必須選擇其一；然而，選擇是背叛，不選擇也是背叛。以下筆者將從臧洪與袁紹及臧洪與張邈兄弟之間的關係，分析〈答陳琳書〉中提及主從與朋友關係重疊所產生的矛盾心理，以及喪忠孝之名與虧交友之道其間的關係。

臧洪，字子源，東漢末年廣陵射陽人。曾舉孝廉被選為縣長，靈帝末年，棄官還家，太守張超請洪為功曹。董卓之亂，洪說張超反董，並與超及超兄邈等人歃血為盟，結為生死交。「超遣洪詣大司馬劉虞謀，值公孫瓚之難，至河間，遇幽、冀二州交兵，使命不達。而袁紹見洪，又奇重之，與結分合好。」〔註124〕臧洪與張邈兄弟結交在先，與袁紹相好在後，原本為兩個平行並存不相衝突的友誼。西元 194 年，張超兄弟與陳宮叛曹操迎呂布，第二年曹操圍張超於雍丘，超言：「唯恃臧洪，當來救吾。」〔註125〕臧洪聞之，徒跣號泣，請求袁紹發兵救張超，袁紹不准，臧洪從此怨恨袁紹。袁紹派兵包圍臧洪駐守的東武陽，歷時多年仍無法攻下，於是令陳琳寫信與洪曉以大義，洪則回信表明堅決不投降的意志，紹見洪書，知無降意，增兵急攻，後城中無糧，被袁紹攻破，臧洪被袁紹活捉，仍不願投降，終被袁紹所殺。

〔註123〕〔晉〕陳壽撰，盧弼集解：《三國志集解》，卷7，〈臧洪傳〉，頁251。
〔註124〕〔晉〕陳壽撰，盧弼集解：《三國志集解》，卷7，〈臧洪傳〉，頁250。
〔註125〕同上註。

臧洪〈答陳琳書〉文長千餘言，其內心之糾結，於文中可窺見：

> 每登城勒兵，觀主人之旗鼓，瞻望帳幄，感故友之周旋，撫弦搦矢。
> 不覺流涕之覆面也。何者？自以輔佐主人，無以為悔，主人相接，
> 過絕等倫。當受任之初，自謂究竟大事，埽清寇逆，共尊王室，豈
> 悟天子不悅，本州見侵，郡將遘牖里之厄，陳留克創兵之謀，謀計
> 棲遲，喪忠孝之名，杖策攜背，虧交友之分。揆此二者，與其不得
> 已，喪忠孝之名與虧交友之道，輕重殊塗，親疏異畫，故便忍悲揮
> 戈，收淚告絕。若使主人少垂故人，住者側席，去者克己，不汲汲
> 於離友，信刑戮以自輔，則僕抗季札之志，不為今日之戰矣。〔註126〕

信中稱袁紹為「主人」亦為「故友」，其曰：「主人之于我也，年為吾兄，分
為篤友。道乖告去，以安君親，可謂順矣。」〔註127〕「道乖告去」指其不聽
令投降，其言「順矣」，表示其心仍忠於漢室；袁紹雖挾據河北，但當初臧洪
與之結交是為了「埽清寇逆，共尊王室」，如今董卓已敗，臧洪當初與袁紹結
盟的目標已達成，應該繼續效忠漢室，故其固守城門，是為了不喪忠孝之名，
而虧交友之道則是順勢而已。對臧洪而言，「與其不得已，喪忠孝之名與虧交
友之道，輕重殊塗，親疏異畫」，忠孝與交友之道孰輕孰重？孰親孰疏？按其
語意，忠孝為重，家國先於朋友，朋友為疏，不得已，必須守忠孝而棄友道；
臧洪受袁紹逼迫，只能忍悲揮戈，收淚告絕；故其曰：「此實非吾心也，乃主
人招焉。凡吾所以背棄國民，用命此城者，正以君子之違，不適敵國故也。」
〔註128〕倘若投降袁紹，則背叛漢室；不投降，則有虧友道，於此，背叛是不
可免的。筆者以為，從正史的角度而言，臧洪的背叛是對的，臧洪效忠漢室，
不應以其虧交友之道而加以貶損。此例亦不代表背叛是理所當然，而是應權
衡大我與小我，忠孝乃關乎眾人之倫理道德，故而當其與友道衝突，「不得已」
才須虧交友之道，否則，此二者均不應有所違背。

張邈，字孟卓，少以俠聞，振窮救急，傾家無愛，士多歸之，曹操、袁
紹皆與邈友。〔註129〕袁紹為盟主，有驕矜色，邈正議責紹，紹使曹操殺邈，
曹操不聽，張邈得知後，與曹操更加親密。但又害怕曹操仍會受袁紹慫恿而

〔註126〕〔清〕嚴可均校輯：《全上古三代秦漢三國六朝文·全後漢文》，卷68，頁846。
〔註127〕同上註。
〔註128〕〔清〕嚴可均校輯：《全上古三代秦漢三國六朝文·全後漢文》，卷68，頁846。
〔註129〕〔晉〕陳壽撰，盧弼集解：《三國志集解》，卷7，〈張邈傳〉，頁241。

擊己，心不自安。興平元年（西元 194 年），曹操討伐陶謙，張超與陳宮、許汜等人共謀叛曹，張邈亦爲陳宮說服：

> 宮說邈曰：「今雄傑並起，天下分崩，君以千里之眾，當四戰之地，撫劍顧眄，亦足以爲人豪，而反制於人，不以鄙乎！今州軍東征，其處空虛，呂布壯士，善戰無前，若權迎之，共牧兗州，觀天下形勢，俟時事之變通，此亦縱橫之一時也。」邈從之。〔註130〕

之後曹操斬張超及其家，張邈則向袁術求救不成，自爲其兵所殺。與臧洪相比，張邈背叛曹操，非有其他更高的道德標準需遵守，使其不得已而虧交友之道；他的背叛是出於私心而非公益，故而對友誼的傷害是不可容恕的。

最後要提的是，古人結交有時會以締結婚姻作爲同盟或友誼存在的象徵，故悔婚亦是背叛的行爲，例如：

> 術欲結布爲援，乃爲子索布女，布許之。術遣使韓胤以僭號議告布，并求迎婦。沛相陳珪恐術、布成婚，則徐、揚合從，將爲國難，於是往說布曰：「曹公奉迎天子，輔讚國政，威靈命世，將征四海，將軍宜與恊同策謀，圖太山之安。今與術結婚，受天下不義之名，必有累卵之危。」布亦怨術初不己受也，女已在塗，追還絕婚。〔註131〕

袁術本欲與呂布以婚約結盟，時呂布爲徐州刺史，沛相陳珪擔心徐、揚合從，沛國位處徐、揚之間，將爲夾攻，於是向呂布進讒言，稱若與袁術結婚，一方面將受不義之名，且會被曹操視爲眼中釘，恐遭禍患，呂布聽後遂悔婚。

　　二、殺　害

背叛在交友的過程中，使友誼生變；其虧交友之道，僅在於不能遵守當初結交的共同之志，無法再爲對方付出任何友情，與行使共同的約定和義務，並造成雙方的不愉快。背叛或許可以因時間或觀念等因素轉變，使友誼有還轉的可能，但若因對對方不滿而將之殺害，則對友誼之傷害將永遠無法彌補，因此殺害是所有有虧友道的行爲中，最不道德且令人髮指的。茲舉二例如下：

> 武陵莊王澹，字思弘，初爲宂從僕射，後封東武公，邑五千二百戶，

〔註130〕〔晉〕陳壽撰，盧弼集解：《三國志集解》，卷 7，〈張邈傳〉，頁 242。
〔註131〕〔晉〕陳壽撰，盧弼集解：《三國志集解》，卷 7，〈張邈傳〉，頁 243。

> 轉前將軍、中護軍。性忌害，無孝友之行。弟東安王繇有令名，爲
> 父母所愛，澹惡之如讎，遂譖繇於汝南王亮。亮素與繇有隙，奏廢
> 徙之。趙王倫作亂，以澹爲領軍將軍。澹素與河內郭俶、俶弟侃親
> 善。酒酣，俶等言張華之冤，澹性酗酒，因並殺之，送首于倫，其
> 酗虐如此。〔註132〕

西晉王澹無孝友之行，忌妒其弟王繇爲父母所愛，故上奏陷害之。王澹生性
殘暴，其殺害郭氏兄弟，僅因不滿其政治傾向，故有虧交友之道。此外，段
匹磾原與劉琨歃血同盟，期以翼戴晉室；並結婚姻，約爲兄弟，最後卻將其
殺害，其原因則係段匹磾受讒言所迷惑：

> 其中弟叔軍好學有智謀，爲匹磾所信，謂匹磾曰：「吾胡夷耳，所以
> 能服晉人者，畏吾眾也。今我骨肉構禍，是其良圖之日，若有奉琨
> 以起，吾族盡矣。」〔註133〕

> 會王敦密使匹磾殺琨，匹磾又懼眾反己，遂稱有詔收琨。初，琨聞
> 敦使至，謂其子曰：「處仲使來而不我告，是殺我也。死生有命，但
> 恨讎恥不雪，無以下見二親耳。」因歔欷不能自勝。匹磾遂縊之，
> 時年四十八。〔註134〕

西晉末建興四年（西元316年），愍帝命劉琨都督并、翼、幽三州軍事，于時
段匹磾爲幽州刺史；此三州位於西晉國境東北，與鮮卑、匈奴交界，爲國防
重鎮。是時石勒出兵攻打并州樂平，劉琨不顧箕澹諫言，兵力盡出，而丟并
州。段匹磾曾「遣信要琨，欲與同獎王室」〔註135〕，劉琨於是投奔段匹磾，「匹
磾見之，甚相崇重，與琨結婚，約爲兄弟」〔註136〕。建武元年（西元317年）
段匹磾與劉琨結盟，共討石勒，劉琨撰有〈與段匹磾盟文〉〔註137〕，誓言：「有
加難于琨，磾必救；加難于磾，琨亦如之。繾綣齊契，披布胷懷。」結爲生
死交。
　　段部鮮卑內鬥，其弟段末波俘虜劉琨子劉羣，並厚禮之，末波要劉羣寫

〔註132〕〔唐〕房玄齡等撰：《晉書》，卷36，列傳第6，〈琅邪王伷傳〉，頁538。
〔註133〕〔唐〕房玄齡等撰：《晉書》，卷62，列傳第32，〈劉琨傳〉，頁820。
〔註134〕〔唐〕房玄齡等撰：《晉書》，卷62，列傳第32，〈劉琨傳〉，頁821。
〔註135〕〔唐〕房玄齡等撰：《晉書》，卷62，列傳第32，〈劉琨傳〉，頁820。
〔註136〕同上註。
〔註137〕〔清〕嚴可均校輯：《全上古三代秦漢三國六朝文‧全晉文》，卷108，頁2083。

信邀劉琨與之同盟共擊匹磾，並許以琨爲幽州刺史，然此封信爲匹磾所截獲。匹磾以信示琨，表明相信劉琨必不負己。段匹磾本無害琨之志，但卻聽信次弟叔軍之言，擔心劉琨會趁其骨肉相殘，攻打鮮卑，於是將劉琨囚禁。後劉琨與段匹磾手下企圖救琨未遂，而王敦教唆匹磾殺琨，於是殺之。

三、交有厚薄

交友時不應有輕重厚薄之分，其意是指對待朋友的態度，不能因對方禍福，個人好惡，而有厚薄之分。

高僧慧遠以佛家之胸懷對待盧循，不因其爲國寇而疏遠之，可作爲交友不分輕重的良好示範：

> 盧循初下據江州城，入山詣遠。遠少與循父嘏同爲書生，及見循歡然道舊，因朝夕音問。僧有諫遠者曰：「循爲國寇，與之交厚，得不疑乎。」遠曰：「我佛法中情無取捨，豈不爲識者所察，此不足懼。」及宋武追討盧循，設帳桑尾，左右曰：「遠公素王廬山，與循交厚。」宋武曰：「遠公世表之人，必無彼此。」乃遣使齎書致敬，並遺錢米，於是遠近方服其名見。〔註138〕

佛家向來視眾生爲平等，待人處世以慈悲心爲之，慧遠之行爲，具有良好的教化功能。盧循與慧遠爲舊交，慧遠並非不知盧循正爲官兵追捕，因其爲塵外之人，故不將刑名視爲累身之物，對於盧循來訪，以平常心待之，不怕外人懷疑自己是否欲私藏罪犯。宋武亦爲明理之人，明白慧遠德行高深，既不會疏遠盧循，也不會對其存有私心，故不聽信左右之進言。

世人若能像慧遠一般，不因朋友的福禍而影響自身操守，則不生前述背叛、殺害之行爲；然人非聖賢，交有厚薄對普通人來說，仍爲不可避免之行爲。曹魏孔融即曾犯之：

> 融有所愛一人，常盛嗟嘆之。後恚望，欲殺之，朝吏皆請。時其人亦在坐，叩頭流血，而融意不解。原獨不爲請。融謂原曰：「眾皆請而君何獨不？」原對曰：「明府於某，本不薄也，常言歲終當舉之，此所謂『吾一子』也。如是，朝吏受恩未有在某前者矣，而今乃欲殺之。明府愛之，則引而方之於子，憎之，則推之欲危其身。原愚，

〔註138〕〔梁〕釋慧皎撰，湯用彤校注：《高僧傳》，卷6，頁216。

　　不知明府以何愛之？以何惡之？」融曰：「某生於微門，吾成就其兄
　　弟，拔擢而用之；某今孤負恩施。夫善則進之，惡則誅之，固君道
　　也。往者應仲遠爲泰山太守，舉一孝廉，旬月之間而殺之。夫君人
　　者，厚薄何常之有！」原對曰：「仲遠舉孝廉，殺之，其義焉在？夫
　　孝廉，國之俊選也。舉之若是，則殺之非也；若殺之是，則舉之非
　　也。詩云：『彼己之子，不遂其媾。』蓋譏之也。語云：『愛之欲其
　　生，惡之欲其死。既欲其生，又欲其死，是惑也。』仲遠之惑甚矣。
　　明府奚取焉？」融乃大笑曰：「吾但戲耳！」原又曰：「君子於其言，
　　出乎身，加乎民；言行，君子之樞機也。安有欲殺人而可以爲戲者
　　哉？」融無以答。〔註139〕

某人初爲孔融所愛，融厚寵之，當其失寵，則欲殺之。孔融自以爲「夫善則
進之，惡則誅之，固君道也。」不把該人視爲朋友，而以上級對下級的對等
關係，解釋他先前友善的行爲；此番言論受邴原質疑，認爲他沒有原則，若
爲所愛之人，何爲殺之？若爲所恨之人，何爲愛之？孔融即使不承認與該人
爲朋友，待人的態度也不應有如此大的轉變；既欲其生，又欲其死。孔融將
人命視爲兒戲，不負責任的言行及態度，爲邴原所斥。此外，孔融雖不認該
人爲朋友，但君王待臣原本不應有愛恨之別，一般的君臣上下關係，君愛臣
子，是抱持著欣賞與敬重的態度，苟其不忠，才有可能殺之。孔融之所以欲
殺該人，並非其人不忠或觸犯律法，而是由愛生恨，代表君臣之間亦存在朋
友關係，才會在感情上產生兩極的變化，但他卻不知節制，有虧交友之道。

貳、有虧友道的友誼類型──以〈廣絕交論〉的「五交」爲範圍

　　南朝梁劉峻，字孝標，其撰〈廣絕交論〉係根據東漢朱穆的〈絕交論〉
而立論，指出「素交盡，利交興」，並以勢交等五種利交的友誼類型作爲論述
要點。劉氏認爲：「利交同源，派流則異」，勢交、賄交、談交、窮交和量交
均屬於利交，又簡稱爲「五交」；其曰：「前榮而後悴，或始富而終貧，或初
存而末亡，或古約而今泰。循環翻覆，迅若波瀾。」〔註140〕利交以利益交換
爲交友動機，依此建立的友誼，如商賈之間的買賣一樣，一但沒有獲利價值，

〔註139〕〔晉〕陳壽撰，盧弼集解：《三國志集解》，卷11，〈邴原傳〉，頁345～346。
〔註140〕〔清〕嚴可均校輯：《全上古三代秦漢三國六朝文·全梁文》，卷57，頁3289。

即可拋棄，故有虧交友之道。此外，五交生三釁，有三大禍害：

> 敗德殄義，禽獸相若，一釁也；難固易攜，讎訟所聚，二釁也；名
> 陷饕餮，貞介所羞，三釁也。古人知三釁之為梗，懼五交之速尤。
> 〔註 141〕

朱穆〈絕交論〉只提到私交「不敦于業，不忌于君」〔註 142〕，而未明確指出
士人耽於交遊之禍害，劉孝標則以同時代的任昉為誡加以申論，感嘆世態炎
涼，利交為耿介之士所恥、所畏也。

　　五交之論雖自梁代始提出，但卻是存在於歷代士人之間的友誼類型，以
下筆者以劉氏所舉五交為範圍，考察魏晉時期有虧友道的史實，舉例如下，
證明其對友道之殘害。

　　一、勢　交

　　劉孝標論勢交曰：

> 若其寵鈞董石，權壓梁竇，雕刻百工，鑪捶萬物。吐漱興雲雨，呼
> 噏下霜露。九域聳其風塵，四海疊其燻灼。靡不望影星奔，藉響川
> 鶩。鷄人始唱，鶴蓋成陰。高門旦開，流水接軫。皆願摩頂至踵，
> 隳膽抽腸。約同要離焚妻子，誓殉荊卿湛七族，是曰勢交。其流一
> 也。

勢交的目的在於得「權」與「勢」，權代表權力，古代必須位居官職才能掌權，
而勢可能經由籠絡高門，或有權者，連帶提升自己的地位。《世說·忿狷》7
云：「所謂勢利之交，古人羞之。」〔註 143〕是說依仗權勢以利益相交，古人認
為是可恥的。「勢利」或「權利」往往並稱，因此勢交與賄交往往密不可分，
劉孝標將勢交獨立出來，筆者以為是要強調士人們攀附高門，狐假虎威的邪
惡心態，與第三章提到的門第交與朋黨交結合，有異曲同工之妙。

　　二、賄　交

　　劉孝標論賄交曰：

> 富埒陶白，貲巨程羅，山擅銅陵，家藏金穴。出平原而聯騎，居里閈

〔註 141〕同上註。
〔註 142〕〔清〕嚴可均校輯：《全上古三代秦漢三國六朝文·全後漢文》，卷 28，頁 631。
〔註 143〕余嘉錫：《世說新語箋疏》（下），〈忿狷〉7，頁 889。

而鳴鍾。則有窮巷之賓，繩樞之士，冀宵燭之末光，邀潤屋之微澤。
魚貫鳧躍，颸沓鱗萃。分雁鶩之稻梁，霑玉斝之餘瀝。銜恩遇，進款
誠。援青松以示心，指白水而旌信，是曰賄交。其流二也。〔註144〕

賄交的目的在於得「財」與「利」，財是實質上的金錢與物品，利則包含無形
的利益，諸如名聲、地位、人情、資訊等等。《呂氏春秋・孟冬紀第十》曰：
「野人之無聞者，忍親戚兄弟知交以求利。」〔註145〕勢交、賄交之人即同野
人恬不知恥。

　　魏晉名士行賄交者，如潘岳等賈謐二十四友：

岳性輕躁，趨世利，與石崇等諂事賈謐，每候其出，與崇輒望塵而
拜。構愍懷之文，岳之辭也。謐二十四友，岳爲其首。〔註146〕

晉惠帝時，郅輔以財貨供給張方〔註147〕，張方後來饋以官職：「初，方從山東
來，甚微賤，長安富人郅輔厚相供給。及貴，以輔爲帳下督，甚昵之。」〔註
148〕兩人各取所需，以利益互換爲賄交，表面上甚爲親昵，但實際上卻毫無情
義可言：

顒參軍畢垣，河間冠族，爲方所侮，忿而說顒曰：「張方久屯霸上，聞
山東賊盛，盤桓不進，宜防其未萌。其親信郅輔具知其謀矣。」而繆
播等先亦構之，顒因使召輔，垣迎說輔曰：「張方欲反，人謂卿知之。
王若問卿，何辭以對？」輔驚曰：「實不聞方反，爲之若何？」垣曰：
「王若問卿，但言爾爾。不然，必不免禍。」輔既入，顒問之曰：「張
方反，卿知之乎？」輔曰：「爾。」顒曰：「遣卿取之可乎？」又曰：「爾。」
顒於是使輔送書於方，因令殺之。輔既昵於方，持刀而入，守閤者不
疑，因火下發函，便斬方頭。顒以輔爲安定太守。〔註149〕

郅輔昧貪生怕死，受畢垣脅迫而昧於良心，謊稱張方欲反，張方亦不防小人，
遂死於郅輔刀下，賄交所造成之禍害由此可見。

〔註144〕〔清〕嚴可均校輯：《全上古三代秦漢三國六朝文・全梁文》，卷57，頁3289。
〔註145〕〔戰國〕呂不韋著，陳奇猷校注：《呂氏春秋新校釋》，頁525。
〔註146〕〔唐〕房玄齡等撰：《晉書》，卷55，列傳第25，〈潘岳傳〉，頁729。
〔註147〕《晉書・張方傳》：「張方，河間人也。世貧賤，以材勇得幸於河間王顒。」
　　　　參〔唐〕房玄齡等撰：《晉書》，卷60，列傳第30，〈張方傳〉，頁800。
〔註148〕〔唐〕房玄齡等撰：《晉書》，卷60，列傳第30，〈張方傳〉，頁801。
〔註149〕同上註。

此外，司馬道子奢侈無度，與王國寶、趙牙、僧尼乳母並申款昵，然究其實為賄交，如「中書令王國寶性卑佞，特為道子所寵昵。官以賄遷，政刑謬亂」〔註150〕；道子崇信浮屠之學，「僧尼乳母，競進親黨，又受貨賂，輒臨官領眾」〔註151〕；以及「嬖人趙牙出自優倡，茹千秋本錢塘捕賊吏，因賂諂進，道子以牙為魏郡太守」〔註152〕其身旁小人行賄之實，史傳一一載之。

三、談　交

劉孝標論談交曰：

> 陸大夫宴喜西都，郭有道人倫東國，公卿貴其藉甚，搢紳羨其登仙。加以頷頤瘈頷，涕唾流沫。騁黃馬之劇談，縱碧雞之雄辯。敘溫郁則寒谷成暄，論嚴苦則春叢零葉。飛沈出其顧指，榮辱定其一言。於是有弱冠王孫，綺紈公子，道不挂於通人，聲末遒於雲閣。攀其鱗翼，丏其餘論。附駔驥之旄端，軼歸鴻於碣石，是曰談交。其流三也。〔註153〕

文中形容當時人們談論到激動地「頷頤瘈頷，涕唾流沫」，其闊論高談的境界已可改羊易牛，指鹿為馬；王公貴族及紈袴子弟，藉著得道之人的名聲，在旁附和，表示自己也是同道中人，其實卻是不學無術，乏善可陳的泛泛之輩，以求攀龍附鳳，沽譽釣名。

談交和清談交不能等同而論，《論衡·別通篇》云：

> 富人之宅，以一丈之地為內，內中所有，柙匵所贏(贏)，縑布絲綿也。貧人之宅，亦以一丈為內，內中空虛，徒四壁立，故名曰貧。夫通人猶富人，不通者猶貧人也。俱以七尺為形，通人胸中懷百家之言，不通者空腹無一牒之誦，貧人之內，徒四所壁立也。慕料貧富不相如，則夫通與不通不相及也。〔註154〕

清談交與談交即如富人與貧人之差，通與不通之別；談交之人「道不挂於通人，聲末遒於雲閣」，故典籍罕載之。

〔註150〕〔唐〕房玄齡等撰：《晉書》卷64，列傳第34，〈會稽文孝王道子〉，頁844。

〔註151〕同上註。

〔註152〕〔唐〕房玄齡等撰：《晉書》，卷64，列傳第34，〈會稽文孝王道子〉，頁845。

〔註153〕〔清〕嚴可均校輯：《全上古三代秦漢三國六朝文·全梁文》，卷57，頁3289。

〔註154〕黃暉撰：《論衡校釋》，《新編諸子集成·第一輯》（北京：中華書局，1990年），卷13，別通第38，頁590。

四、窮　交

劉孝標論窮交曰：

> 陽舒陰慘，生民大情，憂合驩離，品物恆性。故魚以泉涸而煦沫，
> 鳥因將死而鳴哀。同病相憐，綴河上之悲曲。恐懼寘懷，昭谷風之
> 盛典。斯則斷金由於湫隘，刎頸起於苫蓋。是以伍員濯溉於宰嚭，
> 張王撫翼於陳相，是曰窮交。其流四也。〔註155〕

窮交指貧賤之交，劉氏以爲窮交之人如魚遇泉涸，鳥將死，同病相憐而已，
彼此沒有情意也談不上道義。窮交之所以爲利交之一，是因其中一方一旦脫
離窮困，則魚與鳥不再共生，也不會可憐對方，他們只求利益而不要友誼。

　　尚須說明的是，貧賤之交或布衣之交，結交的對象雖名未顯，身未貴，
但不盡然都是窮交，端視其人德性與交友動機是否純正。東漢宋弘曰：「貧賤
之知不可忘，糟糠之妻不下堂。」〔註156〕若遺棄曾爲貧賤之交的友人與妻子，
則有虧交友之道。

　　山濤初爲布衣家貧之時，曾謂妻韓氏曰：「忍饑寒，我後當作三公，但不知
卿堪公夫人不耳！」言下之意，似乎認爲其妻爲糟糠，甚有貶意。然而「及居榮
貴，貞愼儉約，雖爵同千乘，而無嬪媵。祿賜俸秩，散之親故。」〔註157〕山濤
並未因身分地位改變而納侍妾或不認親故，反而百般照顧，可見其並非窮交也。

　　依此，對照郤正與黃皓則爲窮交：

> 自在內職，與宦人黃皓比屋周旋，經三十年，皓從微至貴，操弄威
> 權，正旣不爲皓所愛，亦不爲皓所憎，是以官不過六百石，而免於
> 憂患。〔註158〕

郤正，字令先，河南偃師人也。少以父死母嫁，單煢隻立，性澹於榮利。
由於常居內職，與宦官黃皓比鄰而居三十年。黃皓身分由卑微至貴顯，在
朝中操弄權勢，郤正淡泊名利，黃皓認其無利可圖，對他非愛非憎，即不
理不睬，皓之心態即窮交之人，但求脫離貧困成爲富貴之人，眼中惟有名
利而已。

〔註155〕〔清〕嚴可均校輯：《全上古三代秦漢三國六朝文‧全梁文》，卷57，頁3289。
〔註156〕〔劉宋〕范曄撰：《後漢書》，卷26，列傳第16，〈宋弘傳〉，頁905。
〔註157〕〔唐〕房玄齡等撰：《晉書》，卷43，列傳第13，〈山濤傳〉，頁590。
〔註158〕〔晉〕陳壽撰，盧弼集解：《三國志集解》，卷40，〈郤正傳〉，頁858。

五、量　交

劉孝標論量交曰：

> 馳騖之俗，澆薄之倫，無不操權衡。秉纖纊，衡所以揣其輕重，纊
> 所以屬其鼻息。若衡不能舉，纊不能飛。雖顏冉龍翰鳳雛，曾史蘭
> 薰雪白。舒向金玉淵海，卿雲黼黻河漢。視若游塵，遇同土梗。莫
> 肯費其半菽，罕有落其一毛。若衡重錙銖，纊微影撇。雖共工之蒐
> 慝，驩兜之掩義。南荊之跋扈，東陵之巨猾。皆爲匍匐逶迤，折支
> 舐痔。金膏翠羽將其意，脂韋便辟導其誠。故輪蓋所游，必非夷惠
> 之室。苞苴所入，實行張霍之家。謀而後動，毫芒寡忒，是曰量交。
> 其流五也。〔註159〕

量交之「量」爲「衡量」之義，指結交之前衡量對方輕重，看能不能從中獲
利。筆者以爲，五交的前四種可以歸爲量交；勢交爲衡其權勢，賄交爲衡其
財貨，談交爲衡其名聲，窮交起初爲求生存，同病相憐，日後依然是在衡量
對方是否還有剩餘價值。

　　西晉王沈之子王浚，曾幫助賈后與黃門孫慮共害太子，「于時朝廷昏亂，
盜賊蠭起，浚爲自安之計，結好夷狄，以女妻鮮卑務勿塵，又以一女妻蘇恕
延。」〔註160〕利用聯姻的方式，與夷狄結交，以保全自身，故爲量交。

小　結

　　本章探討交友之道有兩種意涵，一指友誼發展的道路，二指交友的道理，
包括主觀的交友方法與態度，以及客觀交友時應注意的道德規範與行爲準
則。這些觀點有的已見於交友論中，有的則落實在生活中，爲魏晉名士友誼
觀的具體內涵。

　　以上第三章及第四章，筆者將魏晉名士交友時鍾情的一面，藉由不同的
友誼類型來展現，並揭示了完整的交友之道。筆者以爲友情爲心理層面，係
友誼觀中較爲抽象不易闡示的內容，因而藉友誼類型與交友之道將之具體
化，以體現魏晉名士交友時情理並重的交友特色。

　　爲證明魏晉名士友誼觀受到莊子思想的影響，以及友情與友道相輔相

〔註159〕〔清〕嚴可均校輯：《全上古三代秦漢三國六朝文・全梁文》，卷57，頁3289。
〔註160〕〔唐〕房玄齡等撰：《晉書》，卷39，列傳第9，〈王沈傳〉，頁548。

成，以下將整合前面的論述，以莊子友誼觀與魏晉之實踐，及友誼觀於個人之實踐，證明友情與友道實爲貫徹魏晉名士友誼觀的主要內涵。

第五章　友誼觀的實踐

第一節　莊子友誼觀於魏晉之實踐——魏晉之方外交

　　莊子友誼觀於魏晉之實踐稱為方外交，「方外」是指在世俗禮法之外，有跳脫世俗限制的意涵。以下將先說明「方外之義與方外之人的特質」與「魏晉的方外之人」，進而論述「魏晉之方外交」。

壹、方外之義與方外之人的特質

　　按方外乃域外。《易》曰：「『直其正也，『方』其義也。君子敬以直內，義以方外，敬義立而德不孤。『直方大，不習無不利』則不疑其所行也。」〔註1〕「方」為處事有方而合於義。先秦儒家即以禮區分「有方之士」與「無方之民」：

> 禮之於正國也，猶衡之於輕重也。繩墨之於曲直也，規矩之於方圓
> 也。……是故隆禮由禮，謂之有方之士。不隆禮，不由禮，謂之無
> 方之民。〔註2〕

> 禮者，人道之極也。然而不法禮，不足禮，謂之無方之民；法禮，
> 足禮，謂之有方之士。〔註3〕

〔註1〕徐志銳：《周易大傳新注》（上）（台北：里仁書局，1995 年 10 月），頁 43。
〔註2〕台灣開明書店斷句：《斷句十三經經文·禮記·經解》（台北：臺灣開明書局，1991 年），頁 99～100。
〔註3〕〔唐〕楊倞注，〔清〕王先謙集解：《荀子集解·考證》，《荀子·禮論篇第十九》頁 329。

儒家認爲禮是端正國家的準則，是人道最極致的表現，不效法禮、行禮不足，爲未受教化的一般百姓；反之，則爲有道德、受過教化的方士，因此用有方之士和無方之民來區分是否遵守禮教，是以儒家的立場而言。

站在道家的立場，天之蒼蒼，其遠而無所至極，道之行無方無域，理應沒有方的內外、有無之問題，然而，莊子卻也將道家的自然視爲方外，《莊子‧大宗師》云：

> 莫然有閒而子桑戶死，未葬。孔子聞之，使子貢往侍事焉。或編曲，或鼓琴，相和而歌曰：「嗟來桑戶乎！嗟來桑戶乎！而已反其眞，而我猶爲人猗。子貢趨而進曰：「敢問臨屍而歌，禮乎？」二人相視而笑曰：「是惡知禮意！」子貢反，以告孔子，曰：「彼何人者邪？修行無有，而外其形骸，臨屍而歌，顏色不變，無以命之。彼何人者邪？」孔子曰：「彼，遊方之外者也；而丘，遊方之內者也。外內不相及，而丘使女往弔之，丘則陋矣。彼方且與造物者爲人，而遊乎天地之一氣。〔註4〕

子桑戶、孟子反、子琴張三人相與爲友，子桑戶死，孟子反和子琴張二人鼓琴而歌，孔子說他們是遊方之外者，自己則是遊方之內者，並說「外內不相及」。這些話雖是透過孔子的口中說出，但在莊子的思想裡，想要遊乎天地之一氣，必須在方外，人世間是由一切禮法所規範出來的世界，道在其中是無法暢行無阻的，必須打破一切界線框架，跳脫出來，才能獲得自然。因此子貢前往弔唁時，認爲對死亡感到悲傷，對死者哀悼而哭泣，一直以來都是人之常情，人人都是這麼做，反而對孟子反與子琴張二人臨屍而歌的舉動，感到訝異與不自然。吾人或許感到疑惑，見其友死亡，悲哀應是順性之表現，莊子卻塑造了一反常理的二人來詮釋方外之至，乍看之下令人感到無情。

儒家所言「無方之民」，其境界僅止於不法禮與不足禮，而道家的「遊方之外者」除了不遵循人爲訂定的禮制外，其對禮的認知以及對生命的領悟，都比儒家的無方之民境界要高。首先，從對禮的認知而言，孟子反和子琴張對前來弔唁的子貢說：「是惡知禮意！」以反問的語氣諷其不知禮的眞諦；郭象注云：「夫知禮意者，必遊外以經內，守母以存子，稱情而直往也。」成玄英疏：「夫大禮與天地同節，不拘制乎形名，直致任眞，率情而往，況冥同生

〔註4〕 〔清〕郭慶藩編，王孝魚整理：《莊子集釋》，頁266～268。

死，豈存哀樂於胸中！」第一句話出自《禮記‧樂記》：「大樂與天地同和，大禮與天地同節。」《禮記》是儒家的經典，成玄英卻用來注解道家之言，此儒道皆認為莊嚴隆重的禮節，必須能夠引起天地的共鳴。然而，道家的合天地，是指「直致任真，率情而往」以合天地之性，與儒家事鬼神、諧萬民、以致百物的用意不同；前者希望人與自然的天連結，後者企圖安撫形人事、百姓。

其次，道家對生命的領悟，可以參照《莊子‧養生主》所載：

> 老聃死，秦失弔之，三號而出。弟子曰：「非夫子之友邪？」曰：「然。」
> 「然則弔焉若此，可乎？」〔註5〕

莊子一再地用面對死亡的表現來界定方內與方外，讓人感到他的無情，實際上就是要強調天的無情。道家認為天人同心，則人的無情也是天生的，就好比《莊子》書中刻畫的殘疾之人也都稟自天然，非關人事；人的情感發生，都是由外物所加累的。《莊子‧養生主》載：「公文軒見右師而驚曰：『是何人也？惡乎介也？天與，其人與？』曰：『天也，非人也。天之生是使獨也，人之貌有與也。以是知其天也，非人也。』」右師之足斷其實也象徵吾人身體的一部分死亡，故其態度應與面對真正的死亡無異，形殘而神全，死亡只不過比刖足還多一點殘缺罷了！如果能夠齊死生，則身體的殘缺並不能影響其人心靈的完好。

文末再舉二例，說明道家「方外」之義的流傳，至魏晉仍因襲之。《後漢書‧逸民傳》載戴良曰：

> 良少誕節，母憙驢鳴，良常學之以娛樂焉。及母卒，兄伯鸞居廬啜粥，非禮不行，良獨食肉飲酒，哀至乃哭，而二人俱有毀容。或問良曰：「子之居喪，禮乎？」良曰：「然。禮所以制情佚也，情苟不佚，何禮之論！夫食旨不甘，故致毀容之實。若味不存口，食之可也。」論者不能奪之。〔註6〕

《世說‧德行》17亦曰：

> 王戎、和嶠同時遭大喪，俱以孝稱。王雞骨支牀，和哭泣備禮。武

〔註5〕　〔清〕郭慶藩編，王孝魚整理：《莊子集釋》，頁127。
〔註6〕　〔劉宋〕范曄撰：《後漢書》，卷83，列傳第73，〈戴良傳〉，頁2773。

帝謂劉仲雄曰：「卿數省王、和不？聞和哀苦過禮，使人憂之。」仲
雄曰：「和嶠雖備禮，神氣不損；王戎雖不備禮，而哀毀骨立。臣以
和嶠生孝，王戎死孝。陛下不應憂嶠，而應憂戎。」〔註7〕

方外之人行禮不外乎人情，合情則合禮，此情爲自然之情，非由儒家所制之
禮所規範也。余嘉錫認爲戴良之言出於《莊子》，王戎、和嶠居喪若此，「蓋
魏、晉一切風氣，無不自後漢開之。」〔註8〕吾人若要探討魏晉的方外之人，
必須以道家的方外之義來審視之，則較爲妥當。

由上所述，界定方外之人的標準，大致上可依下列三者：其一，不拘禮
法；其二，順性無情；其三，生死齊一。有關魏晉方外之人的人格特質，吾
人可以從以下所列諸位的行事風格，看出一些端倪：

表5－1：魏晉方外之人的人格特質

人　物	人格特質	事　　實	出　　處
山濤	有器量，介然不羣，性好莊老。	山濤字巨源，河內懷人也。父曜，宛句令。濤早孤，居貧，少有器量，介然不羣。性好莊老，每隱身自晦。	《晉書》，卷43，列傳第13，頁588。
嵇康	恬靜寡欲，含垢匿瑕，寬簡有大量。	康早孤，有奇才，遠邁不羣。身長七尺八寸，美詞氣，有風儀，而土木形骸，不自藻飾，人以爲龍章鳳姿，天質自然。恬靜寡欲，含垢匿瑕，寬簡有大量。學不師受，博覽無不該通，長好老莊。	《晉書》，卷49，列傳第19，頁663。
阮籍	容貌瓌傑，志氣宏放，其性「癡」。	籍容貌瓌傑，志氣宏放，傲然獨得，任性不羈，而喜怒不形於色。或閉戶視書，累月不出；或登臨山水，經日忘歸。博覽羣籍，尤好莊老。嗜酒能嘯，善彈琴。當其得意，忽忘形骸。時人多謂癡。	《晉書》，卷49，列傳第19，頁658。
	外坦蕩而內淳至。	籍嫂嘗歸寧，籍相見與別。或譏之，籍曰：「禮豈爲我設邪！」鄰家少婦有美色，當壚沽酒。籍嘗詣飲，醉，便臥其側。籍既不自嫌，其夫察之，亦不疑也。兵家女有才色，未嫁而死。籍不識其父兄，逕往哭之，盡哀而還。其外坦蕩而內淳至，皆此類也。	《晉書》，卷49，列傳第19，頁659。

〔註7〕余嘉錫：《世說新語箋疏》（上），〈德行〉17，頁19～20。
〔註8〕余嘉錫：《世說新語箋疏》（上），〈德行〉17，頁21。

王戎	神彩秀徹，神色自若。	戎幼而穎悟，神彩秀徹。視日不眩，裴楷見而目之曰：「戎眼爛爛，如巖下電。」年六七歲，於宣武場觀戲，猛獸在檻中虓吼震地，眾皆奔走，戎獨立不動，神色自若。魏明帝於閣上見而奇之。又嘗與羣兒嬉於道側，見李樹多實，等輩競趣之，戎獨不往。或問其故，戎曰：「樹在道邊而多子，必苦李也。」取之信然。	《晉書》，卷43，列傳第13，頁592。
裴遐	性虛和。	綽子遐，善言玄理，音辭清暢，泠然若琴瑟。嘗與河南郭象談論，一坐嗟服。又嘗在平東將軍周馥坐，與人圍棋。馥司馬行酒，遐未即飲，司馬醉怒，因曳遐墮地。遐徐起還坐，顏色不變，復棊如故。其性虛和如此。	《晉書》，卷35，列傳第5，頁503～504。
衛玠	風流神清。	咸和中，改塋於江寧。丞相王導教曰：「衛洗馬明當改葬。此君風流名士，海內所瞻，可修薄祭，以敦舊好。」後劉惔、謝尚共論中朝人士，或問：「杜乂可方衛洗馬不？」尚曰：「安得相比，其間可容數人。」惔又云：「杜乂膚清，叔寶神清。」其為有識者所重若此。于時中興名士，唯王承及玠為當時第一云。	《晉書》，卷36，列傳第6，頁511。
胡毋輔之	性嗜酒，任縱不拘小節。	輔之少擅高名，有知人之鑒。性嗜酒，任縱不拘小節。……澄嘗與人書曰：「彥國吐佳言如鋸木屑，霏霏不絕，誠為後進領袖也。」	《晉書》，卷49，列傳第19，頁668。
胡毋謙之	傲縱，其性「狂」。	謙之字子光。才學不及父，而傲縱過之。至酣醉，常呼其父字，輔之亦不以介意，談者以為狂。	《晉書》，卷49，列傳第19，頁668。
王湛	初有隱德，人莫能知，兄弟宗族皆以為「癡」。	王湛字處沖，司徒渾之弟也。少有識度。身長七尺八寸，龍顙大鼻，少言語。初有隱德，人莫能知，兄弟宗族皆以為癡，其父昶獨異焉。	《晉書》，卷75，列傳第45，頁959。
郭象	好老莊，能清言。	郭象字子玄，少有才理，好老莊，能清言。太尉王衍每云：「聽象語，如懸河瀉水，注而不竭。」	《晉書》，卷50，列傳第20，頁675。
賀循	露髮袒身，示不可用。	及陳敏之亂，詐稱詔書，以循為丹楊內史。循辭以腳疾，手不制筆，又服寒食散，露髮袒身，示不可用，敏竟不敢逼。是時州內豪傑皆見維縶，或有老疾，就加秩命，惟循與吳郡朱誕不豫其事。	《晉書》，卷68，列傳第38，頁891。

郗愔	無處世意，優遊簡默，棲心絕穀，修黃老之術。	會弟曇卒，益無處世意，在郡優遊，頗稱簡默，與姊夫王羲之、高士許詢並有邁世之風，俱棲心絕穀，修黃老之術。後以疾去職，乃築宅章安，有終焉之志。十許年間，人事頓絕。	《晉書》，卷67，列傳第37，頁880。
王述	其性「癡」。	述字懷祖。少孤，事母以孝聞。安貧守約，不求聞達。性沈靜，每坐客馳辨，異端競起，而述處之恬如也。少襲父爵。年三十，尚未知名，人或謂之癡。……謝奕性粗，嘗忿述，極言罵之。述無所應，面壁而已。居半日，奕去，始復坐。人以此稱之。	《晉書》，卷75，列傳第45，頁960～961。
王忱	性任達不拘。	性任達不拘，末年尤嗜酒，一飲連月不醒，或裸體而遊，每歎三日不飲，便覺形神不相親。婦父嘗有慘，忱乘醉弔之，婦父慟哭，忱與賓客十許人，連臂被髮裸身而入，繞之三帀而出。其所行多此類。	《晉書》，卷75，列傳第45，頁966。
成公簡	性樸素，不求榮利，潛心味道，罔有幹其志者。	成公簡字宗舒，東郡人也。家世二千石。性樸素，不求榮利，潛心味道，罔有幹其志者。默識過人。張茂先每言：「簡清靜比楊子雲，默識擬張安世。」	《晉書》，卷61，列傳第31，頁810。
王恬	性傲誕，不拘禮法。	恬字敬豫。少好武，不爲公門所重。導見悅輒喜，見恬便有怒色。州辟別駕，不行，襲爵即丘子。性傲誕，不拘禮法。謝萬嘗造恬，既坐，少頃，恬便入內。萬以爲必厚待己，殊有喜色。恬久之乃沐頭散髮而出，據胡牀於庭中曬髮，神氣傲邁，竟無賓主之禮。萬悵然而歸。	《晉書》，卷65，列傳第35，頁855。
石秀	性放曠。	石秀，幼有令名，風韻秀徹，博涉羣書，尤善老莊。常獨處一室，簡於應接，時人方之庾純。……性放曠，常弋釣林澤，不以榮爵嬰心。善騎射，發則命中。嘗從沖獵，登九井山，徒旅甚盛，觀者傾坐，石秀未嘗屬目，止嘯詠而已。謝安嘗訪以世務，默然不答，安甚怪之。他日，安以語其從弟嗣，嗣以問之，石秀曰：「世事此公所諳，吾又何言哉！」	《晉書》，卷74，列傳第44，頁952。
幸靈	其性「癡」。	幸靈者，豫章建昌人也。性少言，與小人群居，見侵辱而無慍色，邑裏號之癡，雖其父母兄弟亦以爲癡也。	《晉書》，卷94，列傳第64，頁1217。

　　上表所列名士，皆可稱爲方外之人。先前提到評定方外之人的標準有不拘禮法和順性無情，由上表可知，這兩個標準有時不能同時並存，亦即所謂方外之人，基本上又可分爲兩種類型的人格特質，一爲外放型，一爲內隱型；外放型的人格特質爲「狂」，內隱型的人格特質爲「癡」；狂者著重表現在不拘禮法上，癡者則著重表現在順性無情上。至於阮籍「外坦蕩而內淳至」，可謂兩者兼備也。

貳、魏晉的方外之人

　　第二章曾提到，魏晉人鍾情卻爲情所困，因爲受道家思想的洗禮，聖人成爲心中崇拜的對象，並將這種崇拜的心理，轉而對現實中的方外之人，產生景仰與欣羨的心態。魏晉名士推崇方外之人，只要某人的特質符合方外之人的某些特點，即予以稱讚賞譽，或用方外來掩飾自己狂放的行徑，如《世說》諸例：

　　　　山公舉阮咸爲吏部郎，目曰：「清眞寡欲，萬物不能移也。」〔註9〕

　　　　明帝問周伯仁：「卿自謂何如庾元規？」對曰：「蕭條方外，亮不如臣；從容廊廟，臣不如亮。」〔註10〕

此二則分別收錄在〈賞譽〉及〈品藻〉篇，山濤讚阮咸純眞樸素，不慕名利，向武帝推薦他爲吏部郎，武帝以其多違禮度而不用。《竹林七賢論》曰：「山濤之舉阮咸，固知上不能用，蓋惜曠世之儁，莫識其眞故耳。夫以咸之所犯，方外之意，稱其清眞寡欲，則跡外之意自見耳。」〔註11〕可知山濤亦認爲阮咸是方外之人。周顗認爲閒游於方外，庾亮比不上自己；在朝廷上從容不迫，自己不如庾亮。其自許爲方外之人，不無道理，史載周顗早年「神彩秀徹」並以雅望獲海內盛名，喜飲酒，後頗以酒失爲僕射，略無醒日，時人號爲「三日僕射」。庾亮曰：「周侯末年，所謂鳳德之衰也。」〔註12〕指其屢因酒醉使德行名望日漸敗壞。周顗和庾亮親善，故而在回答明帝的問題時，盡可能兩全其美，其自稱蕭條於方外，也是要規避自己不務正事的行跡。

　　眞正的方外之人除了不遵守禮法外，其必須表裡一致地打從心底不關心禮

〔註 9〕　余嘉錫：《世說新語箋疏》（上），〈賞譽〉12，頁 424。

〔註10〕　余嘉錫：《世說新語箋疏》（上），〈品藻〉22，頁 515。

〔註11〕　余嘉錫：《世說新語箋疏》（上），〈賞譽〉12，頁 424。

〔註12〕　〔唐〕房玄齡等撰：《晉書》，卷 69，列傳第 39，〈周顗傳〉，頁 904。

法，並且盡量做到與天同心，亦即心態上不能爲任何事動搖而無情，不能爲了置身方外而故意於外在表現出任誕的行爲。魏晉的方外之人可分爲名士和隱士，隱士身在世外，自然不受世俗禮法的規範拘束，「古之屬行高尙之士，或棲身巖穴，或隱跡丘園，或克己復禮，或耄期稱道，出處默語，唯義所在。」〔註13〕《晉書‧隱逸傳》記載的孫登、戴逵、龔玄之、陶淡、陶潛等皆是。孫登「性無恚怒，人或投諸水中，欲觀其怒，登既出，便大笑。」〔註14〕心境淡遠，有眞人之姿；阮籍和嵇康曾與之接觸，孫登和兩人均僅維持君子之間的淡交。戴逵善彈琴，太宰、武陵王晞使人召之，逵對使者破琴曰：「戴安道不爲王門伶人！」晞怒，乃更引其兄述。〔註15〕龔玄之「好學潛默，安於陋巷。州舉秀才，公府辟，不就。」〔註16〕陶潛「穎脫不羈，任眞自得」，曾撰《五柳先生傳》自況，陳怡良說：「『五柳』實爲『隱士』之代稱，亦爲『高士』之借喻，而『柳』有隱居之意。……五柳先生即爲淵明之自我寫照，自我畫像。」〔註17〕隱居不仕除了是遠離亂世的方法外，這些方外之人能夠堅持己志，其原因一方面是隱逸思想的內化，一方面則是他們不像《晉書‧列傳》中的名士多爲高門子弟，因此朝廷沒有對他們施加太大壓力，以致他們多半能全身而退，隱居於世外。

至於名士中亦有方外之人，除上文表格所列諸人，其他如竹林七賢同居山陽，結自得之遊，其一生中曾經歷隱居世外的時期，亦可視爲方外之人。七賢中的阮籍、嵇康、向秀「同循由儒而道之變化之跡，然其精神固已不同。」〔註18〕此外，嵇、阮對道家隱逸思想接受度的不同，在處世態度上亦呈現差異。〔註19〕筆者以爲，魏晉名士中像阮籍一般出仕，不拘禮節，又能自我保全的人，才是眞正領悟道家的方外之義，爲名士中方外之人的代表。阮籍喪母，裴楷前去弔唁，阮籍酒醉「散髮坐牀，箕踞不哭」，裴曰：「阮方外之人，故不崇禮制；我輩俗中人，故以儀軌自居。」〔註20〕「阮籍嫂嘗還家，籍見與別。或譏之。籍曰：『禮豈爲我輩設也？』」〔註21〕和《莊子》書中的幾位

〔註13〕〔唐〕房玄齡等撰：《晉書》，卷46，列傳第16，〈李重傳〉，頁633。
〔註14〕〔唐〕房玄齡等撰：《晉書》，卷94，列傳第64，〈孫登傳〉，頁1189。
〔註15〕〔唐〕房玄齡等撰：《晉書》，卷94，列傳第64，〈戴逵傳〉，頁1204。
〔註16〕〔唐〕房玄齡等撰：《晉書》，卷94，列傳第64，〈龔玄之傳〉，頁1205。
〔註17〕陳怡良：《陶淵明探析》（台北：里仁書局，2006年5月），頁291～292。
〔註18〕何啓民：《竹林七賢研究》（台北：商務印書館，1966年3月），頁161。
〔註19〕詳見本章第三節，頁189～193。
〔註20〕余嘉錫：《世說新語箋疏》（下），〈任誕〉23，頁734。
〔註21〕余嘉錫：《世說新語箋疏》（下），〈任誕〉7，頁731。

方外之人行徑相同。「籍又能爲青白眼，見禮俗之士，以白眼對之。及嵇喜來弔，籍作白眼，喜不懌而退。喜弟康聞之，乃齎酒挾琴造焉，籍大悅，乃見青眼。由是禮法之士疾之若讎。」〔註22〕嵇康曰：「阮嗣宗口不論人過，吾每師之，而未能及。至性過人，與物無傷，惟飲酒過差耳，至爲禮法之士所繩，疾之如仇。」〔註23〕古人觀察人的眼神來衡量一個人內心的胸襟氣度，如《世說・言語》15 云：「嵇中散語趙景眞：『卿瞳子白黑分明，有白起之風。恨量小狹。』趙云：『尺表能審璣衡之度，何必在大，但問識如何耳！』」嵇康說趙至的眼珠黑白分明，有秦將白起的風範，只是遺憾器量狹窄。反觀阮籍眼珠也是黑白分明，只是白眼對禮法之士，青眼（即黑眼）對方外之人即所愛之人，豈不也不夠大器？當然，趙至的瞳子黑白分明是天生的，不能和阮籍的至性過人相比，但由這個角度而言，顯現阮籍毫不避諱以其青白眼寄託濃厚的愛恨情仇，即使有可能被人說器量狹窄也無妨；這和《莊子》書中的方外之人相較，可知其嚴重受到主觀情感的支配。韓傳達說阮籍的飲酒並非出自本人的喜愛，僅僅是有托而逃的工具，〔註 24〕並認爲他的狂是用來抗議司馬氏對名士的迫害，以及是對自己身處亂世，有才不能施展的憤懣之發洩。〔註25〕筆者以爲，這是魏晉名士的共命，即使他的借酒裝瘋有諸多理由，如果他已將本心置於方外，任何理由都不足以成爲他蔑視禮法的理由，他的中心思想只有一個，即是落實大人先生的精神。何啓民以爲，阮籍在現實世界中，既參與司馬氏之謀議，復佯作「宏達不羈，不拘禮俗」，而「言及玄遠，未嘗評論時事」，可以看出他所神會的莊旨。〔註 26〕從阮籍的〈達莊論〉、〈答伏羲書〉和〈大人先生傳〉中可知，他能理解莊子的玄遠之道，而後用自己的方式來詮釋、應用於他所處的時代中。

參、魏晉的方外交

　　與方外之人結交爲友稱爲方外交，魏晉方外交的例子，如太守謝尚與羅含爲「方外之好」，〔註 27〕以及竹林之遊，阮籍對王戎曰：「俗物已復來敗人

〔註22〕〔唐〕房玄齡等撰：《晉書》，卷49，列傳第19，〈阮籍傳〉，頁659。

〔註23〕〔唐〕房玄齡等撰：《晉書》，卷49，列傳第19，〈嵇康傳〉，頁664。

〔註24〕韓傳達：《阮籍評傳》（北京：北京大學出版社，1997 年 6 月），頁37。

〔註25〕韓傳達：《阮籍評傳》，頁38。

〔註26〕何啓民：《魏晉思想與談風》（台北：台灣學生書局，1990 年 6 月），頁113。

〔註27〕《先秦漢魏晉南北朝詩・晉詩》，卷20，頁 1079～1080。

意！」〔註28〕交情甚篤故而互相調侃。

魏晉人在與方外之人結交時，仍然會朝著老莊的「忘」義而努力，但不見得是忘情，而是忘其所忘，依其重視的方面不同，而有不同的友誼表現方式。為展示魏晉人對老莊友誼觀的實踐，以及方外交的特色，以下分為「忘形交」、「忘年交」與「神交」，茲分述如下：

一、忘形交

以「忘」為名的友誼類型，可分為忘形交、忘機交、忘言交、忘年交。忘形交又稱忘機交、爾汝交，與忘言交、忘年交同樣強調「忘」，忘形一詞出自《莊子‧德充符》：「故德有所長而形有所忘，此謂誠忘者，非忘也；不忘形而忘德者，乃誠忘也。」〔註29〕其本義是忘記身體的殘缺，引申指魏晉名士放縱形骸的舉止行為。忘形交則是在友人面前，不拘禮節，不在乎彼此的形相樣貌，不在乎身上穿著什麼，甚至有沒有穿，任真率性地與朋友相處，如：

> 劉伶**恒**縱酒放達，或脫衣裸形在屋中，人見譏之。伶曰：「我以天地為棟宇，屋室為**褌**衣，諸君何為入我**褌**中？」〔註30〕

> 王澄、胡母輔之等，皆亦任放為達，或至裸體者。廣聞而笑曰：「名教內自有樂地，何必乃爾！」其居才愛物，動有理中，皆此類也。〔註31〕

莊子曰：「吾以天地為棺槨，以日月為連璧，星辰為珠璣，萬物為齎送。」〔註32〕其理亦同。《世說‧任誕》33云：

> 王、劉共在杭南，酣宴於桓子野家。謝鎮西往尚書墓還，葬後三日反哭。諸人欲要之，初遣一信，猶未許，然已停車。重要，便回駕。諸人門外迎之，把臂便下，裁得脫幘著帽。酣宴半坐，乃覺未脫衰。〔註33〕

謝尚性清率，不拘細行，叔父謝裒去世，祭拜結束後從墓地回來，王濛和劉惔等人想邀其共飲，謝尚起初沒有答應，但已停車無歸意，後來王濛再度邀

〔註28〕余嘉錫：《世說新語箋疏》（下），〈排調〉4，頁781。

〔註29〕〔清〕郭慶藩編，王孝魚整理：《莊子集釋》，頁217。

〔註30〕余嘉錫：《世說新語箋疏》（下），〈任誕〉6，頁731。

〔註31〕〔唐〕房玄齡等撰：《晉書》，卷43，列傳第13，〈樂廣傳〉，頁599。

〔註32〕〔清〕郭慶藩編，王孝魚整理：《莊子集釋》，《莊子‧列禦寇第三十二》，頁285～286。

〔註33〕余嘉錫：《世說新語箋疏》（下），〈任誕〉33，頁748。

請，謝尚遂將車掉頭，衣帽未脫即入席暢飲，喝到中途才發覺身上仍穿著喪服，證實劉惔所言：「仁祖韻中自應來。」〔註34〕預料以他的本性一定會前來赴宴。謝尚並非未祭拜，而是祭拜完才去，於禮也做足了，這裡要強調的是，他不因逢喪而易性，喪服未脫即飲酒作樂，在禮法之士眼中視爲荒誕，但對方外之人而言則是自然，莊子曰：「大知閑閑，小知間間」，具有大智的人廣博寬達，因此穿什麼衣服根本無傷大雅。

《晉書》載阮咸雖處世不交人事，惟共親知絃歌酣宴而已，與宗人以大盆飲酒，圓坐相向，並和群豕共飲，〔註35〕亦爲忘形交。

「忘言交」一詞出自《晉書》載山濤，「性好老莊，每隱身自晦。與嵇康、呂安善，後遇阮藉，便爲竹林之交，著忘言之契。」〔註36〕指不借語言爲媒介而相知於心的友誼，因其情性能相感通，語言對他們而言只是符號的表徵，人和人之間性情的相互感通，其原理就如天籟吹萬不同，咸其自取，然皆各有孔竅，人也有心竅，忘言交的可貴之處即是人與人的性情，以心靈相通，不受外在是非的言論干擾，對朋友以誠相待；此外，不依靠語言符號，都表示以自然爲宗，故同爲方外交的一種。

忘形交的相似詞爲「爾汝交」。爾汝交指平起平坐的親密友誼，如《世說・言語》8 云：「禰衡被魏武謫爲鼓吏，正月半試鼓。衡揚枹爲漁陽摻檛，淵淵有金石聲，四坐爲之改容。孔融曰：『禰衡罪同胥靡，不能發明王之夢。』魏武慚而赦之。」注引晉張隱〈文士傳〉曰：

> 衡不知先所出，逸才飄舉。少與孔融作爾汝之交，時衡未滿二十，
> 融已五十。敬衡才秀，共結殷勤，不能相違。〔註37〕

魯迅《古小說鉤沉》亦載：「禰正平年少與孔文舉作爾汝交。時衡年未滿二十，而融已五十餘矣。」〔註38〕相關史實《太平廣記》與《太平御覽》中的交友條目亦有收錄。〔註39〕可知二人年齡懸殊爲忘年交，又交情匪淺，能夠互相

〔註34〕 余嘉錫：《世說新語箋疏》（下），〈任誕〉33 注引宋明帝《文章志》，頁 748。
〔註35〕 〔唐〕房玄齡等撰：《晉書》，卷 49，列傳第 19，〈阮藉傳〉，頁 660。
〔註36〕 〔唐〕房玄齡等撰：《晉書》，卷 43，列傳第 13，〈山濤傳〉，頁 588。
〔註37〕 余嘉錫：《世說新語箋疏》（上），〈言語〉8，頁 64。
〔註38〕 魯迅：《古小説鉤沉》（香港：新藝出版社，1967 年），頁 109。
〔註39〕 《太平廣記》載：「禰衡字正平。少與孔文舉作爾汝之交。時衡未二十。而文舉已五十餘矣。」參〔宋〕李昉等編：《太平廣記》卷 235，交友 2：禰衡（北京：中華書局，1961 年），頁 1798。《太平御覽》載：「張隱《文士傳》曰：

包容，為爾汝之交。

「爾汝」原本是指口語上的「你」，古人認為直接叫對方為「你」，而不稱呼名字，是有違禮義的行為。《孟子・盡心下》曰：「人皆有所忍，達之於其所忍，仁也；人皆有所不為，達之於其所為，義也。……人能充無受爾汝之實，無所往而不為義也。」注云：

> 蓋爾汝人所輕賤之稱，人雖或有所貪昧隱忍而甘受之者，然心中必有慚忿而不肯受之之實。〔註40〕

爾汝為輕賤之稱，有些人因為貪財昧利，而忍受他人對自己的輕蔑，但如此隱忍並非出於自願，心中必懷羞慚忿恨，這種不合乎自己心意的舉動，不能說是符合道德規範的義。與朋友以爾汝相稱，表示其人不看重名聲，因此對於外界的稱呼無計較之心，對朋友不積怨，不論身分地位均平心相待。

二、忘年交

忘年交或稱忘年友，是以才德相契，不拘年齡、行輩而結成的知交。儒家向來重視長幼尊卑之序，但魏晉老莊思想盛行，私人情感有時候比倫理道德還能夠契合人心。「忘」的意涵如同莊子所說的逍遙，《莊子・外物》云：「得魚忘筌」、「得兔忘蹄」、「得意忘言」，支道林與馮太常論逍遙，提出與向郭注不同的看法，支氏論逍遙曰：「夫逍遙者，明至人之心也。……若夫有欲當其所足；足於所足，快然有似天真。」〔註41〕至人逍遙因其至足，因此能夠滿足當下所擁有，不因外物所累，而感到真正的快樂。忘年相交，亦是不因年齡差距而以為不足，誠心誠意地與他人交往，彼此性情能相感通而逍遙。

漢末董卓和呂布「誓為父子」，董卓卻死於呂布手下，當時司徒王允、士孫瑞等人意圖說服呂布刺殺董卓，呂布曾因「父子之情」而猶豫不決：

> 時允與僕射士孫瑞密謀誅卓，是以告布使為內應。布曰：「奈如父子何！」允曰：「君自姓呂，本非骨肉。今憂死不暇，何謂父子？」布

衡與孔融作爾汝之交，時衡未滿二十，融已五十，重衡才秀，忘年也。」
參〔宋〕李昉等奉敕編：《太平御覽》，卷409，人事部50，交友4（台北：台灣商務印書館，1975年），頁2017。
〔註40〕〔宋〕朱熹撰：《四書章句集註》（台北：鵝湖出版社，1984年9月），頁372。
〔註41〕余嘉錫：《世說新語箋疏》（上），〈文學〉32，頁220。

遂許之，手刃刺卓。〔註42〕

忘年交如果是建立在利益關係上，則其友誼關係最後仍會為利益所突破，董卓和呂布既然情同父子，則呂布不應以血緣來衡量他們的關係。王允對呂布說：「今憂死不暇，何謂父子？」可見董卓雖重用呂布，但呂布和董卓相處卻背負著沉重的壓力。一方面是董卓身為朝廷之逆賊，於各方樹敵，呂布和他共事亦備感威脅；二方面是董卓個性「殘忍不仁，睚眥之隙必報」，呂布也很怕得罪他；三方面是丁原親待呂布，董卓誘呂布殺丁原，呂布已犯不義在先，故其殺董卓也只是重蹈覆轍，董卓更是自食其果。

　　蜀漢馬謖才器過人，與諸葛亮相差 9 歲，諸葛亮十分看重他，但因街亭之戰違背軍令，為張郃所破，諸葛亮不得已將之處死。馬謖〈臨終與諸葛亮書〉曰：「明公視謖猶子，謖視明公猶父，願深惟殛鯀興禹之義，使平生之交不虧於此，謖雖死無恨於黃壤也。」〔註43〕謖處死時，亮為之流涕。名士龐德公稱諸葛亮為「臥龍」，司馬德操為「水鏡」，龐士元為「鳳雛」。龐德公與司馬德操相差 10 歲，情同手足：

> 德操嘗造德公，值其渡沔，上祀先人墓，德操徑入其室，呼德公妻子，使速作黍，「徐元直向雲有客當來就我與龐公譚。」其妻子皆羅列拜於堂下，奔走供設。須臾，德公還，直入相就，不知何者是客也。德操年小德公十歲，兄事之，呼作龐公，故世人遂謂龐公是德公名，非也。〔註44〕

《通志》曰：「龐統字士元，襄陽人，龐德公從子也。」龐德公與龐士元為叔姪，司馬德操年紀比龐德公小，卻無長幼之序，擅入人家，命其妻做飯，德公亦不見怪，兩人為忘年會心之友。

　　曹魏王昶「少與同郡王淩俱知名。淩年長，昶兄事之。」〔註45〕孔融年在陳羣與其父陳紀之間，「先與紀友，後與羣交，更為紀拜，由是顯名。」〔註46〕其為建安七子之首，較徐、陳、應、劉等人年長，並與曹丕、曹植兄弟為忘年交。曹丕常與建安七子「行則連輿，止則接席」，孔融被曹操殺後，曹丕

〔註42〕　〔晉〕陳壽撰，盧弼集解《三國志集解》，卷7，〈呂布傳〉，頁240。
〔註43〕　〔清〕嚴可均校輯：《全上古三代秦漢三國六朝文‧全三國文》，卷61，頁1384。
〔註44〕　〔晉〕陳壽撰，盧弼集解《三國志集解》，卷37，〈龐統傳〉，頁804。
〔註45〕　〔晉〕陳壽撰，盧弼集解《三國志集解》，卷27，〈王昶傳〉，頁628。
〔註46〕　〔晉〕陳壽撰，盧弼集解《三國志集解》，卷22，〈孔融傳〉，頁553。

仍以重金向天下廣徵孔融的文章。

阮籍和王戎同列七賢之中，但阮籍與戎父渾相友在先，「戎少籍二十歲，而籍與之交」，阮籍賞識王戎甚於其父，謂渾曰：「濬沖清賞，非卿倫也。共卿言，不如共阿戎談。」〔註47〕胡毋輔之與胡毋謙之父子如友，謙之醉時，「常呼其父字，輔之亦不以介意，談者以為狂。」輔之酣飲，謙之則屬聲曰：「彥國年老，不得為爾！將令我尻背東壁。」〔註48〕輔之歡笑，呼入與共飲。畢卓少希放達，為胡毋輔之所知。〔註49〕凡忘年之交皆如此類。

三、神　交

神交的「神」，可指兩方面：一是精神，二是神靈。職此，神交的涵義，一指以精神相交；二指與神靈相交，茲分述如下：

（一）以精神相交

這裡說的以精神相交，表示個人和另一個實際存在的個體，精神氣度相互投合，並深相結托，如同上文以情性相感通的忘言之交。但因魏晉人多以「神交」來形容這種忘言的境界，為強調前一小節的「忘」，以及這裡的「神」，故而將以精神相交的「神交」和「忘言交」相互獨立，可做一對照。

筆者以為，以精神相交之人亦以情性相感通，道家的精神和情性皆指人的內在，都表達個體含有一個形而上的主體，於形而下則表示人是有意識有思想的個體，因此，當以情性相感通或言以精神相交時，均指他們的在意識上層或思想上層無形的交流；意識是一種覺醒的心理或精神狀態，〔註50〕個體對其外在環境刺激及內在心理活動均有所覺知，然而情性是不論人清醒或昏沉都存在的精神狀態，所以吾人不能認為神交是以意識或意志相通，而是在意識之上，人的內心尚有一套主宰機制，無論是否覺醒它都照常運轉。神交特指方外之人，依照氣性之濃薄不同，找到與自身相應的個體，相互感通，相見恨晚。

神交又稱「意契神交」，「契」強調了契合之義，更證明前述的感通之說。魏晉以神交著稱者為竹林七賢，幾乎所有和神交相關的記載，都脫離不了七賢的事蹟，如下所列：

　　蓋其（嵇康）胸懷所寄，以高契難期，每思郢質。所與神交者惟陳

〔註47〕〔唐〕房玄齡等撰：《晉書》，卷43，列傳第13，〈王戎傳〉，頁592。
〔註48〕〔唐〕房玄齡等撰：《晉書》，卷49，列傳第19，〈胡毋輔之傳〉，頁668。
〔註49〕同上註。
〔註50〕張春興：《現代心理學——現代人研究自身問題的科學》，頁115。

留阮籍、河内山濤，豫其流者河内向秀、沛國劉伶、籍兄子咸、琅邪王戎，遂爲竹林之遊，世所謂「竹林七賢」也。〔註51〕

（劉伶）澹默少言，不妄交遊，與阮籍、嵇康相遇，欣然神解，攜手入林。〔註52〕

籍嘗於蘇門山遇孫登，與商略終古及棲神導氣之術，登皆不應，籍因長嘯而退。至半嶺，聞有聲若鸞鳳之音，響乎巖谷，乃登之嘯也。遂歸著大人先生傳。〔註53〕

康嘗採藥遊山澤，會其得意，忽焉忘反。時有樵蘇者遇之，鹹謂爲神。至汲郡山中見孫登，康遂從之遊。登沈默自守，無所言說。康臨去，登曰：「君性烈而才雋，其能免乎！」〔註54〕

康又遇王烈，共入山，烈嘗得石髓如飴，即自服半，餘半與康，皆凝而爲石。又於石室中見一卷素書，遽呼康往取，輒不復見。烈乃歎曰：「叔夜志趣非常而輒不遇，命也！」其神心所感，每遇幽逸如此。〔註55〕

前二則是七賢得名之原因，後三則是嵇、阮與隱士孫登，以及嵇康與隱士王烈神交的事蹟。

除此之外，神交在魏晉亦可形容君臣間互相信任，眞誠不渝的情誼。諸葛瑾事東吳，孫權十分器重諸葛瑾。蜀漢張飛死於麾下將領張達與範彊，兩人帶其首級投奔孫權，劉備繼失關羽又失張飛，於是決定率軍攻打孫權，諸葛瑾卻寫信給劉備曉以大義，告訴他不要爲此使蜀、吳反目成仇，而讓曹魏有機可趁，卻有人說諸葛瑾遣親人與劉備私下相通，此親人即指事蜀之諸葛亮，陸遜上表言瑾絕無此意，孫權則撰文以闢謠曰：

子瑜與孤從事積年，恩如骨肉，深相明究。其爲人，非道不行，非義不言。玄德昔遣孔明至吳，孤嘗語子瑜曰：『卿與孔明同產，且弟隨兄，於義爲順，何以不留孔明？孔明若留從卿者，孤當以書解玄

〔註51〕〔唐〕房玄齡等撰：《晉書》，卷49，列傳第19，〈嵇康傳〉，頁663。
〔註52〕〔唐〕房玄齡等撰：《晉書》，卷49，列傳第19，〈劉伶傳〉，頁666。
〔註53〕〔唐〕房玄齡等撰：《晉書》，卷49，列傳第19，〈孫登傳〉，頁659。
〔註54〕〔唐〕房玄齡等撰：《晉書》，卷49，列傳第19，〈嵇康傳〉，頁663。
〔註55〕同上註。

德，意自隨人耳。』子瑜答孤言：『弟亮已失身於人。委質定分，義無二心。弟之不留，猶瑾之不往也。』其言足貫神明，今豈當有此乎！前得妄語文疏，即封示子瑜，並手筆與之。孤與子瑜，可謂神交，非外言所間。〔註56〕

孫權明白諸葛瑾之忠心，諸葛瑾不用言說，孫權也可知道他的心意，因此說自己與諸葛瑾為神交。

（二）與神靈相交

這裡的神靈，指現實生活中不存在的古人或仙人等，如嵇康以古人或仙人寄意會友，亦也稱神交：

康善談理，又能屬文，其高情遠趣，率然玄遠。撰上古以來高士為之傳贊，欲友其人於千載也。〔註57〕

初，康嘗游於洛西，暮宿華陽亭，引琴而彈。夜分，忽有客詣之，稱是古人，與康共談音律，辭致清辯，因索琴彈之，而為廣陵散，聲調絕倫，遂以授康，仍誓不傳人，亦不言其姓字。〔註58〕

陸雲與范隆亦曾遇不知名老者，結識後忽然消失，後來才知道為仙人：

初，雲嘗行，逗宿故人家，夜暗迷路，莫知所從。忽望草中有火光，於是趣之。至一家，便寄宿，見一年少，美風姿，共談老子，辭致深遠。向曉辭去，行十許里，至故人家，云此數十里中無人居，雲意始悟。卻尋昨宿處，乃王弼塚。雲本無玄學，自此談老殊進。〔註59〕

（范隆）與上黨朱紀友善，嘗共紀遊山，見一父老於窮澗之濱。父老曰：「二公何為在此？」隆等拜之，仰視則不見。〔註60〕

與神靈相交的真實性無從考察，故十分玄虛且令人疑惑，吾人姑且用審美之眼光視之，即使古人、仙人為寄託之用，也不能否認這些名士渴求知音，託

〔註56〕〔清〕嚴可均校輯：《全上古三代秦漢三國六朝文・全三國文》，孫權：〈報陸遜表保明諸葛瑾事〉，卷64，頁1399。

〔註57〕〔唐〕房玄齡等撰：《晉書》，卷49，列傳第19，〈嵇康傳〉，頁665。

〔註58〕同上註。

〔註59〕〔唐〕房玄齡等撰：《晉書》，卷54，列傳第24，〈陸雲傳〉，頁720。

〔註60〕〔唐〕房玄齡等撰：《晉書》，卷91，列傳第61，〈范隆傳〉，頁1153。

心方外的事實。

　　綜合本節之討論，魏晉的方外之人即使不守禮法，也依然保有人情，因此顯現出來的特色是於方外亦有情，吾人可以發現他們雖然不遵禮法，但對周遭人物亦不無情；「君子之交淡若水」之「德友」關係，於魏晉已罕見。

第二節　魏晉友誼觀於個人之實踐——以嵇康為例

　　任何人皆需要朋友，嵇康亦不例外，即使他崇尚老莊，每神遊古人之間，寄情操於山水，現實生活中，仍離不開友人之陪伴；詩文中亦不乏與友贈答、與友論辯、與友抒懷之作。其交遊甚廣，不乏志同道合之友，為人熟知的竹林之遊，即為其平生主要交遊圈，還有七賢之外的文人呂安、二郭、阮侃，道士孫登、王烈，以及趙至和太學生們，皆為他的朋友或擁護者。

　　陳怡良云：「一個人性格、理念、人生觀、或思想之形成，必有多重因素存在，而其中一項，則為友朋。」〔註61〕劉志偉則另從魏晉玄學的角度，剖析友朋對魏晉文人之影響云：

> 魏晉玄學的許多重要命題與創造性言論，都通過朋友間的清談、論難催生；魏晉文學藝術的創造，也往往離不開朋友間的交流切磋探討；鄴下風流與正始之音，異趣同芳，……嵇康與阮籍借朋友激發其文學創作才情，顧愷之為朋友傳神寫照。〔註62〕

人稱嵇康是竹林玄學之典範，其文論與思想已有許多專門論述，既然友朋是影響一個人思想的重要因素之一，那麼探討嵇康之友誼觀，必定對瞭解其人其事，及其思想有所幫助，甚至與魏晉名士的友誼觀有所交集。

　　首先，從現實生活中，與嵇康實際交往過的友人們，探討他們結交的過程與思想變化，了解嵇康的友誼觀。

　　其次，從嵇康的詩文中，亦可看到與友交遊、思念友人等相關文句，但這些友人卻不是真實的人，而是虛幻不實的「仙人」、「古人」等，並藉「鳥禽」表現與友同樂，與友別離之情感。故其友誼觀亦必須從虛幻層面探討，分為「以鳥禽寄意會友」、「以仙人寄意會友」、「以古人寄意會友」，及「以酒寄意會友」和「以琴寄意會友」五項論述。

〔註61〕陳怡良：《陶淵明探新》，頁127～128。
〔註62〕劉志偉：《英雄文化與魏晉文學》（蘭州：蘭州大學出版社，2004年），頁117。

壹、影響嵇康友誼觀之背景探討

筆者既將交友觀作為研究嵇康思想之一部份，則述論交友觀形成背景有其必要，蓋嵇康交友觀的形成背景，或可由成長環境、時局發展、交往經歷等交互影響的角度來觀察。其中成長環境與個性的養成息息相關，時局發展則是對於人情冷暖之省悟，藉以追尋生命中真正的朋友；至交往經歷可對照嵇康對待不同友人的方式、態度，更易瞭解其對交友所持的原則與理念，以下將依序論述。

一、成長環境

嵇康本身對朋友十分看重，他非常樂於交友，進而「崇友」。雖然他曠邁不群，不表示他不愛好群體活動，劉志偉認為：

> 因其早孤，母兄見驕、不涉經學，養成了頑疏的性格，特定的「早孤生活」，是嵇康渴求更多友情的重要因素。〔註63〕

嵇康以其少孤，影響性格至深，孤獨是伴隨嵇康一生最重要的感受，其〈憂憤詩〉自云：「嗟余薄祜，少遭不造，哀煢彌識，越在繈褓；母兄鞠育，有慈無威，恃愛肆姐，不訓不師。」〈與山巨源絕交書〉亦云：「少加孤露，母兄見驕，不涉經學。」而在〈思親詩〉中，除了表達深刻的思親之情，也嘆道：「愁奈何兮悲思多，情鬱結兮不可化。奄失恃兮孤煢煢，內自悼兮啼失聲。」可見其內心之「哀」與「悲」壓抑積累，加強了心中的「孤」。

幼年失去父親而無法享受天倫之樂，由母親和兄長撫育成人的嵇康，在其溺愛下，也養成了適情任性、崇尚自然的純真性格，何啓民亦云：

> 康親老年得子，愛之必深；然而幼以喪父，母兄自寵逾恆常也。父產兄祿，方且裕如，益以母兄鞠育，有慈無威，恃愛肆姐，不訓不師，欲其比類常童，豈不難哉？〔註64〕

因為早孤的成長經驗養成高亮任性、不修名譽的特殊才性，他的「抗心希古，任其所尚」，是他以老莊為模範，不斷追尋的結果，就像他在詩文中不斷追尋王喬、莊周、至人等道家典型人物；其內心有一道以魏晉風度、老莊思想築成的牆，然而心中卻被歷盡滄桑的孤獨溢滿了。

〔註63〕劉志偉：《英雄文化與魏晉文學》，頁168～172。
〔註64〕何啓民：《竹林七賢研究》（台北：台灣學生書局，1976年），頁67。

二、時局背景

所謂歷盡滄桑，可從當時險惡的政治環境，與朋友的背信棄義兩方面而言。而政治環境和交友是密不可分的，舉例來說，正始 10 年改元嘉平（西元 249 年），當時嵇康年 26 歲，正逢高平陵政變（又稱典午之變），〔註65〕許多讀書人遭誅殺，嵇康雖未受牽連，但心中之震撼卻深深影響他，司馬懿對七賢等結社性活動懷有戒心，對其認可者進行拉攏，如嵇康的好友阮籍，就在當年做了司馬懿的從事中郎，高晨陽指出：「根據當時的形勢和阮籍的性格，他之出仕可能是出於迫不得已。」〔註66〕而嵇康的哥哥嵇喜參軍，亦是為時局所迫，嵇康認為嵇喜是「棄此蓀芷，襲彼蕭艾」〔註67〕，他作〈兄秀才公穆入軍贈詩〉19 首除了緬懷兄長，同時也紓發自身孤伶之惆悵，當時司馬氏政權如同掌山澤官，用網羅包圍著他們：

> 雲網塞四區，高羅正參差。奮迅勢不便，六翮無所施。隱姿就長瓔，
> 卒為時所羈。〔註68〕

「卒為時所羈」就是高平陵事變後，苟存之士人的命運，暴政猛如虎讓山林風雲大變，雌鸞落網被害，雄鸞僥倖脫逃，於是孤獨而悲傷地鳴叫著。然而世間險惡，嵇康內心的痛苦是現實社會的壓力，和思想矛盾影響所致，他為朋友擔憂，而不是一個自私自利的人。如果政治情勢允許，他不會獨自一人哀悼朋友被網羅，而會追隨朋友，一起奔投羅網，因為人在廟堂之上本來就如同坐監一樣，若執政者出於善意要招攬賢才，那麼即使是深處山林的鸞鳳也會自投羅網，然而司馬氏政權並非如此；嵇康努力地堅持自我，當朋友被迫從政時，他只能從遠方遙望，不勝嘆惋。

三、交往經歷

有關嵇康的交往對象，舉凡研究竹林七賢或嵇康其人其事者，前人多有論述，但大部分僅就竹林之遊著手，且從直接史料來看，是否有七賢這個群

〔註65〕莊萬壽：《嵇康年譜》記高平陵政變：正月甲午日，少帝曹芳車駕由曹爽、曹羲兄弟陪同出洛陽城南到高平陵祭明帝曹叡。司馬懿即按鈕啟動政變，關閉洛陽城，勒兵迫脅曹爽。……再宣判八族叛國，皆夷三族。這是為「高平陵之變」。參莊萬壽：《嵇康年譜》（台北：三民書局，1981 年），頁 109～110。

〔註66〕高晨陽：《阮籍評傳》（南京：南京大學出版，1994 年），頁 31。

〔註67〕離騷：「何昔日之芳草兮，今直為此蕭艾也。」注：「蕭艾，賤草，以喻不肖。」又注：「蓀，香草也；芳芷：香草也。」參戴明揚著：《嵇康集校注》，頁 8。

〔註68〕戴明揚著：《嵇康集校注》，頁 5。

體，學者亦多有質疑，如何啓民《竹林七賢研究》中提到：

> 竹林諸人，但如建安七子，正始、中朝名士，不過後人一時意興所
> 至。聊加組合耳。〔註69〕

關於這個爭議，金鎮永《竹林七賢及其自然與名教之研究》，曾用專節處理，
探討七賢交往遇合的時間先後。〔註70〕謝大寧更大膽猜測嵇康也許認得王
戎，但未必有什麼交往；而嵇康和阮咸、劉伶可能根本就不認識。甚至更言：
「七賢的組合決不代表一個完整的團體」。〔註71〕

由上可知，研究嵇康的交友觀之前，不能僅限縮在竹林七賢中的幾個人
物探討，而必須藉由其他史料旁參酌引，此外，何啓民亦曾考嵇康之交往，
可使吾人初步瞭解實際與嵇康接觸過的友人們，蓋有阮咸、劉伶、王戎、山
濤等。並指出「自得稱爲至交者，又不過二郭、德如、仲悌、子期三五人而
已。此由於叔夜之交往固有所選擇焉。」〔註72〕「選擇」二字點出了影響嵇
康交友觀的關鍵，即使其內心深處是孤獨的，但不會濫交朋友，以免受到二
度傷害。

其交友態度，除了「崇尚交友」，他對「擇友」亦十分注重。其交友原則
有四點：「非夫曠遠者，不能與之嬉遊」、「非夫淵靜者，不能與之閑止」、「非
夫放達者，不能與之無吝」以及「非夫至精者，不能與之析理」，〔註73〕這也
是他爲什麼一輩子都在尋覓知音，寧願一生尋覓知己，也不願與損友交往片
刻。

綜上所述，成長環境、時局背景與交往經歷都足以影響一個人的交友觀，
但就思想家的主觀認知而言，交往經歷較能建構其交友觀的全貌，故以下將
針對與其往來頻繁，足以影響其交友觀的人物加以論述；以及當這些友人不
在身邊時，嵇康如何寄託其意以會友，從嵇康與他們的應對進退中，瞭解其
交友觀如何滲透到實際生活與虛擬世界中。

〔註69〕何啓民著：《竹林七賢研究》，頁 12。

〔註70〕金鎮永《竹林七賢及其自然與名教之研究》（台北：政治大學中國文學研究所
　　　　碩士論文，1994 年），頁 48～49。

〔註71〕謝大寧著：《歷史的嵇康與玄學的嵇康—從玄學史看嵇康思想的兩個側面》（台
　　　　北：文史哲出版社，1997 年），頁 123。

〔註72〕何啓民著：《竹林七賢研究》，頁 100～105。

〔註73〕戴明揚著：《嵇康集校注》，〈琴賦〉，頁 104～105。

貳、於現實生活中交友

觀嵇康生平之友，對其一生身有影響者，有向秀、山濤、阮籍、孫登諸位。

一、向　秀

竹林之遊中與嵇康私交最善者，當屬向秀與山濤；向秀恬淡自適之性格與嵇康最為契合，二人共鍛山陽、論辯養生，相知相惜之友情，為人稱道。

《晉書・向秀傳》載：「向秀字子期，河內懷人也。清悟有遠識，少為山濤所知，雅好老、莊之學。……康善鍛，秀為之佐，相對欣然，傍若無人。又共呂安灌園於山陽。」〔註74〕向秀對友人的態度往往是趨於被動的，他和嵇康一起打鐵、和呂安一起灌溉田園，總是默默地跟隨在旁，對嵇康來說，向秀是他逃避世事，隱逸山林時，最好的支持者。向秀事蹟不多，最著名的是向秀注《莊》，史傳稱秀欲注之始，曾問嵇康和呂安二人，嵇、呂不以為然，嵇康曰：「此書詎復須注？正是妨人作樂耳！」語中帶有貶意，完成後又給二人過目，二人深為佩服，可見向秀生性較謹慎、內斂，即使完成曠世鉅作，也要透過友人評價增強自信，從中亦可知其必定是友好信任的關係，才願意將作品供二人鑑賞。

嵇康作〈養生論〉，子期嘗作〈難養生論〉，欲與嵇康辯論，康遂又作〈答難養生論〉辯白，《晉書・向秀傳》載：「又與康論養生，辭難往復，蓋欲發康高致也。」〔註75〕可知向秀與嵇康為知交亦為文學交。向秀雖為優秀之文學家，但對嵇康來說，向秀是一位能讓他安然自處的朋友，其與向秀之情，是出於互助、互惠與互愛，亂世之中，能有一位陪他遊宴、打鐵、論辨之良友，是最好不過的。

嵇康遇害，原本和嵇康站在同一政治立場之向秀，頓失依靠，不得已降服於司馬昭，然而心裏卻百般不願，失去摯友與苟且偷生、臣服於惡勢力之悲憤交加，使他經過嵇、呂舊廬時，聞笛聲，有感而發寫下〈思舊賦〉一首，乃藉助文學力量抒發喪友之苦痛。〈思舊賦〉充分表現了向秀的真情真性，其與嵇、呂二人之情誼，必誠摯如堅石，故出此肺腑之言，是以情性相友之最佳寫照。即使嵇康已死不再思念，向秀也作出了單方面的美好承擔，嵇康對向秀無所求，

〔註74〕〔唐〕房玄齡等撰：《晉書》，卷49，列傳第19，〈向秀傳〉，頁665。
〔註75〕同上註。

向秀對嵇康也無所求。余秋雨在探討「友情」時曾云：「所謂朋友也只不過是互相使對方活得更加自在的那些人。」〔註76〕又言：「友情因無所求而深刻，不管彼此平衡還是不平衡。」〔註77〕因此，不論向秀選擇對嵇康用情或忘情，他將友情忠實地紀錄下來，並爲後世友情文學樹立了典範，嵇康死而無憾矣。

二、呂安及呂巽

（一）呂　安

呂安字仲悌，俗名阿都，亦曾和嵇康共鍛山陽，他對嵇康也十分熱情、友善，《晉書·嵇康傳》云：「東平呂安，服康高致，每一相思，輒千里命駕，康友而善之。」《世說新語·簡傲》又載：「嵇康與呂安善，每一相思，千里命駕。安後來，值康不在，喜出戶延之，不入。題門上作『鳳』字而去。喜不覺，猶以爲欣，故作『鳳』字，凡鳥也。」〔註78〕這裡用「千里命駕」，誇張表現出呂安對嵇康的思念之情，是一種誇飾手法，卻也深刻體現呂安對嵇康之敬重。

嵇康之兄嵇喜爲禮俗之士，呂安在門上題「鳳」字，貶其爲凡鳥，俗不可耐，且未因嵇喜爲好友之兄長而敬之，反而回以不屑，與嵇康「越名教而任自然」、「非湯武而薄周孔」的態度相同；也和阮籍對待禮法之士的作風，如出一轍，如下列記載：

> 戎自言與康居山陽二十年，未嘗見其喜慍之色。〔註79〕

> 籍又能爲青白眼，見禮俗之士，以白眼對之。及嵇喜來弔，籍作白眼，喜不懌而退，喜弟康聞之，乃齎酒挾琴造焉。籍大悅，乃見青眼。由是禮法之士，疾之若讎。〔註80〕

嵇康雖不會變換青白眼，然喜怒哀樂不形於色，鍾會來訪依然面不改色，埋頭打鐵，旁若無人。無論呂安的題「鳳」、阮籍之青白眼，抑或拒人於千里之外，都是打擊禮法、輕視名教的作爲，嵇康同時與呂安、阮籍來往，三人之處世哲學亦互相影響，可見其友好關係。

〔註76〕余秋雨著，白燁編選：《遙遠的絕響》（香港：三聯書店出版，2002 年），頁 186。

〔註77〕余秋雨著，白燁編選：《遙遠的絕響》，頁 187。

〔註78〕余嘉錫撰：《世說新語箋疏》（下），頁 769～770。

〔註79〕〔唐〕房玄齡等撰：《晉書》，卷 49，列傳第 19，〈嵇康傳〉，頁 663。

〔註80〕〔唐〕房玄齡等撰：《晉書》，卷 49，列傳第 19，〈阮籍傳〉，頁 659。

（二）呂　巽

呂巽字長悌，爲呂安之兄，原本二人均爲嵇康之友，嵇康更曾視呂巽爲「至交」，〈絕交書〉中開頭即言：「昔與足下年時相比，以故數面相親，足下篤意，遂成大好，由是許足下以至交」，不料巽卻暗中姦淫呂安之妻，呂安求助於嵇康，嵇康或許基於愛護友朋的心態，勸他忍讓，書中亦陳述道：「阿都去年，向吾有言，誠忿足下，意欲發舉，吾深抑之」後巽內不自安，誣告其弟摑母不孝，而當時司馬昭正倡導「以孝治天下」，呂安因而被治罪。嵇康自責先前讓呂安隱忍，憤而爲其抱不平，遂作〈與呂長悌絕交書〉斷然與巽絕交，文中充滿悲憤之情，康曰：

> 今都獲罪，吾爲負之。吾之負都，由足下之負吾也。悵然失圖，復何言哉！若此，無心復與足下交矣。古之君子，絕交不出醜言，從此別矣！臨別恨恨。〔註81〕

這是絕交書的結尾，連續用「負之」、「負都」、「復何言哉」等語，可見嵇康自責當初間接幫助了呂巽，使得呂安負罪，感到深深的愧疚、有負於安。文中的「負」有「背叛」之意，除了表現之前視其爲「至交」的錯誤，更凸顯了自己的不善識人。「絕交」之言，除在譴責對方，也在內心譴責自己的過失。

嵇康作爲和事佬，居中調停呂家家務事，原出於不願看到兩位好友決裂，沒想到自己最後卻與呂巽決裂了。茅坤注曰：「隨筆寫去，不立格局，而風度自佳，所謂不假雕琢，大雅絕倫者也。」〔註82〕讚其文筆自然不做作，即是「至情至性」之表現。此次事件嵇康爲朋友掏心掏肺，呂巽卻苞藏禍心，陷害手足也陷害友人，此種背信行爲，在嵇康看來比不孝罪名更大，然而嵇康因爲替呂安背書指責呂巽，等於是不孝的共犯，朝廷亦視其爲眼中釘。他生命中最重要的兩封絕交書，就成爲鍾會向司馬昭進讒言之把柄。而嵇康不顧自身性命，指責損友，力挺良友，和朝廷唱反調，亦彰顯了其「高亮任性」和「不修名譽」之性格。

三、山　濤

山濤字巨源，《晉書‧山濤傳》言其：「少有器量，介然不群。性好莊老，

〔註81〕戴明揚著：《嵇康集校注》，頁133。
〔註82〕同上註。

每隱身自晦。與嵇康、呂安善。」〔註83〕山濤比嵇康年長許多，可說是忘年之交，其與嵇康同好莊老，是「所與神交者」。嵇康儀表不凡，史傳以「龍章鳳姿」形容之，〔註84〕山公曰：「嵇叔夜之爲人也，巖巖若孤松之獨立；其醉也，傀俄若玉山之將崩。」〔註85〕山濤對他的容貌體態特別讚賞。

嵇康和山濤的友情，前味平淡清香，中味濃烈苦澀，後味則是甘醇甜美。嵇康先識山濤，才與向秀、呂安密切往來。他們互相賞識，同居山陽竹林避世、飲酒、放浪形骸，竹林之遊時間極短，〔註86〕此時期嵇康對山濤並無特別感懷或愛惜之情，故友情仍未發酵，只能用平淡似水形容之。

嘉平四年（西元252年），阮籍、山濤、王戎先後出仕，高貴鄉公正元2年（西元255年），毌丘儉起兵以討司馬氏，康欲應之，以問山濤，濤諫之而止，〔註87〕《三國志·王粲傳》注引《世語》曰：「毌丘儉反，康有力且欲起兵應之，以問山濤，濤曰：「不可。」儉亦已敗。〔註88〕

嵇康放膽問濤造反之事，可見對他極爲信任，山濤以好友身分，告誡他不可魯莽，康亦聽之，避居河東，〔註89〕否則應當早死幾年，從中流露二人互信、互愛之情，友情彌堅，愈發清香。

景元三年（西元261年），作〈與山巨源絕交書〉，其與山濤之友情遂轉爲濃烈苦澀。康書此信肇因於山濤爲選曹郎，舉康自代，且是從呂安處得知此事，嵇康遭友矇蔽，大不悅也。但他卻未立即表示不滿，而是在兩年後受呂安案牽累，且母兄俱喪，「意常凄切」下的情況所作。

此時嵇康對交友另有一番感觸，連帶埋怨起山濤來了，文中還出現一些傷人的話。這封信極長，主要表明自身「榮進之心日頹，任實之情轉篤」，提出「九患」，自言：「不堪流俗，每非薄湯、武」，率直地拒絕了山濤，語中帶

〔註83〕〔唐〕房玄齡等撰：《晉書》，卷43，列傳第13，〈山濤傳〉，頁588。

〔註84〕〔唐〕房玄齡等撰：《晉書》，卷49，列傳第19，〈嵇康傳〉，頁663。

〔註85〕余嘉錫：《世說新語箋疏》（下），〈容止〉5，頁607。

〔註86〕唐翼明認爲「竹林之遊」的下限必在252年至254年之間。至於上限，則最早不會超過249年。唐翼明：《魏晉清談》（台北：東大出版，1992年），頁214。

〔註87〕曾春海：《竹林玄學的典範——嵇康》附錄「嵇康年表」（台北：輔仁大學出版，1994），頁244。

〔註88〕〔晉〕陳壽撰，盧弼集解：《三國志集解》，卷21，〈王粲傳〉，頁532。

〔註89〕高貴鄉公正元2年（255年），嵇康因牽連進毌丘儉一事中，避居河東，甘露3年（258年）自河東還。參見羅敏中：〈與山巨源交書〉注釋④，《竹林七賢》（湖南：嶽麓書社，1999年），頁220。

刺，蓋「深情素氣，激而成言」也。〔註90〕

　　徐高阮、莊萬壽是從嵇康的政治立場而言，〔註91〕余秋雨的觀點，〔註92〕較合乎身爲一位「眞相知」〔註93〕的立場，嵇康不但想通過絕交來表白自身的好惡，也通過絕交來申明他的交友觀。

　　嵇康一生渴求知音，在他死前，最後一首〈廣陵散〉，或許使嵇康有點覺悟，因而告子紹曰：「巨源在，汝不孤矣！」。他死前最不放心的是一雙兒女，筆者以爲嵇康會將他們交給山濤，原因有三，一是其在《與山巨源絕交書》中已交代過，子女年幼多病，放心不下，〔註94〕有意無意中已經托孤給山濤了；山濤看到這裡，或許已經體會到，若嵇康遭遇不測，要幫他照顧子女；二是山濤本是嵇康最喜愛的朋友，之前的絕交書爲明志之作，因最愛卻傷他最深，最眞實的友情也是用血淋淋的筆觸換來的；三是嵇康本心和實際行爲間，存在的特殊矛盾，〔註95〕若是山濤推薦其子出仕，他也不會介意的。因

〔註90〕〔明〕徐禎卿撰：《談藝錄》（台北：台灣商務，1983 年），頁 779。

〔註91〕徐高阮指出，嵇康之信是「假借一個沒有實在意義的謝絕推引的題目，針對眼前時勢而發的一份反抗宣言。」參徐高阮：〈山濤論〉，《中研院史語所集刊》第 41 本，第 1 分（1969）。莊萬壽云：「山濤薦他自代是有營救作用，嵇康『絕交』書的目的是向司馬家絕交，不是對山濤，否則哪會托孤。」參莊萬壽：《嵇康年譜》，頁 127～128。

〔註92〕余秋雨在《遙遠的絕響》中，感性地說道：「對嵇康來說，眞正能從心靈深處干擾他的，是朋友。友情之外的造訪他可以低頭不語，揮之即去，但對於朋友就不一樣了，哪怕是一丁點的心理隔閡，也會使他焦灼和痛苦。因此，友情有多深，干擾也有多深。」參余秋雨著，白燁編選：《遙遠的絕響》，頁 68。並說：「他太看重朋友，因此不得不一次次絕交。他一生選擇朋友如此嚴謹，沒想到一切大事都發生在他僅有的幾個朋友之間，他想通過絕交來表白自身的好惡，他也想通過絕交來論定朋友的定義。他太珍惜了，但越珍惜，能留住的也就越少。」余秋雨著，白燁編選：《遙遠的絕響》，頁 72。

〔註93〕蔡三億謂嵇山二人爲「神交」，「能識能濟，尤重能相終始，斯爲嵇康之『眞相知』」。參見蔡三億：《六朝交友論》，頁 67。

〔註94〕嵇康〈與山巨源絕交書〉曰：「女年十三，男年八歲，未及成人，況復多病，顧此恨恨，如何可言。」參戴明揚著：《嵇康集校注》，頁 126。

〔註95〕景蜀慧云：「在内心世界，嵇康堅守儒學傳統，注重忠孝大節，〈家誡〉中教子『當大謙裕』、『當權大讓，若臨朝讓官，臨義讓生，若孔文舉球帶兄死，此忠臣烈士之節』，而自己卻一味脫略禮法，縱酒跌蕩，……主要與他性格的『峻』即剛傷有關，由此，又形成他心中情感與理智的矛盾。」參見景蜀慧：《魏晉詩人與政治》（北京：中華書局，2007 年），頁 134。江建俊亦云：「嵇康雖非毀禮教，而〈家誡〉卻教子以禮，要求處世恭謹同一路數。這正透露出其任放之行，帶著幾許無奈與矛盾，乃有激使然，具「有所爲而爲」的成分，祇因官場上到處潛藏著危機，不得不謹言慎行。」參見江建俊：〈顏延之

此《廣陵散》曲罷，他也從容就刑。

綜上所述，嵇康在面對這些友人時，展現其內心脆弱的一面，此非自曝其短，而是出於信任、友愛，將心中之憂慮、苦痛訴諸友人，大膽呈現真實的自我。能和山濤、向秀、呂安等人以情性相友，是嵇康此生最大之幸福。

四、阮　籍

阮籍與嵇康，雖難言必為知己，然二人當屬君子之交無疑。《莊子·山水》曰：「君子之交淡若水，小人之交甘若醴。」君子的交往，以誠相待，雖平淡似水，但能持續久遠。阮籍和嵇康的關係即若此。

二人合稱嵇阮，是以其精神氣度相合故。若以交情論，嵇康和阮籍的情誼，一開始和山濤是相同的，但隨著年歲的增長，嵇康對山濤有比較深的感動，上一節已論述。《晉書·嵇康傳》言：「所與神交者，惟陳留阮籍，河內山濤」，是承接上句「每以高契難期，每思郢質」而來的，蓋阮籍與山濤雖非郢質，三人卻「契若金蘭」，在精神上仍為「神契」之交。只是若論及情性，阮籍和嵇康的契合度不高，因嵇康內儒外道，總是不喜「並介之人」，而阮籍「怯其言志」，不是不敢言，而是落實了老莊「無為」的思想，故「當其得意，忽忘形骸，時人多謂之癡」（《晉書·阮籍傳》），「癡」是一種魏晉風度，顯示其樸拙、深沉、穩健與大智若愚的特質；與嵇康「土木形骸，不自藻飾」之「清峻」是不同的。

二人之風範與事蹟常為後人比較，論情性，嵇康「遠邁不群」、「高情遠趣，率然玄遠」；阮籍「志氣宏放，傲然自得，任性不羈」；論思想，嵇康「篤好老莊」宣稱「老子、莊周，吾之師也」；阮籍「以莊周為模則」、高唱「禮豈為我所設邪」；論處世態度，嵇康「未嘗見其喜慍之色」；阮籍「喜怒不形於色」，二人同樣排斥司馬氏政權，然嵇康「過為峻切，訐直露才，傷淵雅之致」；阮籍「文多隱避，百代之下，難以情測」。凡此種種，不勝枚舉，許多特質相似，其思想應是互相影響的。

二人互相欣賞，嵇康欣賞阮籍的「口不論人過」；阮籍母喪，見嵇康齎酒挾琴造焉，大悅，以青眼視之。可說是默契十足的朋友，但在生死關頭時，嵇康選擇了山濤而不是阮籍，這就凸顯了，即使同是「所與神交者」，嵇康認為友情還是有深淺濃淡之差別。

〈五君詠〉與蕭統〈詠山濤王戎〉作意蠡測〉，《成大中文學報》第 10 期（2002年 10 月），頁 10。

五、孫　登

孫登，字公和，汲郡共人也，是魏晉時代著名的隱士。《晉書・孫登傳》
形容他：「夏則編草爲裳，冬則被髮自覆。好讀易，撫一絃琴，見者皆親樂之。」
〔註96〕傳說他曾醫治病龍，龍癒而穿井報恩，世稱爲「龍井」，〔註97〕頗爲神
奇，史傳稱其後來不知所終，更增添其神秘色彩。

嵇康和阮籍皆曾向他請益，「嵇康從之遊三年，問其所圖，終不答。」後嵇
康嘆息將別，於是又問孫登：「先生竟無言乎？」孫登於是以火光喻才，謂曰：
「用才在乎識眞，所以全其年，今子才多識寡，難乎免於今之世矣！」〔註98〕

嵇康因其「性烈」、「保身之道不足」，〔註99〕果遭非命。其〈幽憤詩〉亦
云：「性不傷物，頻致怨憎。昔慚柳下，今愧孫登。內負宿心，外惡良朋。」
嵇康自嘆「好善闇人」、「顯明臧否」，結怨於當朝權貴；客觀環境的「民之多
僻」、「謗議沸騰」，又對他不利，想起孫登說他性格剛烈，不能用世，便有愧
於孫登，不僅對內違背宿願，對外亦羞見好友佳朋，因而倍感憂憤。

嵇康隱逸山林除了是逃避世俗羈絆、官場惡鬥外，遊仙也是爲了求知己、
找朋友，在他的遊仙詩中（按：此處指與神仙有關的詩），常假想仙人爲朋友，
並傾訴心聲，如：「浮游太清中，更求新相知。比翼翔雲漢，飲露湌瓊枝」〔註
100〕、「王喬棄（攜）我去，乘雲駕六龍，飄颻戲玄圃，黃老路相逢」，〔註101〕
前一首想像自己縱意遨遊碧空之中，重新慕求新的知己；後一首言仙人王喬
帶他一同離去，乘御青雲駕馭六龍，輕盈飄飛戲游玄圃，並歡喜地和黃老在
路上相逢。諸如此類，嵇康透過遊仙詩緬懷友人、尋覓知音。

因此當他遇到孫登時，便一見如故，即使對方不理會他，他還是死忠地
跟隨三年。此外，孫登善彈一絃琴又善嘯，嵇康非常仰慕他，嵇康亦善彈琴，

〔註96〕〔唐〕房玄齡等撰：《晉書》，卷94，列傳第64，〈孫登傳〉，頁1189。
〔註97〕《記纂淵海》載：「龍井：昔晉孫登常醫病龍，即瘥，龍穿此井以報登。」參
　　　〔宋〕潘自牧撰，王嘉賓補遺：《記纂淵海》（台北：新興，1972年影印本），
　　　卷21，頁1337。
〔註98〕〔唐〕房玄齡等撰：《晉書》，卷49，列傳第19，〈孫登傳〉，頁663。
〔註99〕《晉書・嵇康傳》云：「康臨去，登曰：『君性烈而才儁，其能免乎？』」參見
　　　〔唐〕房玄齡等《晉書》，卷49，列傳第19，〈孫登傳〉，頁663。又《世說新
　　　語・棲逸》曰：「嵇康遊於汲郡山中，遇道士孫登，遂與之遊。康臨去，登曰：
　　　『君才則高矣，保身之道不足。』」參余嘉錫：《世說新語箋疏》（下），〈棲逸〉
　　　2，頁648～649。
〔註100〕戴明揚著：《嵇康集校注》，頁36。
〔註101〕戴明揚著：《嵇康集校注》，頁39。

曾遇高人傳授〈廣陵散〉，聲調絕倫，可惜未傳於人。孫登飄飄然之隱逸風格獲得嵇康青睞，其琴聲和嘯聲也使嵇康陶醉，且行蹤飄忽不定，似乎所有仙人應具備的特質，孫登都具備了，嵇康追隨孫登決不是意氣用事，而是爲其神仙風範吸引，其與孫登交遊，反映其隱逸思想，他希望能成爲仙人，並與心目中的王喬、黃老形影不離。

參、於詩文中寄意會友

爲了尋求心靈的慰藉，嵇康運用了他的才氣，將情感寄託在某些特定的人或物中。他善用比興與寄託，現實生活中的朋友，和他志向不同，他無法改變事實，因此只能將思念友人的心情，寄託於詩文中虛幻不實的人或物。透過「鳥禽」、「仙人」、「古人」、「酒」與「琴」寄意會友，是從個人生命體驗中，了解他者與自我的關係，而發展與萬物爲友的友誼。

一、以「鳥禽」寄意會友

嵇康多次用飛翔中的鳥類，表達心中渴望自由的願望，他在政治壓迫下，不願出仕，自然用「鳥」比喻自身最爲洽當，如〈難自然好學論〉云：「鳥不毀以求馴，獸不全以求畜，則人之眞性，無爲正當，自然耽此禮學矣。」〔註102〕即言良禽不泯滅天性而求人馴育，猛獸不隨眾趨群而求人畜養；人的天性崇尚無爲，不應自然沉迷禮法之學。此外，嵇康注重養生、渴望成仙，「鳥」亦比喻天上之仙人，如同仙人乘雲遨遊的飛鳥意象，也代表其慕仙之心理，如〈重作四言詩七首〉中的「思與王喬，乘雲遊八極，淩厲五嶽，忽行萬億，授我神藥，自生羽翼」，〔註103〕想像神仙有羽翼且能在空中翱翔，即將鳥禽特徵貫注到神仙形象中。然而嵇康詩中的鳥禽大多是出雙入對的，也就是雙飛的鳥禽，表現了另一種意蘊，如：「雙鸞匿景曜，戢翼太山崖」〔註104〕、「鴛鴦於飛，肅肅其羽，朝遊高原，夕宿蘭渚。」〔註105〕

「雙鸞」、「鴛鴦」等，都是指鳥禽雙飛，象徵和友人交往愉快。少年時代的竹林之遊，對他來說是生命中最重要的日子，嵇康作這些詩，表面上描繪鳥禽雙飛，表達和友人同遊山水之愉快。

〔註102〕戴明揚著：《嵇康集校注》，頁261。
〔註103〕戴明揚著：《嵇康集校注》，頁51。
〔註104〕戴明揚著：《嵇康集校注》，五言〈兄秀才公穆入軍贈詩〉，頁4。
〔註105〕戴明揚著：《嵇康集校注》，四言〈兄秀才公穆入軍贈詩〉其1，頁6。

　　然若單從這個面象來解讀詩文，反映嵇康快樂的心境，是最好的，但這只是作者內心之想像，因爲在以鳥禽寄意時，事實上，他的朋友們已經紛紛離開他。劉志偉認爲鳥禽雙飛，反而襯托出嵇康內心的孤獨和苦悶云：

> 比翼雙飛，本來多用來指喻男女關係，鴛鴦尤多特指夫妻，嵇康則用以指喻知音。追求與知音比翼雙飛的理想境界，既是一種對現實孤寂環境的精神超越，也是難以實現眞正超越苦悶的象徵。〔註106〕

自然與朋友兩大生活元素中，倘若缺少任何一項元素，都會令嵇康再次感受到熟悉的孤獨感，他渴望和友人同遊山水的心願，隨著掌管山林的人帶著網羅的到來而破滅，如五言〈兄秀才公穆入軍贈詩〉云：

> 雲網塞四區，高羅正參差。奮迅勢不便，六翮無所施。隱姿就長纓，卒爲時所羈。單雄翻孤逝，哀吟傷生離。徘徊戀儔侶，慷慨高山陂，鳥盡良弓藏，謀極身必危。吉凶雖在己，世路多嶮巇。〔註107〕

與其說擔心友人會遭到不測，倒不如說是爲他們失去自由，無法再坐擁山林而感到惋惜。阮籍亦曾寫下「天羅彌四野，六翮掩不舒」〔註108〕的詩句，正好和嵇康此句相呼應。雌鸞落網被害，雄鸞僥倖脫逃，於是孤獨而悲傷地鳴叫著。這裡的「雌鸞」好比嵇康敬愛的親友人們，如阮籍、山濤、嵇喜等，被司馬氏政權一個個套牢，「雄鸞」則是嵇康自喻。「單雄翻孤逝」之「孤」是整首詩的主要意涵，從「雙鸞」到「網羅」的鋪陳，突顯出司馬氏政權之可惡，並隱刺曹魏末年「名士少有全者」〔註109〕之社會現實，襯托出嵇康內心之「悲憤難鳴」。

　　由於現實生活中，渴望朋友回到身邊，希望能有個知音，這種心境就透過鳥禽寄意，想像在詩中與友朋相會，在悠遊翱翔之時，又以網羅象徵事與願違，嵇康對朋友愈是情深義重，內心感受到的苦痛也愈深刻。可悲的是，在現實與精神世界中拔河的他，只能以鳥禽寄意會友。

　　二、以「仙人」寄意會友

　　嵇康好老莊之學，講究養生服食，常入山採藥。《晉書·嵇康傳》記載，

〔註106〕劉志偉：《英雄文化與魏晉文學》，頁175。
〔註107〕戴明揚著：《嵇康集校注》，頁5。
〔註108〕參見韓格平：《竹林七賢詩文全集譯注》，〈詠懷詩〉41，頁238。
〔註109〕《晉書·阮籍傳》曰：「魏晉之際，天下多故，明士少有全者。」參〔唐〕房玄齡等撰：《晉書》，卷49，列傳第19，〈阮籍傳〉，頁658。

嵇康常採藥遊於山澤之間，「會其得意，忽焉忘反，時有樵蘇者遇之，咸謂爲神，至汲郡，山中見孫登，康遂從之遊。」〔註110〕孫登沉默自守，無所言說，康臨去，孫登云：「君性烈而才雋，其能免乎！」〔註111〕後又遇隱士王烈，與其同遊一段時間。

　　他十分仰慕仙人，對仙人也有一番見解，相信世上必有仙人存在，〈養生論〉云：「世或有謂神仙可以學得，不死可以力至者。」、「夫神仙雖不目見，然記籍所載，前史所傳，較而論之，其有必矣。」神仙不可見，也就增添了神仙的神祕性。想像仙境虛無飄渺的感覺，使嵇康的心靈放鬆，並將心聲自然地傾瀉於詩中，當他思念良朋「如渴如饑」時，〔註112〕或幻想仙人爲知己，「託好松喬，攜手俱遊」；〔註113〕或嚮往仙人的長生不老，「思欲登仙，以濟不朽」，〔註114〕繼而渴望歷久不衰的友情，故有「纜轡踟躕，仰顧我友」之句。〔註115〕

　　當鳥禽被網羅捕獲時，「鳥禽」就不能再作爲嵇康假想的朋友，以鳥禽寄意會友的功能破滅，心念遂轉向網羅無法到達的太清與八極，此時對塵世不再抱有任何希望的他，對神仙也產生了情感，此種慕仙、羨仙的心理，是心之所向，亦是被網羅所迫。詩文中以「雙鳥—網羅—遊仙」的順序鋪陳，可發現他是從鳥禽，轉而透過仙人寄意會友的：

> 雙鸞匿景曜，戢翼太山崖。抗首漱朝露，晞陽振羽儀。長鳴戲雲中，
> 時下息蘭池。自謂絕塵埃，終始永不虧。何意世多艱，虞人來我維。
> 雲網塞四區，高羅正參差。……逍遙遊太清，攜手長相隨。〔註116〕

又如〈答二郭詩〉其三云：「鸞鳳避尉羅，遠托崑崙墟」，在鸞鳳遇害時，嵇康哀嘆世路多險，筆鋒一轉，旋即飛向崑崙仙山，因爲世間唯神仙，可與之「攜手常相隨」。渴望知音、渴望朋友的想法，很自然地流露出來。

　　除此之外，他的遊仙詩亦不純粹表達慕仙之心理，張宏認爲，其中亦包

〔註110〕〔唐〕房玄齡等撰：《晉書》，卷49，列傳第19，〈嵇康傳〉，頁663。
〔註111〕同上註。
〔註112〕〈兄秀才公穆入軍贈詩〉13 云：「思我良朋，如渴如饑。願言不獲，愴矣其悲。」參戴明揚著：《嵇康集校注》，頁14。
〔註113〕戴明揚著：《嵇康集校注》，〈兄秀才公穆入軍贈詩〉16，頁18。
〔註114〕戴明揚著：《嵇康集校注》，〈兄秀才公穆入軍贈詩〉其7頁9。
〔註115〕戴明揚著：《嵇康集校注》，頁9。
〔註116〕戴明揚著：《嵇康集校注》，五言〈兄秀才公穆入軍贈詩〉，頁4。

含求知己之友的意涵。〔註117〕與仙人同遊只是暫時得到心靈的慰藉，他希望朋友也能瞭解他的心思，知道他的苦悶。因此，他只能放縱自己的心靈，以仙寄意會友，想像仙人是自己的朋友，自己的朋友是仙人。

三、以「古人」寄意會友

嵇康曾在〈卜疑集〉問道：「郢人既沒，誰爲吾質？」〔註118〕郢人既然去世，誰是我的知己？該篇透過自問自答，以及虛構的太史貞父，肯定了自己以往的行爲準則，和人生追求。

史家稱其：「以高契難期，每思郢質」，〔註119〕見解十分正確，嵇康認爲「禹不逼伯成子高」、「仲尼不假蓋於子夏」、「諸葛孔明不逼元直以入蜀」，以及「華子強不強幼安以卿相」，都是「能相終始，眞相知者也」，〔註120〕上述人物即是他所謂的「古人」、「郢人」。他對知音的定義，是像這些人一樣不強人所難，能「不強」、「不逼」、「不假」，並能「相終始」，但現實世界中有誰能做到？故假藉古人爲其知音，以古人寄意會友。然而其詩中並無描繪與古人同遊的景象，雖言思古人，卻往往欲言又止，似乎知音眞的十分難求，因此點到即止，友情亦如曇花一現：

> 嘉彼釣叟，得魚忘筌。郢人逝矣，誰與盡言。〔註121〕

> 事故無不有，別易會良難。郢人忽已逝，匠石寢不言。〔註122〕

「古人」、「郢人」非特定人物，除湯武與堯舜之外，只要是賢能有才幹之古代名人，皆可化身爲郢人，他既視古人爲知己，又言古人何足多，郢人忽已逝，可見在思郢質的過程中，已經預設了友情無法常存，在所有朋友中，知音難求，古人亦是，僅能作爲短暫的精神寄託；在所有寄意會友的人物中，古人也是最不堪被寄託的。

〔註117〕張宏云：「逃避世俗羅網，實是逃避俗人。故游仙，也是求知己、找朋友。從竹林七賢之遊，到《與山巨源絕交書》、《與呂長悌絕交書》，可見其時交友，是一件關係到人格乃至性命的大事。因此，嵇康遊仙詩的另一個主要旨趣便是求知己之友。」參見張宏：〈含道獨往，舒翼太清─論嵇康遊仙詩〉，《文史雜誌》第 5 期（1996 年），頁 38。

〔註118〕戴明揚著：《嵇康集校注》，頁 136。

〔註119〕〔唐〕房玄齡等撰：《晉書》，卷 49，列傳第 19，〈嵇康傳〉，頁 663。

〔註120〕戴明揚著：《嵇康集校注》，頁 124。

〔註121〕戴明揚著：《嵇康集校注》，〈兄秀才公穆入軍贈詩〉14，頁 16。

〔註122〕戴明揚著：《嵇康集校注》，〈與阮德如詩〉，頁 66。

四、以「酒」寄意會友

竹林名士聚在一起，除了隱居之外，最重要的事就是飲酒，有的不純粹是喝酒，嵇康也兼服藥。〔註123〕《世說新語‧任誕》23 曰：「七人常集于竹林之下，肆意酣暢」，〔註124〕〈排調〉4 云：「嵇、阮、山、劉在竹林酣飲，王戎後往。步兵曰『俗物已復來敗人意！』王笑曰：『卿輩意，亦復可敗耶？』」〔註125〕都是他們聚集在一起飲酒的事蹟。

王瑤指出，竹林諸人共同的特點就是好飲酒。〔註126〕飲酒不只是樂趣，也是友朋互相仿效所致。王戎「嘗經黃公酒壚下過，顧謂後車客曰，吾昔與嵇叔夜、阮嗣宗酣暢於此」；〔註127〕阮籍「聞步兵廚營，人善釀酒，有貯酒三百斛，乃求為步兵校尉，遺落世事」，〔註128〕並以酒醉不醒拒婚；山濤「飲酒至八斗方醉」；〔註129〕劉伶「以酒為名，一飲一斛，五斗解酲」〔註130〕，並作有〈酒德頌〉；向秀和呂安「灌園於山陽，收其餘利，以供酒食之費」。〔註131〕王瑤並認為，嵇康是七賢中最不善飲酒的，〔註132〕因為他在〈家誡〉中，告誡其子嵇紹，飲酒要適可而止，〔註133〕並且很注重容貌，即使酒醉亦不毀形廢禮；山公曰：「嵇叔夜之為人也，巖巖若孤松之獨立；其醉也，傀俄若玉山之將崩」。〔註134〕然而說他不善飲酒，也缺少憑證，他注重養生，認為飲酒傷身，〔註135〕所以不像其他諸賢，常常喝得爛醉。他飲酒是為了求得精神境

〔註123〕魯迅等著：《魏晉思想》乙編三種，魯迅：〈魏晉風度及文章與藥及酒之關係〉（台北：里仁書局，1995 年），頁 11。

〔註124〕余嘉錫撰：《世說新語箋疏》（下），〈任誕〉23，頁 727。

〔註125〕余嘉錫撰：《世說新語箋疏》（下），〈排調〉4，頁 781。

〔註126〕王瑤：《中古文學史論‧中古文人生活》（台北：長安出版社，1975 年），頁 52。

〔註127〕〔唐〕房玄齡等撰：《晉書》，卷 43，列傳第 13，〈王戎傳〉，頁 594。

〔註128〕〔唐〕房玄齡等撰：《晉書》，卷 49，列傳第 19，〈阮籍傳〉，頁 658。

〔註129〕〔唐〕房玄齡等撰：《晉書》，卷 43，列傳第 13，〈山濤傳〉，頁 590。

〔註130〕〔唐〕房玄齡等撰：《晉書》，卷 49，列傳第 19，〈劉伶傳〉，頁 666。

〔註131〕〔宋〕李昉等撰：《太平御覽》引〈向秀別傳〉，頁 1888。

〔註132〕王瑤著：《中古文學史論‧中古文人生活》，頁 27。

〔註133〕嵇康〈家誡〉云：「見醉薰薰便止，慎不當至困醉，不能自裁也。」參戴明揚著：《嵇康集校注》，頁 323。

〔註134〕余嘉錫：《世說新語箋疏》（下），〈容止〉5，頁 609。

〔註135〕〈養生論〉云：「而世人不察……滋味煎其腑臟，醴醪鬻其腸胃。……身非木石，其能久乎？戴明揚著：《嵇康集校注》，頁 151。〈重作四言詩七首〉其 4 亦云：「酒色何物，今自不辜。歌以言之，酒色令人枯。」戴明揚著：《嵇康集校注》，頁 48～49。

界的超越；飲酒可以使人無憂無慮，忽忘形骸。且服藥的人需要飲一點熱酒，可以幫助發散，增強成散的效力。〔註136〕

　　現實生活中的酒是他精神的寄託，朋友在時，和朋友聚在一起飲酒；朋友不在時，也可以酒寄意會友。如〈贈秀才入軍詩〉云：「旨酒盈樽，莫與交歡。鳴琴在御，誰與鼓彈。仰慕同趣，其馨若蘭。佳人不存，能不永歎？」〔註137〕〈酒會詩〉云：「酒中念幽人，守故彌終始。但當體七弦，寄心在知己。」〔註138〕

　　酒會中，同座的人滿口贊語，臨川進獻清酒，大家露出潔白的牙齒，同歌共吟，素琴正彈奏雅正的樂曲，清越的琴聲隨風而起，難道不歡樂嗎？但嵇康此時思緒卻飄到幽人身上，或許是山中的隱者、傳說中的古人，或是最親愛的朋友，於酒中會幽人，透露出心中淡淡的哀傷，他只能親撥七弦琴，透過琴聲，悄悄傳達他思念友人的心意。

　　嵇康始終保持清醒，故不耽溺於酒，畢竟他是嚮往神仙與古人風範的，對自身品格必有所要求。「酒」對他來說，是他與友人連繫的媒介；酒與友密不可分，因此在詩中以酒寄意會友，是與友人精神相通的表現，也是通往友人處的道路之一。

　　五、以「琴」寄意會友

　　嵇康善彈琴，他愛彈琴，到死前還在彈琴，故「琴」對他來說極為重要；關於嵇康與琴，有兩個重點，「唯琴獨尊」與「琴心合一」。此節即在這兩個基礎之上，向上推演，探討嵇康以琴寄意會友，甚至以琴為友的表現。

　　魏晉文人會彈琴的不乏其人，但能像嵇康彈得如此出名的，應無第二人。《晉書‧嵇康傳》關於嵇康善彈琴的事蹟自成一大段，可見「琴」在他生命中，具有舉足輕重的地位，最著名的就是康將刑東市，顧視日影，索琴彈之，曰：「廣陵散於今絕矣！」而先是夜宿華陽亭，引琴而彈，忽有客至，與之共談音律，傳授了千古絕響的〈廣陵散〉，〔註139〕〈廣陵散〉乃悲壯之琴曲，特別能扣緊嵇康之心靈。

　　另，〈琴賦〉除了表明自己的人生觀，亦反映嵇康對於音樂理論的一些看

〔註136〕王瑤著：《中古文學史論‧中古文人生活》，頁52。

〔註137〕戴明揚著：《嵇康集校注》，頁17～18。

〔註138〕戴明揚著：《嵇康集校注》，頁72～73。

〔註139〕以上事蹟見〔唐〕房玄齡等撰：《晉書》，卷49，列傳第19，〈嵇康傳〉，頁665。

法，這是從正面解讀〈琴賦〉。然而讀賦如看山，橫看成嶺側成峰，用不同的角度解讀，就有不同意義，並可產生不同的語境。

首先，一開頭就歌頌，「眾器之中，琴德最優」，〔註140〕以「德」比附之，即是把琴當做人來看待，是一種擬人化的手法，但其實他也不用擬人了，因為嵇康根本就把琴當做人來寫。從描寫他的出生背景、生長環境、成長過程，乃至於他的性情、聲音、律理、資質等等，鉅細靡遺，無所不包，彷彿在幫一位偉人寫傳記。例如寫出生背景及生長環境云：

> 惟椅梧之所生兮，託峻嶽之崇岡，披重壤以誕載兮，參辰極而高驤，含天地之醇和兮，吸日月之休光，……固以自然神麗，而足思願愛樂矣。〔註141〕

> 乃使離子督墨，匠石奮斤，夔、襄薦法，般、倕騁神，……錯以犀象，籍以翠綠，絃以園客之絲，徽以鍾山之玉。爰有龍鳳之象，古人之形。〔註142〕

吸收天地日月精華，使其具有天生優良的資質，琴匠細心雕琢，使琴有了龍鳳的圖像、古人的身形，琴聲嘹亮清麗，十分偉異。琴在嵇康的心中具有特殊地位，彷彿一位德高望、重品行清高的友人。

每當嵇康與友人相聚，興致高昂時，總要彈奏樂曲，如果反覆欣賞音樂而不滿足，便吟唱配樂詩歌以伸張己志，〔註143〕用琴聲歌頌他們的友情，就像琴德般美好；當友人不在身邊時，則用琴聲緬懷昔日友朋，陶冶情思，別有一番孤寂與惆悵。

〈琴賦〉還有一段提到一位奏琴的女子，琴聲與歌聲調和，音色優美，時而清越飄盪，時而清柔和美，指法紛繁，千變萬化。〔註144〕嵇康對彈奏的細節瞭若指掌，一彈一奏之間，該女子宛若嵇康本人之化身。嵇康又談到，「非夫曠遠者，不能與之嬉遊；非夫淵靜者，不能與之閑止；非夫放達者，不能

〔註140〕戴明揚著：《嵇康集校注》，頁84。

〔註141〕戴明揚著：《嵇康集校注》，頁84～88。

〔註142〕戴明揚著：《嵇康集校注》，頁88～91。

〔註143〕〈琴賦〉序云：「是故復之而不足，則吟詠以肆志；吟詠之不足，則寄言以廣意。」參見戴明揚著：《嵇康集校注》，頁83。

〔註144〕〈琴賦〉云：「冬夜肅清，朗月垂光，新衣翠粲，纓徽流芳。於是器冷絃調，心閑手敏，觸㩉如志，唯意所擬……。」參戴明揚著：《嵇康集校注》，頁95。

與之無吝；非夫至精者，不能與之析理」。若將此段視為嵇康的擇友之道，那麼這琴不但是某人的化身，更可以是嵇康之化身，〈琴賦〉最感動人心的地方就在於，到最後不但是琴與意合、琴與心合，更是琴與人合，達到琴我合一。

蓋嵇康對琴的讚美、對琴的喜愛，其實是對自己人格、精神完全投入的表現；一個人一生中最重要的朋友，一定包含他自己，嵇康也不例外，他愛好友人也愛好自己，琴就像他的摯友，對內表現自我，對外展現友情。對琴的愛護，就像對自己的愛護，對琴質的讚賞，也是對自己清高人格的讚賞。

第三節　隱逸觀與寄意會友——
嵇、阮詩中飛鳥意象所映現的自我影像

所謂飛鳥意象指的是將飛鳥融入客觀的作品中，藉以表達作者主觀精神的一種象徵意義；其中包含對週遭事物的隱喻，自我心志的嚮往以及對他人無法直接傾訴的寄託之情等等。上古神話傳說中即已將飛鳥融入先民的觀念，從而奠定了後世運用飛鳥表達己身情懷之基石，在文字發明以前，人們用繪畫象徵的方式，透露出對上天的敬畏與對天地的好奇心，以象顯意即是飛鳥意象的本源。《山海經》、《周易》、《詩經》、《楚辭》以及古詩、漢賦都曾出現以飛鳥之形象表達某種訴求的寫作手法，至魏晉時期，曹丕、曹植、傅咸、王粲等人亦作許多鳥賦，〈鶯賦〉、〈白鶴賦〉、〈鸚鵡賦〉、〈鷂賦〉等，用各式各樣的鳥類來表現己身之不遇或對悲觀、失落心態無法超脫的痛苦心境；如王粲《鶘賦》中的鶘、〈鸚鵡賦〉中的鸚鵡都是悲傷和寂寞的囚徒象徵。

竹林七賢中的嵇康和阮籍也擅長運用飛鳥在詩中呈現為政治所迫，生命遭受威脅的憂懼心理，鳥禽孤飛表達了落寞之悲情，雙鳥飛翔則又是另一種寓意，或以飛鳥意象加上網羅意象，更是以鳥喻實況的寫意筆法。

嵇康和阮籍互相賞慕，然而二人對政治之抱負及對老莊思想之領悟不盡相同。魏晉時期社會動盪，統治者勾心鬥角，朝廷中充斥著腥風血雨，因此老莊風行代表著心靈的解放。嵇康和阮籍皆沾染道家思想，但一人在仕途尚稱順遂，一人卻因悻直不願出仕；二人均以飛鳥自況，詩中也都透露出求仙的心態，但因為二人對隱逸觀念的不同，其詩中的飛鳥意象也不能等同視之，由飛鳥轉向求仙也不是必經的道路。

謝大寧說：「就思想傾向言，七賢多傾向老莊固是事實，但其傾向老莊的

內涵是否一致，則猶待考。」〔註145〕本節係從上一章衍伸而來，旨為疏理嵇、阮詩中飛鳥意象所呈現的意涵，更重要的是對其自我影像的探照，以飛鳥意象凸顯處在相同時空的二人，對世事與己身遭遇的觀感不同，亦可以推知二人思想之歧異。其對道家隱逸思想接受度的不同，在處世應變上呈現差異，隨而影響其人生際遇，形成詩中飛鳥意象之特點。因此本文首先論述其隱逸觀，其次介紹其詩作中的飛鳥意象，試圖運用飛鳥意象回映到詩人本身，以期構建出人鳥合一的景象，示現嵇康與阮籍兩種不同的生命態度與隱逸風格。

壹、嵇康、阮籍的隱逸思想

隱逸的意涵通常是指不入仕途，王仁祥研究先秦兩漢的隱逸觀，得出了儒家和道家兩種不同的隱逸思想，整體而言，中國隱逸之起源在殷末至西周中晚期這一段時間，孔子是第一位有系統有意識地反省士人仕隱進退問題的思想家；〔註146〕《易傳》是一部融合道家之說的儒家作品，《易傳·繫辭下》：「君子藏器于身，待時而動，何不利之有？」〔註147〕所謂「君子以獨立不懼，遯世無悶」，就是這樣的心情，《易傳》從宇宙論的高度賦予了隱逸一種新的意義。道家與儒家的差別，在於儒家以淑世為第一義，隱則是淑世理想未獲得實現之後的第二義；道家則直以隱為第一義，倘若人人能隱，不以有為治天下，則天下自臻太平之境。儒道兩家的看法雖不同，但基本上都仍肯定隱逸的價值。〔註148〕

儒家懂得進退之道，窮則獨善其身，達則兼善天下；道家以逍遙為宗，列子御風而行猶有所待者也，逍遙之旨在於無所待，無待之心反映在隱逸觀念上，應是一種處事態度與人生的最高理想，《莊子·刻意》曰：「若夫刻意而高，無仁義而修，無功名而治，無江海而閒，不導引而壽，無不忘也，無不有也，澹然無極而眾美從之。此天地之道，聖人之德也。」〔註149〕顯示道家的隱逸不盡然是指歸隱山林之意，隱逸是一種狀態，若是身隱而心不隱則

〔註145〕謝大寧：《歷史的嵇康與玄學的嵇康─從玄學史看嵇康思想的兩個側面》，頁124。

〔註146〕如子曰：「道不行，乘桴浮于海，從我者其由與。」（《論語·公冶長第五》）子曰：「直哉史魚（鰌），邦有道如矢邦無道如矢。君子哉蘧伯玉，邦有道則仕，邦無道則可卷而懷之。」（《論語·衛靈公第十五》）。

〔註147〕徐志銳：《周易大傳新注》（下），頁600。

〔註148〕王仁祥：《先秦兩漢的隱逸》（台北：國立臺灣大學出版委員會，1995年），頁245。

〔註149〕〔清〕郭慶藩撰，王孝魚整理：《莊子集釋》，頁537。

無法保持心靈的平易恬淡，莊子所謂的虛無無爲必須以德全而神不虧爲根本，「時命」與「全身」是道家論隱的兩項要素，心與跡共同逍遙是最佳的修身之道，但心與跡若只能全其一，則以全身爲要，因身全才能德全，隱逸最困難之處，不在於隱其行跡而在於隱其心，故使殷憂患累不能入其靈台，邪氣妖氛不能襲其臟腑，「其神純粹，其魂不罷，虛無恬淡，乃合天德」〔註150〕，若心中執意於隱逸的觀念，則爲故意爲隱而隱，如此亦不能稱作逍遙無待也。

　　史傳稱嵇康和阮籍家世儒學，但二人與道家思想亦皆有淵源，例如嵇康「長而好老莊之業，恬靜無欲，性好服食，常採御上藥」〔註151〕、「爰及冠帶，馮寵自放，抗心希古，任其所尙。託好老莊，賤物貴身，志在守樸，養素全眞。」〔註152〕他的思想主要傾向道家是無疑的。

　　阮籍的思想則向來多被人拿來討論，阮籍「昔年十四五，至尙好《書》、《詩》。被褐懷珠玉，顏閔相與期。」《晉書》本傳說他「本有濟世志」，有學者據此認爲他的思想是傾向儒家的。亦有學者根據他的：「長嘯慷慨，悲涕潺湲，又或拊腹大笑，騰目高視，形性俯張，動與世乖，抗風立侯，蔑若無人。」〔註153〕認爲阮籍是老莊的信徒。還有如謝大寧、劉康德等人認爲阮籍的思想本以儒家爲宗，由於險惡的社會環境所迫，在「名士少有全者」的時代中，他的性格改變，以佯狂避世之姿態求免疑猜，於是藉道家思想尋得生命的暫時安頓。嵇阮二人的思想，各自有矛盾處，但純就內在生命言，嵇康是統一而無搖擺的，嵇康的矛盾處在於他終不能忘情現實政治，但就現實而言，他以身作則地避不出世。阮籍則是個極爲矛盾的個體，心中存有對儒家的濟世之志，但行跡卻如道家任誕自如，心與跡存在著弔詭，令人難以捉摸。

　　韓傳達爲證明阮籍的思想其實是褒儒貶道的，指出欲分析一個作家的思想時，除了要考察他所處的環境和地位，也要注意到他的心與跡的區別，並說：「古人在評論阮籍時，就往往注意他的『跡』而忽視他的『心』，缺少由表及裡，由此及彼，去僞存眞的科學分析。」〔註154〕筆者以爲，無論主張阮

〔註150〕〔清〕郭慶藩撰，王孝魚整理：《莊子集釋》，頁 539。

〔註151〕〔清〕嚴可均校輯：《全上古三代秦漢三國六朝文・全晉文》，卷65，嵇喜：
　　　　〈嵇康傳〉，頁 1828。

〔註152〕〔唐〕房玄齡等撰：《晉書》，卷49，列傳第19，〈嵇康傳〉，頁 664。

〔註153〕〔清〕嚴可均校輯：《全上古三代秦漢三國六朝文・全三國文》，卷53，伏義
　　　　〈與阮嗣宗書〉，頁 1350。

〔註154〕韓傳達：《阮籍評傳》，頁 27。

籍是傾向儒家思想還是道家思想，這樣的分析理解都是陷於一元論的執著與偏見的思維模式。雖然在研究過程中理清一條具體的思路是十分重要的，但在論及一個人的思想或心理時，不能偏於一種理解的途徑與結果，這是由於人類的心理及人格本身就存在著多元性與變化性。當吾人論及阮籍的家學淵源時，總會留意《世說・任誕》引〈竹林七賢論〉所載：「諸阮前世皆儒學」這條目，但如果因此說阮氏家族世奉儒學，則阮籍理所當然地心裡沒有儒學以外的思想成份，則又陷入了一元論的窠臼。

以哲學的知識論而言，行為主義心理學主張，個體在生存環境中學得經驗，經驗構成觀念知覺，而後經由聯想變成知識。班度拉（Bandura）曾提出「三元學習論」，認為除了環境因素外，個人對環境的認知、個人與行為三者都會交互影響行為。揆觀阮籍身處的時代環境，即使他自幼習儒，但其身邊的人物與時代風格卻是竹林七賢一類，還有不可忽視的魏晉風度，飲酒、服藥與特顯愛憎等，即使他接受儒家的教育，但行為卻仍然會受道家思想的影響，因為個人、環境與行為是不可分割的三種元素。此外，Bandura 又指出，社會學習的產生是透過觀察學習與模仿。「觀察學習」是指個體以旁觀者的身份，觀察他人行為表現即可學習，又稱為替代學習，即毋需練習的學習。「模仿」是個體向社會情境中的某個人或團體行為學習的歷程，模仿的對象即稱為「楷模」。謝大寧說：「阮籍大約是在和嵇康交往之後，在其作品中才出現求仙長生之類的主題，因此我們可以推知嵇康對阮籍的影響。」〔註155〕由上推論，阮籍的行為與思想是極有可能受其友人與週遭人物的風格所影響，並且是透過觀察模仿的耳濡目染而擁有道家思想的，這種思想上的繼承與改變，不需要本人心理上的全然接受，因此他可以保有儒家的本質，卻表現出道家的形跡，居喪無禮，飲酒食肉，於是呈現出論者所謂的矛盾人格特質。筆者以為，他能夠認清時命，卑躬屈膝於司馬氏，就是為了實踐道家隱逸的兩項要素，認清時命與保有全身；至於身不能隱則心隱，盡可能地逍遙於世，以道家的無待自期，是阮籍較嵇康懂得變通隱逸之道的應用法則。

嵇康面對司馬氏的統治，其心態是不願與之同流合污的，高平陵政變時，嵇康年僅 26 歲，諸多士人捲入政治漩渦，嵇康雖未受牽連，但心中的震撼卻深深影響他，司馬懿對七賢等結社性活動懷有戒心，對其認可者進行拉攏，

〔註155〕謝大寧：《歷史的嵇康與玄學的嵇康─從玄學史看嵇康思想的兩個側面》，頁139。

如嵇康的好友阮籍，就在當年做了司馬懿的從事中郎，高晨陽指出：「根據當時的形勢和阮籍的性格，他之出仕可能是出於迫不得已。」〔註156〕而嵇康的哥哥嵇喜參軍，亦是為時局所迫。嵇康與向秀共鍛山陽、論辯養生，相知相惜的友情，為人稱道。「竹林七賢中，嵇康創造了一種以莊子式的隱居形式，從而吸引了阮籍、向秀；而且從思想發展的軌跡來看，莊子和阮、向原初之學也不相契，而獨對嵇康原初的問題意識具有本質的關係，這都顯示了竹林玄學的基本特徵乃是由嵇康賦予的。」〔註157〕當鍾會來訪時，康於大樹下鍛，揚槌不輟，傍若無人，移時不交一言，後人認為鍾會因此對嵇康有所不滿。山濤選曹郎，有意舉康自代，嵇康撰絕交書以明志。這些事蹟均表現出嵇康身隱不仕的志向，其作〈遊仙詩〉1首，表明願想與王喬同遊，拋棄俗世的羈累，學習黃老的自然之道，如夏蟬脫殼般的脫胎換骨，他有老莊的靈魂，希望能披神仙羽翼乘雲駕龍，但因政治與社會的惡劣環境，使他雖致力保持自身的純淨磊落，只能遙望山上松耳。

　　他雖然能夠體悟道家隱逸的真理，但是個體精神卻無法突破現實的困境，縱使心靈神遊於仙境，身形仍無法超脫，對嵇康而言，隱逸的最高精神是堅持自我的本質，是要付出生命代價的。

貳、孤鳥單飛意象和雙鳥飛翔意象

　　飛鳥意象，又稱鳥類意象，關於此類意象的研究，兩岸學者均曾撰文討論過，本文因此不多著墨。魏耕原稱阮籍是第一位專力以鳥為比興的詩人，並說他寫的都是「痛苦鳥」，和陶淵明的「田園鳥」相較，呈現出截然不同的「飛鳥情結」。〔註158〕李清筠對於「阮籍詩中的鳥意象」曾作一統整表格，分為描述意象、比喻意象、象徵意象三種，可使吾人初步瞭解阮籍詩中運用鳥類意象的概況。〔註159〕至於嵇康詩中的飛鳥意象則鮮少有人提起。

〔註156〕高晨陽：《阮籍評傳》，頁 31。

〔註157〕謝大寧：《歷史的嵇康與玄學的嵇康—從玄學史看嵇康思想的兩個側面》，頁 126。

〔註158〕魏耕原：〈心意的飛越：謝朓詩的飛鳥情結〉，《陝西師範大學學報》（哲學社會科學版）第 30 卷第 2 期（2001 年，6 月），頁 62。

〔註159〕李清筠：《時空情境中的自我影像：以阮籍、陸機、陶淵明詩為例》（台北：文津出版社，2000 年），頁 156～157。

一、孤鳥單飛意象

魏晉士人自我意識覺醒，許多人我行我素，行為乖僻，任情使性，盡可能地擺脫外在標準、規範而直接突出自身的人格特質。他們強烈意識到人在宇宙間的存在感，因此不斷展現外在的自我，他們更發現到了內在心靈的獨特性質，這種自我意識的追求，在禮教人士眼中宛如脫韁野馬，在倡導忠孝節義的司馬氏朝政中更如孤鴻逆風而翔。司馬氏標榜以「孝」治天下，提倡禮法、名教，實際上是藉以用來剷除異己，司馬懿發起高平陵事變奪取曹魏政權時，何嘗顧及了忠孝仁義？嵇、阮等人的反名教思潮，在集權主義的統治下，無法用原本的面貌出仕，因此必須隱匿自我本質。

阮籍雖然連續在司馬氏父子手下作官，但是他懂得道家的隱逸之道，故而明哲保身於政治鬥爭的黑暗中，孤獨的背影為後人哀嘆，表現在詩歌上形成隱晦的意象，後人從他的孤鳥單飛意象可以領略其中的孤獨感，如〈詠懷詩〉中寫到：

> 夜中不能寐，起坐鳴彈琴。薄帷鑒明月，清風吹我衿。孤鴻號外野，翔鳥鳴北林。徘徊將何見？憂思獨傷心。〔註160〕

> 獨坐空堂上，誰可與歡者？出門臨永路，不見行車馬。登高望九州，悠悠分曠野。孤鳥西北飛，離獸東南下。日暮思親友，晤言用自寫。〔註161〕

> 鳴鳩嬉庭樹，焦明遊浮雲。焉見孤翔鳥，翩翩無匹羣。〔註162〕

以上三首是詩中明確點出「孤」字的。「孤鴻」、「孤鳥」、「孤翔鳥」都是指單飛之禽鳥。描寫詩人夜晚睡不著，起身獨自彈琴，清風吹動衣衿使身形更顯單薄，再加上孤寂的鴻雁在野外哀鳴，盤旋的飛鳥悲鳴於北林，令人引起憂愁的思緒；登上高處眺望九州遼闊的大地，只見孤單的禽鳥飛翔和失群的野獸奔走，日暮時思念親友，期望能相見，對坐交談，以排除心中的憂悶。李清筠說：

> 孤字點出了阮籍的生命悲情，而原本該在日暮歸巢的鳥，到了夜中仍然盤旋飛翔，就說明牠「無枝可依」的漂泊，這不正是與上下求

〔註160〕陳伯君校注：《阮籍集校注》，阮籍：五言〈詠懷詩〉其1，頁210。
〔註161〕陳伯君校注：《阮籍集校注》，阮籍：五言〈詠懷詩〉其17，頁275。
〔註162〕陳伯君校注：《阮籍集校注》，阮籍：五言〈詠懷詩〉其48，頁341。

> 索而不得歸止的詩人一樣？……這種孤獨，在心境、志願陳說這一
> 欄中，反覆的出現，足見這不僅是某個特定時空中的情緒反映，而
> 是一種長時期的生命狀態。所以他會求友、思親友、期望雙飛，種
> 種舉措無非都在解消這種焦慮。〔註163〕

最後一首的意境則與前二首不同，黃節考證嗣宗〈鳩賦・序〉云：「嘉平中，得
兩鳩子，常食以黍稷，後卒以狗所殺。」黃節云：「焦明之遊浮雲，一孤鳥耳，
亦有玄鶴孔鳥相從。然鳩以群而被害，不如焦明之孤而得匹矣。雖生死乃自然之
常理；惟鳩爲狗所殺，何以變易之亂如此！」〔註164〕班鳩於庭樹嬉鬧如何看得
到孤翔之焦明？這裡隱約有「燕雀安知鴻鵠之志」的意味。班鳩群聚於紛亂之中，
焦明孤單翱翔於高空之上，卻都要面對天地間死生自然之理，孤獨的代價是不用
爲狗所食，然終將要孤獨地死去。這樣的哀淒之情如同〈詠懷詩〉其47：

> 生命辰安在？憂戚涕沾襟。高鳥翔山崗，燕雀棲下林。青雲蔽前庭，
> 素琴悽我心。崇山有鳴鶴，豈可相追尋！〔註165〕

他曾寫到：「寧與燕雀翔，不隨黃鵠飛。黃鵠遊四海，中路將安歸？」〔註166〕
以及「雲間有玄鶴，抗志揚哀聲。……豈與鶉鷃遊，連翩戲中庭！」〔註167〕
鶉鷃和鷃雀皆小鳥，不能高舉遠飛。《楚辭》王褒《九懷・株昭》曰：「鳳皇
不翔兮，鶉鷃飛揚。」王逸注：「鶉鷃，以喻小人。」前後兩首詩似乎矛盾，
但不影響詩人的心志；其云：「寧與燕雀翔」，「寧」字表示寧可、寧願，如子
曰：「禮，與其奢也，寧儉；喪，與其易也，寧戚。」如此說話的語氣是在兩
者必須選擇其　的情況下，不得已只好選擇某一個。阮籍心中其實是如玄鶴
不屑與鶉鷃同遊的，只是因爲必須保有全身，寧如蓮花出淤泥而不染，而不
願如曇花方開方謝，遂出此言。

　　在「燕雀」、「黃鵠」與「玄鶴」三者之中，阮籍希望能成爲玄鶴。追隨
玄鶴畢竟是遙不可及的夢想，但假如只能在「燕雀」和「黃鵠」二者之中選
擇其一，那麼他寧可埋沒在燕雀之中，如同他隱匿其志藏身在司馬氏黨僚之
中。黃鵠遊四海，但前途渺茫，倘能追隨玄鶴，豈與鶉鷃遊，連翩戲中庭！

〔註163〕李清筠：《時空情境中的自我影像》，頁152。
〔註164〕陳伯君校注：《阮籍集校注》，頁342。
〔註165〕陳伯君校注：《阮籍集校注》，阮籍：五言〈詠懷詩〉其47，頁340。
〔註166〕陳伯君校注：《阮籍集校注》，阮籍：五言〈詠懷詩〉其8，頁235。
〔註167〕陳伯君校注：《阮籍集校注》，阮籍：五言〈詠懷詩〉其21，頁285。

如此方能解讀他的心志。

二、雙鳥飛翔意象

上一節說過，孤獨是伴隨嵇康一生最重要的感受，他善於在詩中用與阮籍相反的「雙鳥飛翔意象」來表達其對友情的渴望，詩中雙飛的鳥兒越是自在地飛翔，越顯示詩人心中的孤寂感。

嵇康多次用飛翔中的鳥類，表達心中渴望自由的願望，他在政治壓迫下，不願出仕，自然用「鳥」比喻自身最為洽當，其詩中的鳥禽大多是出雙入對的，也就是雙飛的鳥禽，表現了另一種意蘊。雙鳥飛翔意象和其思念友朋的心理相連結，思念代表其人孤獨，他的願望是像飛鳥一樣，可以自由自在地與志同道合的朋友們一同飛翔，當事與願違的時候，只能將心志投射到詩文中，是「詩言志」的表現。

嵇康雖崇尚道家學說，十分重視養生，嚮往出世生活而不願作官，但是心中的苦悶不比阮籍輕，真正超脫之時是在臨刑之前，顧視日影，從容自若地彈奏一曲〈廣陵散〉，將其一生隱逸的最高義宣洩出來；《論語·顏淵》曰：「死生有命，富貴在天」，《莊子·秋水》引孔子為例：

> 孔子遊於匡，宋人圍之數匝，而絃歌不惙。子路入見，曰：「何夫子之娛也？」孔子曰：「……夫水行不避蛟龍者，漁夫之勇也；陸行不避兕虎者，獵夫之勇也；白刃交於前，視死若生者，烈士之勇也；知窮之有命，知通之有時，臨大難而不懼者，聖人之勇也。由處矣，吾命有所制矣。」〔註168〕

死亡只是有無相生循環的另一個開始，郭象釋之曰：「命非己制，故無所用其心也。夫安於命者，無往而非逍遙矣。」能安於時命，才是真正領悟逍遙的真義。和阮籍相較，嵇康能夠隱逸於山林之中，看似逍遙快樂，然而任達的表面是用來遮掩內心的孤寂與苦痛的，直到死時他才真正的升遐與仙同樂。

至於阮籍詩中的雙鳥飛翔意象僅出現過一次：

> 昔日繁華子，安陵與龍陽。……願為雙飛鳥，比翼共翱翔。丹青著明誓，永世不相忘。〔註169〕

〔註168〕〔清〕郭慶藩撰，王孝魚整理：《莊子集釋》，頁595～596。
〔註169〕陳伯君校注：《阮籍集校注》，阮籍：五言〈詠懷詩〉其12，頁256。

「雙飛鳥」言並飛之鳥，「比翼」猶言齊飛。這首詩描寫昔日安陵君與龍陽君攜手歡愛，同衾共裳的友誼，並用雙飛鳥比翼翱翔形容友情的堅貞。

參、網羅意象

　　嵇、阮二人對於飛鳥意象的寄託有所不同，阮籍以「孤鳥單飛意象」象徵己身孤獨之感，嵇康詩中則多「雙鳥飛翔意象」隱喻其思念親友若渴若饑，然而兩人的想像都隨著「網羅意象」的加入而破滅，凸顯時局之險惡，心境不得不有所轉化。嵇康詩中的網羅意象亦已在前一節「以鳥禽寄意會友」提及，此處不再贅述，而以阮籍詩中的網羅意象為主要探討重點。

　　《世說·德行》15 載：「晉文王稱阮嗣宗至慎，每與之言，言皆玄遠，未嘗臧否人物。」〔註170〕當時正值魏晉勢力消長之際，阮籍口不論事，文帝因而賞其能慎、至慎。俗話說，最危險的地方就是最安全的地方，阮籍雖然得到了最高統治者的眷顧，但這並不意味著他能夠高枕無憂，他時時刻刻如坐針氈，擔心生命安危而發出「憂生之嗟」。其身處廟堂卻心懷山林，縱使獵人的網羅不斷追捕林中的鳥兒，他仍然對山林的自由抱持著一分渴望，因為他自己也是被網羅來的飛鳥。〈詠懷詩〉云：

> 天網彌四野，六翮掩不舒。隨波紛綸客，汎汎若浮鳧。〔註171〕
>
> 有悲則有情，無情亦無悲。苟非嬰網罟，何必萬里畿！〔註172〕
>
> 秋駕安可學，東野窮路旁。綸深魚淵潛，矰設鳥高翔。〔註173〕

天網遍佈於四方郊野，禽鳥歛藏羽翼而不敢展翅翱翔，跟隨那些眾多忙於奔走的人，如同野鴨一樣隨波上下，然而生命的限度無定，早晚都有意料不到的災難會降臨；若非法網縈身，又何必託身於萬里的邦畿之外。古之善御者諳熟駕御之術，其執轡銜體皆極正規，調習其馬也盡量合乎朝廷之禮，但是他的馬仍然逃奔於路旁；《史記·老子傳》云：「走者可以為罔，游者可以為綸，飛者可以為矰。」釣絲深長，游魚則潛藏於深淵，矰弋設置，飛鳥則往高處飛翔。李清筠研究阮籍詩中的網羅意象說：

〔註170〕余嘉錫：《世說新語箋疏》（上），〈德行〉15，頁17。
〔註171〕陳伯君校注：《阮籍集校注》，阮籍：〈詠懷詩〉其41，頁326。
〔註172〕陳伯君校注：《阮籍集校注》，阮籍：〈詠懷詩〉其70，頁383。
〔註173〕陳伯君校注：《阮籍集校注》，阮籍：〈詠懷詩〉其76，頁394。

鳥的翩翩飛舞，常被人們視作是自由的象徵，那麼，網羅就意味著
自由的剝奪。在位者可以「設天網，頓八紘」（曹植〈與楊德祖書〉），
「羅致」人才，這可以是一種機會，但也絕對是一種限制。……這
些網羅，不僅剝奪了鳥的自由，還有生命威脅的陰影存在。〔註174〕

阮籍深知司馬氏就是設置網羅的獵人，自己的性命掌握在他人手裡，因此嗜
酒佯狂，藉此降低有心人對他的猜忌。

肆、飛鳥意象所映現的自我影像

　　「自我」是人格的一部分，心理學的「自我」依精神分析學派、人本
學派、特質學派與社會學派等有不盡相同的定義，一般人只注意到精神分
析論的開山祖佛洛伊德（Freud）的本我（id）、自我（ego）和超我（superego），
但這是 Freud 從治療精神病患的經驗中所發展出的結構模式，向來為心理
學界所詬病。魏耕原說阮籍、陶潛詩中的飛鳥意象展現出詩人的「飛鳥情
結」；「情結」這個詞係對應到新精神分析學派的「個人潛意識」（personal
unconscious），榮格（Jung）指出，當潛意識中所積壓的不愉快經驗累積之
後就會變成「情結」。然而潛意識隱藏在意識層面的最底層，包含一切情感、
慾望、恐懼等複雜經驗，因受意識控制而壓抑，致使個人不自覺。這種連
其本人都不自覺的心理覺知程度，外人要憑其外在客觀的創作文本評估，
有相當的困難度。

　　「影像」這個詞可以用生物學及心理學來解釋，視覺系統中最重要的
部份是眼，光刺激經瞳孔投射到視網膜上時，在視網膜上形成映射；感光
細胞受到光刺激的同時也產生神經衝動，經由視神經傳到大腦視覺區產生
視覺，此視覺其實是一種心理的感覺，因為視網膜上的映象恰如照相機的
原理，與實際物體上下顛倒，因此所謂的映射其實是經過大腦及心理的轉
換而來的。

　　顏崑陽在論李商隱詩的箋釋方法時，曾提到「以意逆志」的詮釋手法，
他說：「所謂『意』當指『言外之意』，它既是『文字之意』，也是『箋釋者
之心意』，更是『作者之心意』。」又「最正確的箋釋方法，應當是通過對
作品語言文字的理解，進而超越語言文字的表面意義，而體會言外隱涵的

〔註174〕李清筠：《時空情境中的自我影像》，頁155。

作者的用意。這作者的用意，也就是『以意逆志』的『志』。」〔註 175〕這
種方法就好比外在事物的景象投射到到視網膜後，再經過大腦視覺區的「詮
釋」，成爲詮釋者心中也是作者心中的影像。爰此，吾人不能探究魏晉時期
嵇康、阮籍兩位人物心中的潛意識，但是吾人或許可以透過詩裡的飛鳥意
象將其心理解碼並轉置成作者心中的自我影像。

在探討飛鳥意象在詩人心中的意義前，先探討一個有趣的心理現象；
假設嵇康和阮籍在現實生活中眞的看到孤單的飛鳥與雙飛的鳥禽，或是親
眼看到山鳥被獵人追捕、網羅，那麼其詩中的飛鳥就不單只是想像，而可
能眞的是詩人腦中的鏡映神經元活化而產生的共鳴感，「鏡映神經元」（又
稱鏡像神經元）的作用係由某人所做的動作，造成另一個人腦部的活化，
活化部位就在負責執行相同動作的腦區，一個人會有感同身受的感覺就是
由於該類神經元的活化作用。事實上，嵇康曾自述：「遊山澤，觀魚鳥，心
甚樂之，一行作吏，此事便廢。」〔註 176〕由此推論，倘若詩人看到飛鳥的
各種處境，產生與飛鳥同樣的心境，則能體會鳥遭網羅所捕的生理及心理
上痛苦；詩中的意象不是想像而是眞實畫面，先感受到飛鳥的心情再觀照
到自己的心境，發覺自己的境遇和飛鳥相同，人與鳥心境相合而產生心理
影像，這種感悟並非純粹地觸景生情，而是先有情，再看到景，而將自己
置入景中。鳥是大自然中的一份子，人觀照天地萬物產生與天地同感的心
境，人與鳥共鳴未嘗不是一種天人合一的境界。

然而，倘若詩人並非眞正看到飛鳥然後產生心理共鳴感，而是如大多
數人所認爲，飛鳥的種種行動、遭遇皆只是一種意象，是詩人寫作的一種
手法，藉飛鳥比興寄託自己的心意，那麼就要運用以意逆志的方法反映詩
人心中的自我影像。

嗣宗「至愼」的自全之道是爲了保全生命，而其「至狂」的一面其實是
身體與心靈展開強烈拉鋸時撕扯出來的。關於阮嗣宗狂放的一面，史多有
載，如「母終，正與人圍棊，對者求止，籍留與決賭。既而飲酒二斗，舉聲
一號，吐血數升。」〔註 177〕、「籍嫂嘗歸寧，籍相見與別。或譏之，籍曰：

〔註 175〕顏崑陽：《李商隱詩箋釋方法論—中國古典詮釋學例說》（台北：里仁書局，
　　　　　2005 年），頁 111。
〔註 176〕戴明揚著：《嵇康集校注》，嵇康：〈與山巨源絕交書〉，頁 123。
〔註 177〕〔唐〕房玄齡等撰：《晉書》，卷 49，列傳第 19，〈阮籍傳〉，頁 658～659。

『禮豈爲我設邪！』」〔註178〕其行爲或嗜酒荒放，或露頭散髮，或裸袒箕踞，何啓民以爲，其內實有鬱積，其於一吐而復快。〔註179〕無論是至慎還是至狂，在表現出這兩種極端的人格特質之後，剩下的只有孤獨和寂寞。阮籍人生的悲哀也在於此，終其一生都必須處在這兩種極端的矛盾之中，無法自拔。人本心理學家羅傑斯（Rogers）曾提出「人格自我論」，並用「自我和諧」來判斷一個人自我觀念中有沒有自我衝突的現象，當「理想我」（idea self）與「眞實我」（real self）兩者一致時，會表現出自我和諧。由阮籍的例子來看，阮籍的理想我是想爲朝廷奉獻心力，但當統治者失道時，則隱逸於山林，然而眞實我卻是在朝無所用，又不得歸山林，好比被司馬氏軟禁在籠中的鳥。因此說阮籍詩中的飛鳥意象是從籠中看飛鳥，對自由的渴望會比嵇康強烈，而對網羅所造成的威脅感，雖然深刻，但沒有嵇康的感覺來得緊迫。嵇康是眞正能體會山林鳥爲獵人和網羅追捕的驚恐和痛苦的人，因此嵇康詩中的飛鳥意象除了對於自由自在飛翔的希望外，筆鋒一轉，從網羅解脫飛入仙境的心意也比阮籍來得豁達，和阮籍的自我影像對比，嵇康的自我影像如山林鳥自由卻富涵危機意識。

　　二人對道家的隱逸觀的領悟與變通力不同，因此他們的生命各自有無法超脫的地方。人本主義心理學家馬斯洛（Maslow）將人類的需求分成 7 個層次，〔註180〕「自我實現需求」爲最高層次，指人類在精神上臻於眞善美合一至高人生境界的需求，亦即個人所有理想全部實現的需求。當一個人達到自性實現時，性格較獨立，情緒較自然，能夠接納自己與他人，且對環境事物的知覺較爲清新，若能產生「高峰經驗」，則此時個人將體會到自我追尋中臻於自性實現的喜悅感，心靈滿足感與完美感，這是自我實現所伴隨的產物，如煉丹採藥般由內而發，非外塑可得也。嵇、阮詩中的飛鳥意象也代表著他們十分努力想要獲得自我實現，也就是擺脫現實的牢籠與網羅，假若能夠超越這層關卡，不但夢想成眞也能獲得精神上的超昇。筆者以爲，Maslow 提出的自我實現和道家的逍遙相較，老莊是以聖人、神人、眞人來構成自我實現的境界，這種精神上的超越，是形而上的；現代心理學爲貼近

〔註178〕〔唐〕房玄齡等撰：《晉書》，卷 49，列傳第 19，〈阮籍傳〉，頁 659。

〔註179〕何啓民：《竹林七賢研究》，頁 37。

〔註180〕Maslow 的需求層次理論，強調人類的動機是由不同的需求所組成，由低到高：生理需求、安全需求、隸屬與愛的需求、自尊需求、知的需求、美的需求、自我實現（自性實現）的需求。

人類眞實的生活環境，故以自我實現與高峰經驗指稱精神完美的最高境界，實有異曲同工之妙。

小　結

本章探討魏晉友誼觀之實踐，包括莊子友誼觀之實踐，個人友誼觀之實踐，以及從個人生命體驗中了解他者與自我的關係，發展形而上的友誼，表現的方式爲寄意會友。以下分別作總結：

壹、莊子友誼觀之實踐——魏晉之方外交

本節以魏晉之方外交作爲魏晉名士實踐莊子友誼觀的具體表徵。「方外交」可以簡單地以交往對象而言，是指與方外之人結交；所謂方外之人，在魏晉特別是指不拘禮節，越名教而任自然的一群人。其行事任誕，但內心清虛靈明，以高潔之姿對抗虛僞矯揉的禮法之士，他們的任性正實踐著老莊順性無情的友誼觀，但失卻莊子之功夫修爲，故只能任情而不能無情。

貳、嵇康之友誼觀

揆觀在現實與虛幻中拔河的嵇康，其友誼觀十分明確，就是謹遵「至情至性，愛恨分明」的原則。交到好朋友，就表現得至情至性，對朋友非常好，希望友情能維繫一輩子；交到壞朋友，就不惜絕交，除表示朋友的人品有缺陷，也宣示自己的自尊與人格已遭受傷害。

《莊子‧山木》云：「君子之交淡若水，小人之交甘若醴；君子淡以親，小人甘以絕。」〔註181〕君子的交往，以誠相待，雖平淡似水，但能持續久遠；而小人則以利交往，雖一時親暱，卻容易決裂翻臉。因此嵇康對待朋友的態度非常愼重，是任眞的以誠相待，友愛相對，他常藉詩文或書信表達對朋友的關心與熱情，表面上雖然不苟言笑，內心卻是十分眞摯的。

仲長統《昌言》曰：「人之交士也，仁愛篤恕，謙遜敬讓，……有負我者，我又加厚焉。有疑我者，我又加信焉。……惡有與此人交而憎之者也。」〔註182〕然而像呂巽這種染指人妻的禽獸，嵇康不恥與之交往，更忿然與之絕交，

〔註181〕〔清〕郭慶藩撰，王孝魚整理：《莊子集釋》，頁685。
〔註182〕〔清〕嚴可均校輯：《全上古三代秦漢三國六朝文‧全後漢文》，卷89，頁954。

其間絲毫不得假藉。

　　嵇康曰：「老子莊周，吾之師也，親居賤職，柳下惠、東方朔達人也，安乎卑位，吾豈敢短之哉。」〔註183〕，以莊子、柳下惠與東方朔爲榜樣，求其至性眞情，且擅於辯論，在與人相交時爲一大利器。而人我相知的契合出自〈秋水篇〉末段的壕梁之辯。嵇康和山濤的關係，宛如莊子和惠施的關係，生前差點成爲敵人，然最後卻能無虧於終始。

　　總而言之，魏晉名士交友首重情性而非才學，嵇康是最能表現此一理念之人物；其「清峻」、「通脫」正是「魏晉風度」之常態展現，反映在友誼觀上，即是道家精神交友觀之實踐，亦是魏晉名士友誼觀之特殊表徵。

參、隱逸與寄意會友

　　本節從嵇康和阮籍的隱逸思想討論起，證明二人的思想不但傾向老莊，其生命態度與處事原則亦受老莊的影響，然而其傾向老莊的內涵是否一致，除了相關史實足以推引論證外，從其個人創作深入理解其人思維是必要的過程。職此，本文從歷代詩文均曾出現的「飛鳥意象」著手，探討叔夜和嗣宗詩中相關的鳥意象，從孤鳥單飛意象、雙鳥飛翔意象、網羅意象到與仙同遊意象，最後用心理學和以意逆志的詮釋觀點映證了詩人心中的自我影像。

　　阮籍詩中的飛鳥意象以孤鳥單飛意象爲主，其孤獨之思宛如浩瀚宇宙中的點點繁星，既絢爛又超拔塵世；嵇康詩中的飛鳥意象則以雙鳥飛翔意象爲主，藉飛鳥之雙飛反襯其內心之孤獨。

　　阮籍孤獨的根本原因源自理想我與眞實我的差距所產生的自我衝突；其雖家世儒學，但是在時代風氣以及週遭人物的影響下，產生了自覺意識，對於莊子學派的隱逸，他認爲仕與隱並非絕對的對立，他用他的人生印證：老莊的隱逸應是一種本然的狀態，是人生的最高理想，並以明哲保身的生命態度演繹了老子的柔弱勝剛強。嵇康對於逍遙的嚮往從他的〈遊仙詩〉和其他詩文中的與仙同遊意象可以看出，其曰：「老子莊周，吾之師也。」〔註184〕他以繼承老莊的隱逸思想自期，避居山林而不出仕，即使好友山濤欲加以拔擢，他仍然不爲所動，因其性有所不堪，眞不可強，其自言：「吾傾學養生之

〔註183〕戴明揚著：《嵇康集校注》，頁114。
〔註184〕戴明揚著：《嵇康集校注》，嵇康：〈與山巨源絕交書〉，頁114。

術，方外榮華，去滋味，遊心於寂寞，以無爲爲貴。」〔註185〕又云：「今但願守陋巷，教養子孫，時與親舊敍闊，陳說平生，濁酒一杯，彈琴一曲，志願畢矣。」〔註186〕可見他是甘於寂寞的。

　　在仕與隱爲兩端的獨木橋上，嵇康和阮籍雖各站一端，但是都仍在司馬氏佈下的網羅範圍內。二人心中都承載著道家的隱逸思想，但卻有不同的變通之道，造就了詩中飛鳥的視野不同；阮籍是被司馬氏軟禁的籠中鳥，故其飛鳥意象宛如從鳥籠內看山林；嵇康則是無拘無束的山林鳥，但卻必須時時刻刻逃避網羅的追捕，飛鳥的願望是與仙人同遊，因此詩中的場景可由山林轉換爲崑崙仙境。二人均用生命實踐了道家的隱逸觀，呈現出不同的風格面貌，爲後世的隱者與文人提供了不同隱逸方式的選擇，在研究魏晉士人對道家思想的繼承時，自是不容忽視的一環。

〔註185〕戴明揚著：《嵇康集校注》，嵇康：〈與山巨源絕交書〉，頁125。
〔註186〕戴明揚著：《嵇康集校注》，嵇康：〈與山巨源絕交書〉，頁127。

第六章 結 論

　　對於魏晉名士的友誼觀研究，筆者以灑網捕魚的心態，企圖將所有關於友情與友道的事實與內涵完整呈現出來，由於涉及層面甚廣，綜觀全文難免有雜而失焦之嫌，但主要議題始終圍繞著友情與友道。職此，為緊扣研究之初的問題意識，筆者將以簡明扼要的方式舉出下列幾點作結，以突顯全文之核心並體現本論文的意義與價值。

壹、魏晉名士的友誼觀——友情與友道的特點

　　就本論文的研究而論，魏晉名士的友誼觀在友情與友道方面的特色，約有以下幾點：

　　一、重視擇交，以氣度與器度相合

　　擇交是一種對朋友挑選、評估的行為與過程，筆者認為這種對朋友的選擇權，在五倫之中是十分可貴的，此外，亦是魏晉名士自覺意識高昂的一項指標。先秦士人擇交的重點，是對於內在德性與知識文采的要求；魏晉名士的擇交標準首重氣度與器度。氣度是指氣質風度，器度則是指器量與識量；擇交時，對於氣度的要求優先於器度，顯示魏晉名士將擇交與審美結合的獨特文化現象。

　　二、樂於私交，以情性相感通

　　以人際交往的觀點而論，古人將「交」分為公交和私交，本文除君臣交等因政治而結交的友誼類型，屬於公交的範疇外，其他均屬私交。反對私交的交友論者，往往將篤私交與薄公義聯繫在一起，然而，這種觀念在魏晉時期並未

造成太大影響。六朝文學的緣情觀既已被學者所認同，誠如陳昌明所言：

> 六朝文士以情性為文學特質，實不勝枚舉。……蓋具體的生命因其有『感受』而顯現其具體性，人乃生活在一系列的感受中，所以不只是一個『能知者』，更是一個『感者』、『受者』。……而要投入這個世界，必有喜怒哀樂之情，使我們的生命成為具體實在，因為作為具體生命看，我們的生活歷程即是一情意感受的歷程。而六朝文士不只是要肯定自我為一情意的感受主體，更有一份企慕之情—要追求自足、自得、適性的境界。〔註1〕

這種對生命的感受，除了體現在文學藝術上，亦應包含實際的生活面，尤其是人際交往更需要確立感受主體，以感受人與人之間情性的相感通，而文學藝術也是建構在實際情感的交流上，而非單純對外界事物感應的宣洩而已。既然要以真情真性投入這個世界，則不只是文學，凡是生命中能夠肯定自我為一情意的感受主體之事物，均能使當時的士人具體追求自足、自得、適性的世界。如此說來，魏晉名士樂於私交，亦有合理之解釋。

三、友誼類型豐富，彼此相互聯結

　　魏晉名士交往行動中的友誼類型，在張瑀琳：《「遊」與「友」：漢晉名士交往行動探究》〔註2〕中已提出一些，但仍無法充分表現魏晉名士豐富的交友生態及友誼類型。本論文第三章及第四章揭示的友誼類型共有 25 種，若加上同義或義近者則更多。此外，考察魏晉名士的實際交友情形，可發現各種友誼類型相互重疊，如第三章指出門第交的內涵是由門第觀念所貫串的各種友誼類型，因此清談交與門第交相結合，足以顯現高門之習俗；君臣交、朋黨交與門第交相結合，代表魏晉時期君臣倫理的弱化；世外交與門第交相抗衡，則顯示道教的貴族化。其它未於文中一一點出的友誼類型相結合的情況，事實上也是彼此交織聯結的。各種友誼類型反映魏晉名士不同的交友情境及友誼觀；友誼類型的豐富化，亦能提供魏晉名士多元的生活情境。透過交友展現其內心豐沛的情感，交友的原理原則亦是透過實際的交往行動逐漸生成並實踐的。爰此，魏晉名士交往時所產生豐富的友誼類型，其所代表的意義，

〔註1〕陳昌明：《緣情文學觀》，頁 66～67。
〔註2〕張瑀琳：《「遊」與「友」：漢晉名士交往行動探究》（台南：成功大學中國文學研究所碩士論文，2008 年）。

不只是一種事實或文化現象，而是一種集體思想源源不絕產生的原動力，如此具體可得的文化現象，使魏晉名士友誼觀的研究在魏晉思想的研究領域中，應被受重視且得到認同。

四、受莊子友誼觀的影響

魏晉思想受到先秦道家的影響，已是不爭的觀點，本論文第二章探討莊子的友誼觀，第五章接續第二章的研究，提出莊子友誼觀於魏晉之實踐是爲方外交。方外交繼承莊子友誼觀的兩個部份，分別是順性無情與貴德忘形，然而由其他多樣的友誼類型可知，友情是魏晉名士友誼成立與維繫的重要元素，豐富的情感使他們不能忘情而鍾情。魏晉名士鍾情卻爲情所困，因爲受道家思想的洗禮，他們知道聖人無情的道理，但卻無法親身實踐，於是聖人成爲心中崇拜的對象，並將這種崇拜的心理，轉而對現實中的方外之人，產生景仰與欣羨的心態。能夠實踐莊子友誼觀的人畢竟是不多，大部分的名士仍沉浸於豐富的情感生活，以及努力追求自我的價值並愛惜生命，縱使交友會使他們產生喜怒哀樂等情緒，對道家而言有害身心，但魏晉名士亦透過服食養生來補足這方面的缺陷，於此之外，大可以肆情、縱情，盡情感受人與人、人與萬物之間的情性，以體現生命是如何具體之存在。

五、與萬物爲友的友誼

魏晉名士的友誼觀，除了透過現實生活中豐富的友誼類型予以表現；從個人生命體驗中了解他者與自我的關係，發展出與萬物之間的友誼，此亦當爲魏晉名士友誼觀與其他時代最大的不同處。有關這部份的論述，筆者以個人友誼觀的實踐來處理，在第五章分別以嵇康、阮籍「寄意會友」的友誼，作爲魏晉名士發展與萬物爲友的友誼的表徵。因他們所結交的對象並非人類，而是一般人難以想像的鳥禽、神仙、酒與琴等，將這些對象人格化，情有獨鍾以寄託內心之情，筆者以爲，他們能夠與人以外的自然界萬物相與爲友，是一種天人相感通，天人合一的境界。

貳、魏晉名士的友誼觀與先秦兩漢友誼觀的不同

蔡三億說：「至交友本身而言，交友本身是從私，故爲私交；然在東漢六朝社會中，尤其在政治範圍中，私交和政事間處，往往形成公私不明的混淆

關係。」〔註3〕如前所述，樂於私交是魏晉名士友誼觀的特點之一，也是魏晉與前代友誼觀明顯的不同處。

此外，從倫理結構的轉變而言，陳昌明指出：

> 先秦諸子中，提出整套倫理結構與社會政治理念的惟獨儒家而已。儒家的德化之治，由血緣的倫理之情與宗法的社會結構所構成，此乃是透過「情的關係」去成就，從親情倫理的真實去建立一德性的真實，並落實到人際互動的社會結構中。在儒家的德化之治裏，「德」乃以親親、尊尊與尚賢來規範，此三者，親親乃天生之情，尊尊乃此情之推行與客觀化，尚賢則是此情客觀化的擴充而已，而孔孟則將此血緣之情提升到道德意義的層次，此由血緣之情推展出去的人際結構，遂成為我國傳統倫理間架。漢代大抵承襲了儒家的倫理結構與社會理念，卻有相當大的轉變，略言之如：（一）漢代在儒家的倫理結構加入法家的大一統的權威意識，使君臣凌駕於一切血緣親情之上，例如「三綱」的觀念即是此大一統政體的產物……。〔註4〕

《孟子‧滕文公上》對於五倫的排序是有先後之分的，父子、君臣、夫婦、兄弟、朋友，朋友一倫居於末位，「君臣與父子兩倫更被看作全部秩序的基礎」〔註5〕。陳氏認為兩漢君主專制，提倡名教，從「禮法」的規範之下，整個影響到原有的倫理結構和社會理念，六朝名士以「自然之情」「人情」來重新檢討禮制，流為風潮。這一個時代的新禮法，由「緣情」出發，要尋求人情自然之真，有其時代的意義。〔註6〕並舉余英時先生所說：「魏晉時代的情與禮都取得了新的意義。……這時中土逃來的門第勢力已把「情」宣揚成一種最高的社會價值，並利用它作為破壞法制的依據了。」〔註7〕筆者將他們的觀點應用於友誼觀的檢討上。

魏晉名士樂於私交，君臣關係從上下關係轉變為平行關係，朋友倫的地位無論在實際生活中或士人心中均明顯提升，甚至位於君臣之前。從先秦至魏晉，漢代提倡名教是個關鍵，沒有漢代重視禮法，則無法激起魏晉士人心

〔註3〕 蔡三億：《六朝交友論》，頁129。
〔註4〕 陳昌明：《緣情文學觀》，頁11。
〔註5〕 余英時：《中國知識階層史論》，頁331～332。
〔註6〕 陳昌明：《緣情文學觀》，頁14～20。
〔註7〕 余英時：《中國知識階層史論》，頁365。

中的熱情。筆者以為，將「情」視為破壞法制的依據，容易使「情」連帶背負那些狂放、狎褻之人所為之行為，並使魏晉名士崇尚道家的自然之情被儒家知識分子污名化，而真正淪為被人利用的工具。故而，肯定「情」的影響之外，應將「情」視為正面激發人心，面對名教，並產生以實際行動改變漢代名教規範及先秦倫理結構需求的原動力，使「情」成為改變的正當手段，而非工具。

　　總而言之，魏晉名士的友誼觀和先秦兩漢友誼觀最大的不同，在於對友誼的態度與認知，係從被動到主動；從為了「以文會友，以友輔仁」的工具性目的，及其在倫理結構中屈居末位的名教觀點中脫離出來，轉變為肯定「情性」在他者與自我之間的價值，聽從自己的主觀意識，打破公交與私交之別，發展出與任何人，甚至與自然界的萬物皆可成為朋友的友誼觀。

參、魏晉名士的友誼觀給予現代人的啓示

　　由本論文的研究可知，友情與友道密不可分，透過交友的道理與人結交，發展友情，友情的維繫也必須倚靠友道。在情、理、法三者之中，筆者略過法而直接談情與理，係因為友誼本身即具有變動的意涵，法為制度為規範，無論立法者如何處心積慮想要規範友誼，絕對無法訂立一套全面而完美的法律來約束人們的情感，故而五倫之中，只有朋友倫至今仍處在法不可管的灰色地帶。

　　此外，「情」表現在管理上即為人性化或人道化的管理方式，使人們覺得受到關懷、得到重視，在心理自然得到安全感、歸屬感及尊榮感的需求滿足，這就是人本心理學家 Maslow 所謂的需求層次理論，和儒家講求的仁民愛物、以民為本的思想相符合，亦不違背道家適情任性的表現方式。

　　友道之「道」有兩個意涵，其中一個便是「理」，交友講理也就是要合宜，合理乃是解決問題的方法，不必拘泥於固定的方式，與管理學中的「權變理論」相同。權變，顧名思義即是通權達變，權變理論原本係應用於管理學中的組織管理上，其主張否定「兩極論」，認為人非全惡，亦非全善，要有效管理人，就必須隨著個人的人格特質、需求差異、地位高低等改變管理方式，因人、因事、因地、因時而有所不同地彈性運用。

　　這樣的觀點在今日的組織管理中受到重視，因為任何正式組織中幾乎都有非正式組織（小團體）的存在，小團體的約束力往往來自於非正式關係的

友誼（即古人所謂的私交）與友情，要讓友誼不破壞組織秩序，甚至透過友情的凝聚力達成組織目標，不能透過法，只能運用權變的道理來解決問題。

團體中各種友誼的疑難雜症，甚至有虧交友之道的行為，都會影響到組織的正常運作，因此交友之道顯得格外重要，如何選擇朋友、維繫友誼、結束友誼等等，都屬於友道的範疇。本論文以友誼發展的過程論和友誼維繫的狀態論，來闡釋友道的內涵，而不明確點出魏晉名士友誼觀所認為的交友之道究竟有哪幾項，即是本著權變的觀點，認為交友之道應是順應友誼發展的過程與友誼維繫的狀態應運而生的；尤其在魏晉時期，友道追求的不是一種最佳方法與法則，而是在友誼發展的各個階段皆能使友情盡情發揮，讓友誼長久維繫，如此才是對友道的正確認知。

魏晉名士的友誼觀，可應用於現代人實際的交往行動與管理組織中的小團體上。透過不同的友誼類型可以了解友誼可能產生的相關問題，以及其中蘊含不同的友情的表達方式、不同的友道實踐方式，可以使外人，尤其是管理者更為了解友誼的內涵，當小團體中的友誼生變時，能夠及時安置成員的心情，不影響其他人及組織的正常運作。

參考書目

一、古籍文獻（以成書之朝代為次）

1. 【戰國】呂不韋著，陳奇猷校注：《呂氏春秋新校釋》，上海：上海古籍出版社，2002 年。
2. 【漢】王充著，黃暉校釋：《論衡校釋》，《新編諸子集成・第一輯》，北京：中華書局，1990 年。
3. 【漢】司馬遷撰：《史記》，台北：鼎文書局，1981 年。
4. 【漢】班固撰：《漢書》，台北：鼎文書局，1986 年。
5. 【魏】王弼著，樓宇烈校釋：《王弼校釋》，台北：華正書局，2006 年。
6. 【晉】陳壽撰，【民】盧弼集解：《三國志集解》，台北：新文豐出版公司，1975 年。
7. 【晉】皇甫謐：《高士傳》，北京：《中華書局》，1985 年。
8. 【劉宋】劉義慶著，余嘉錫箋疏：《世說新語箋疏》（上）（下），台北：華正書局，1993 年。
9. 【劉宋】范曄撰：《後漢書》，台北：鼎文書局，1981 年。
10. 【南朝梁】陶弘景撰：《真誥》，台北：台灣商務印書館，1965 年。
11. 【北齊】顏之推撰，王利器集解：《顏氏家訓集解》，上海：上海古籍出版社，1980 年。
12. 【梁】僧祐著：《弘明集》，台北：新文豐出版公司，1986 年。
13. 【梁】蕭統編，【唐】李善注：《文選》，上海：上海古籍出版社，1986 年。
14. 【梁】鍾嶸著，曹旭集注：《詩品集注》，上海：上海古籍出版社，1994 年。
15. 【梁】釋慧皎撰，湯用彤校注：《高僧傳》，北京：中華書局，1992 年。
16. 【梁】劉勰著，王更生注釋：《文心雕龍》，台北：文史哲出版社，1991 年。

17. 【唐】吳競撰：《貞觀政要》，台北：黎明文化，1990 年。

18. 【唐】房玄齡等撰：《晉書》，台北：藝文印書館，《二十五史》影印本第 8 冊，1958 年。

19. 【唐】釋道宣撰：《廣弘明集》，台北：新文豐出版公司，1986 年。

20. 【唐】楊倞注，【清】王先謙集解：《荀子集解‧考證》，台北：世界書局，2000 年 12 月二版。

21. 【宋】王欽若、楊億等撰：《冊府元龜》，台北，臺灣商務印書館，1883 年。

22. 【宋】朱熹撰：《四書章句集註》，台北：鵝湖出版社，1984 年。

23. 【宋】葉廷珪撰：《海錄碎事》，台北，臺灣商務印書館，1883 年。

24. 【宋】李昉等奉敕編：《太平御覽》，台北：臺灣商務印書館，1975 年。

25. 【宋】李昉等編：《太平廣記》，北京：中華書局，1961 年。

26. 【宋】歐陽修、宋祈撰，楊家駱主編：《新唐書》，台北：鼎文書局，1981 年。

27. 【宋】祝穆撰：《古今事文類聚》，台北，臺灣商務印書館，1883 年。

28. 【宋】潘自牧撰，王嘉賓補遺：《記纂淵海》，台北：新興，1972 年影印本。

29. 【宋】司馬光編著：《資治通鑑》，北京：古籍出版社，1956 年。

30. 【元】馬端臨撰：《文獻通考》，台北：台灣商務印書館，1987 年。

31. 【元】陰勁弦、陰復春編：《韻府群玉》，台北：臺灣商務印書館，1883 年。

32. 【元】釋覺岸撰：《釋氏稽古略》，台北：臺灣商務印書館，1883 年。

33. 【元】釋念常撰：《佛祖歷代通載》，台北：臺灣商務印書館，1883 年。

34. 【明】焦竑撰：《莊子翼》，台北：臺灣商務印書館，1883 年。

35. 【明】梅鼎祚編：《西晉文紀》，台北：台灣商務印書館，《四庫全書珍本》第 8 集影印本，1979 年。

36. 【明】張溥：《漢魏六朝百三家集》，台北：新興書局印行，1976 年。

37. 【清】王夫之：《讀通鑑論》，台北：里仁書局，1982 年。

38. 【清】李光地撰：《榕村四書說》，台北：臺灣商務印書館，1883 年。

39. 【清】宮夢仁撰：《讀書紀數略》，台北：臺灣商務印書館，1883 年。

40. 【清】郭慶藩編，王孝魚整理：《莊子集釋》，台北：木鐸出版社，1983 年。

41. 【清】陳廷敬、張玉書等撰：《御定佩文韻府》，台北：臺灣商務印書館，1983 年。

42. 【清】嚴可均校輯：《全上古三代秦漢三國六朝文》，北京：中華書局，1958 年。

43. 【清】顧炎武：《日知錄》，台北：明倫出版社，1970 年。

44.【清】董誥等編：《全唐文》北京：中華書局，1987 年。

45.【民】臺灣開明書店斷句：《斷句十三經經文》，台北：臺灣開明書局，1991 年。

二、近人專著（以作者姓氏筆畫爲序）

中文專著

1. 丁福林：《東晉南朝的謝氏文學集團》，哈爾濱：黑龍江教育出版社，1998 年 8 月。

2. 牛貴琥：《廣陵餘響——論嵇康之死與魏晉社會風氣之演變及文學之關係》，北京：學苑出版社，2004 年 7 月。

3. 王仁祥：《人倫鑑識起緣的學術史考察（魏晉以前）》，台北：台大出版中心，2008 年 11 月。

4. 王伊同：《五朝門第》（全二冊），香港：中文大學出版社，1978 年。

5. 毛漢光：《兩晉南北朝士族政治研究》，台北：中國學術著作獎助委員會，1996 年。

6. 王瑤：《中古文學史論·中古文人生活》，台北：長安出版社，1975 年。

7. 王曉毅：《放達不羈的士族》，台北：文津出版社，1990 年 7 月。

8. 王曉毅：《嵇康評傳》，廣西：廣西教育出版社，1994 年。

9. 牟宗三：《才性與玄理》，台北：學生書局，1989 年。

10. 朴美鈴：《世說新語中所反映的思想》，台北：文津出版社，1990 年。

11. 朱光潛著，傅佩榮導讀：《談修養》，台北：名田文化，2003 年。

12. 何啓民：《中古門第論集》，台北：台灣學生書局，1982 年。

13. 何啓民：《竹林七賢研究》，台北：商務印書館，1966 年 3 月。

14. 何啓民：《魏晉思想與談風》，台北：台灣學生書局，1990 年 6 月。

15. 余秋雨：《霜冷長河》，台北：時報文化，1999 年。

16. 余英時：《中國知識階層史論》，台北：聯經出版事業公司，1980 年。

17. 余英時：《士與中國文化》，上海：上海人民出版社，1987 年。

18. 余英時：《中國思想傳統的現代詮釋》，台北：聯經出版事業公司，1987 年 3 月。

19. 李美枝等作，楊中芳主編：《本土心理學研究取徑論叢》，台北：遠流出版社 2008 年 5 月。

20. 李清筠：《時空情境中的自我影像：以阮籍、陸機、陶淵明詩爲例》，台北：文津出版社，2000 年。

21. 蕭錦龍：《德里達的解構理論思想性質論》，北京：中國社會科學出版社，

2004 年 5 月。

22. 林素珍：《魏晉南北朝家訓之研究》，台北：花木蘭文化出版社，2008 年 9 月。

23. 俞紹初：《建安七子集》，北京：中華書局，2005 年。

24. 胡友鳴：《名士風度眾生相——《世說新語》，北京：中國文聯出版公司，1998 年 6 月。

25. 胡志佳：《門閥士族時代下的司馬氏家族》，台北：文史哲出版社，2005 年。

26. 韋政通：《中國思想傳統的創造轉化》，台北：洪葉文化，2000 年。

27. 唐君毅：《生命存在與心靈境界》（上冊），台北：台灣學生書局，1977 年。

28. 唐君毅：《中國哲學原論·導論篇》，台北：台灣學生書局，1986 年。

29. 唐長孺：《魏晉南北朝史論拾遺》，北京：中華書局，1983 年。

30. 徐公持：《阮籍與嵇康》，台北：國文天地雜誌社，1991 年。

31. 徐志銳：《周易大傳新注》（上）（下），台北：里仁書局，1995 年 10 月。

32. 袁廷棟：《哲學心理學》，台北：輔仁大學出版社，2006 年 9 月。

33. 袁濟喜：《人海孤舟——漢魏六朝士的孤獨意識》，河南：河南人民出版社，1995 年。

34. 高步瀛選注：《唐宋詩舉要》，台北：學海出版社，1992 年。

35. 高華平：《魏晉玄學人格美研究》，成都：巴蜀書社，2000 年 8 月。

36. 張春興：《現代心理學——現代人研究自身問題的科學》，台北：東華書局，2008 年 8 月。

37. 張祥浩：《中國古代道德修養論》，南京：南京大學出版社，1993 年。

38. 張蓓蓓：《東漢世風及其轉變》，台北：國立台灣大學出版委員會，1985 年 6 月。

39. 梅家玲：《《世說新語》的語言與敘事》，台北：里仁書局，2004 年。

40. 郭英德：《中國古代文人集團與文學風貌》，北京：北京師範大學出版社，1998 年 11 月。

41. 郭模：《人物志及注校證》，台北：文史哲出版社，1987 年。

42. 陳昌明：《緣情文學觀》，台北：台灣書店，1999 年 11 月。

43. 陳伯君：《阮籍集校注》，北京：中華書局，1987 年。

44. 陳怡良：《陶淵明探析》，台北：里仁書局，2006 年 5 月。

45. 陳飛龍：《抱朴子外篇今註今譯》，台北：台灣商務印書館，2002 年。

46. 陳喬楚：《人物志今註今譯》，台北：台灣商務印書館，1996 年。

47. 陳榮華：《葛達瑪詮釋學與中國哲學的詮釋》，台北：明文書局，1998 年 3

月。

48. 景蜀慧：《魏晉詩人與政治》，北京：中華書局，2007 年。

49. 曾春海：《竹林玄學的典範——嵇康》，台北：輔仁大學出版，1994 年。

50. 湯一介：《儒道釋與內在超越問題》，江西：江西人民出版社，1991 年 8 月。

51. 賀昌群等著：《魏晉思想》甲編三種，台北：里仁書局，1995 年。

52. 黃亞卓：《漢魏六朝公宴詩研究》，上海：華東師範大學出版社，2006 年 12 月。

53. 黃藿：《理性、德行與幸福——亞里斯多德倫理學研究》，台北：台灣學生書局，1996 年。

54. 逯欽立輯校：《先秦漢魏晉南北朝詩》，台北：木鐸出版社，1983 年。

55. 楊中芳：《如何研究中國人》心理學本土化論文集，台北：桂冠圖書，1996 年 5 月。

56. 楊伯峻：《列子集釋》，北京：中華書局，1979 年。

57. 楊國樞主編：《本土心理學的開展》，《本土心理學研究》第 1 期，台北：台灣大學心理學系本土心理學研究室，1994 年 3 月。

58. 楊國樞主編：《本土心理學的開展》，《本土心理學研究》第 5 期，台北：台灣大學心理學系本土心理學研究室，1996 年 6 月。

59. 楊國樞主編：《文化心理學的探索》，《本土心理學研究》第 6 期，台北：台灣大學心理學系本土心理學研究室，1996 年 12 月。

60. 楊國樞主編：《本土心理學方法論》，《本土心理學研究》第 8 期，台北：台灣大學心理學系本土心理學研究室，1997 年 12 月。

61. 楊國樞主編：《本土心理學方法論》，《本土心理學研究》第 9 期，台北：台灣大學心理學系本土心理學研究室，1998 年 6 月。

62. 楊國樞主編：《本土心理學方法論》，《本土心理學研究》第 12 期，台北：台灣大學心理學系本土心理學研究室，1999 年 12 月。

63. 楊國樞主編：《本土心理學方法論》，《本土心理學研究》第 14 期，台北：台灣大學心理學系本土心理學研究室，2000 年 12 月。

64. 葉啓政主編：《從現代到本土——慶賀楊國樞教授七秩華誕論文集》，台北：遠流出版社，2002 年 11 月。

65. 戴明揚：《嵇康集校注》，台北：河洛圖書出版社，1978 年。

66. 寧稼雨：《魏晉名士風流》，北京：中華書局，2007 年。

67. 廖申白：《亞里士多德友愛論研究》，河南：河南人民出版社，2000 年 9 月。

68. 趙超：《漢魏南北朝墓誌彙編》，天津：天津古籍出版社，1992 年 6 月。

69. 趙劍敏：《竹林七賢》，上海：學林出版社，2000 年。

70. 劉文忠選注：《友誼詩》，北京：人民文學出版社，1989 年 4 月。

71. 劉康德：《魏晉風度與東方人格》，遼寧：遼寧教育出版社，1991 年 1 月。

72. 劉澤華：《士人與社會・秦漢魏晉南北朝卷》，天津：人民出版社，1992 年 8 月。

73. 樊浩：《中國倫理精神的歷史建構》，江蘇：江蘇人民出版社，1992 年。

74. 蔡尚思：《中國思想研究法——哲學・史學・社會科學》，台北：台灣商務印書館，1991 年 6 月。

75. 蔡忠道：《魏晉儒道互補之研究》，台北：文津出版社，2000 年。

76. 蔡英俊：《比興物色與情景交融》，台北：大安，1986 年。

77. 鄭欽仁等編著：《魏晉南北朝史》，台北：里仁書局，2007 年 10 月。

78. 魯迅等著：《魏晉思想》乙編三種，台北：里仁書局，1995 年。

79. 燕國材：《中國心理學史》，浙江：浙江教育出版社，1998 年 5 月。

80. 燕國材：《漢魏六朝心理思想研究》，台北：谷風出版社，1988 年。

81. 盧元駿註譯：《新序今註今譯》，台北：商務印書館，1991 年。

82. 蕭登福編：《新編中論》，台北：台灣古籍出版有限公司，2000 年 10 月。

83. 錢穆：《國史大綱》，台北：台灣商務書局，1995。

84. 錢鍾書：《管錐編》，台北：書林出版，1990 年 8 月。

85. 謝大寧著：《歷史的嵇康與玄學的嵇康——從玄學史看嵇康思想的兩個側面》台北：文史哲出版社，1997 年。

86. 鍾京鐸注：《阮籍詠懷詩注》，台北：學海出版社，2002 年。

87. 韓傳達：《阮籍評傳》，北京：北京大學出版社，1997 年 6 月。

88. 羅中樞：《人性的探究——休謨哲學述評》，四川：四川大學出版社，1995 年 10 月。

89. 羅宗強：《玄學與魏晉士人心態》，台北：文史哲出版社，1992 年。

90. 羅敏中：《竹林七賢》，湖南：岳麓書社，1999 年。

91. 嚴平：《走向解釋學的真理——伽達默爾哲學述評》，北京：人民出版社，1998。

92. 蘇紹興：《兩晉南朝的士族》，台北：聯經出版事業公司，1987 年。

93. 顧俊：《中國古代美學範疇》，台北：木鐸出版社，1987 年 7 月。

94. 龔鵬程：《漢代思潮》，嘉義：南華大學，1999 年 8 月。

外文譯書

1. 【英】培根著，劉燁譯：《培根論人生》，台北：正展出版公司，2006 年 8

月。

2. 【日】池田知久著，黃華珍譯：《《莊子》——「道」的思想及其演變》，台北：國立編譯館，2001 年 12 月。

3. 【德】尼采著，余鴻榮譯：《查拉圖斯特拉如是說》，台北：志文出版社。

4. 【希臘】亞里斯多德著，高斯謙譯：《尼各馬科倫理學》，台北：台灣商務印書館，2006 年。

5. 【瑞士】榮格著，成窮、王作虹譯：《分析心理學的理論與實踐》，北京：三聯書店，1991 年 10 月。

6. 湯姆・雷斯 Tom Rath 著，林錦慧、但漢敏譯：《人生一定要有的 8 個朋友》，台北：商智文化，2006 年。

7. Michael Argyle 著，王文秀、陸洛譯：《人際行為心理學》，台北：巨流圖書公司，1995 年。

8. Murray Saein 著，朱侃如譯：《榮格心靈地圖》，台北：立緒文化，1999 年 8 月。

三、學位論文（以作者姓氏筆畫為序）

1. 王世億：《友情內涵之建構及與同理心相關之研究》，台南：成功大學教育研究所碩士論文，2006 年。

2. 王敔云：《魏晉士人遊憩觀與身心治療關係》，台南：成功大學中國文學研究所碩專班碩士論文，2009 年。

3. 史偉郁：《漢魏六朝自傳研究》，嘉義：嘉義大學中國文學研究所碩士論文，2007 年。

4. 何心蓓：《《世說新語》中士人交遊網絡之研究》，台中：中興大學中國文學研究所碩士論文，2005 年。

5. 吳心怡：《魏晉太原孫氏的家學與家風》，台南：成功大學中國文學研究所碩士論文，2003 年。

6. 吳冠宏：《魏晉玄論與士風新探——以「情」為綰合及詮釋進路》，台北：台灣大學中國文學研究所博士論文，1997 年。

7. 呂光華：《南朝貴遊文學集團研究》，台北：政治大學中國文學研究所博士論文，1990 年。

8. 李欣倫：《東晉世族文學研究》，台南：成功大學中國文學研究所碩士論文，2003 年。

9. 林佳珍：《《詩經》鳥類意象及其原型研究》，台北：台灣師範大學國文研究所碩士論文，1992 年。

10. 林萃菱：《魏晉名士之情性研究——以唯我而情真為考察向度》，嘉義：嘉義大學中國文學研究所碩士論文，2005 年。

11. 金南喜：《魏晉交誼詩類的研究》，台北：台灣大學中國文學研究所博士論文，1993 年。

12. 金鎮永：《竹林七賢及其自然與名教之研究》，台北：政治大學中國文學研究所碩士論文，1994 年。

13. 施穗鈺：《公與私——魏晉士群角色定位與自我追尋》，台南：成功大學中國文學研究所博士論文，2008 年。

14. 張芳瑤：《柏拉圖《呂西斯篇》「友誼」思想之研究》，台中：東海大學哲學研究所碩士論文，2006 年。

15. 張森富：《六朝文學思想心靈境界之研究》，台北：政治大學中國文學研究所博士論文，1999 年。

16. 張瑀琳：《「遊」與「友」：漢晉名士交往行動探究》，台南：成功大學中國文學研究所碩士論文，2008 年。

17. 陳柏光：《晉代僧人的情性問題研究——以支道林爲例》，台南：成功大學中國文學研究所碩士論文，2005 年。

18. 彭婉蕙：《魏晉士人的群我處境與生命衝突——以《世說新語》爲中心之考察》，南投：暨南大學中國語文研究所碩士論文，2002 年。

19. 黃偉修：《名士——魏晉以前歷史上一個特殊知識階層之發展研究》，台中：東海大學中國文學研究所碩士論文，2005 年。

20. 葉書含：《魏晉個體自覺之研究》，高雄：中山大學中國文學研究所碩士論文，2009 年。

21. 詹惠玲：《魏晉時期文人之社群活動——以《世說新語》爲主》，高雄：中山大學中國文學研究所碩士論文，2005 年。

22. 劉玉菁：《東晉南朝江東士族與道教之關係——以葛洪、陸修靜與陶弘景爲中心》，台南：成功大學歷史研究所碩士論文，2003 年。

23. 蔡三億：《六朝交友論》，嘉義：中正大學中國文學研究所碩士論文，1995 年。

24. 鄭宜仲：《社經地位、友誼網絡與身份地位意識之研究》，台北：台灣大學農業推廣學研究所博士論文，1998 年。

25. 譚茜芸：《從 MSN 探究友誼互動之質性研究：一種異性友誼關係》，台南：成功大學教育研究所碩士論文，2008 年。

四、期刊論文（以作者姓氏筆畫爲序）

1. 尤煌傑：〈中國傳統美學思想之「和諧」觀念〉，《哲學與文化》，第 36 卷第 1 期，2009 年 1 月。

2. 王更生：〈從論語看孔子的交友論〉，《孔孟月刊》第 18 卷第 1 期，1979 年。

3. 王邦雄:〈莊子與惠施的論學相知〉,《鵝湖月刊》第 90 期,1982 年 12 月。

4. 王磊:〈先秦時期的交友之道〉,《倫理學研究》2009 年第 5 期(總第 43 期),2009 年。

5. 朱榮智:〈莊子的自由精神〉,《鵝湖月刊》第 193 期,1991 年 7 月。

6. 李伯杰:〈論弗施萊格爾的交友思想〉,《外國文學評論》2002 年第 4 期,2002 年。

7. 李長之:〈陶淵明的孤獨之感及其否定精神〉,《文學雜誌》第 2 卷第 11 期,北平:商務印書館,1948 年 4 月。

8. 李健、劉偉航:〈東晉南朝尚書郎門第考論〉,《西南交通大學學報》(社會科學版)第 8 卷第 4 期,2007 年 8 月。

9. 李麗萍:〈從論語看孔子的交友觀〉,《西南民族大學學報》(人文社科版)2006 年第 12 期,2006 年。

10. 周良亭:〈孔門論交友之道〉,《孔孟月刊》第 7 卷第 12 期,1969 年。

11. 周意茹:〈論語中的交友之道〉,《孔孟月刊》第 33 卷第 2 期,1997 年。

12. 周曉琳:〈道義的共振與心靈的和鳴──試析中國古代作家的交友之道〉,《西南民族學院學報》(哲學社會科學版)1999 年第 3 期,1999 年。

13. 林永崇:〈關懷與友愛──康德論德行義務及人的終極目的〉,《哲學與文化》第 36 卷第 2 期,2009 年 2 月。

14. 姚振黎:〈論孔門交友之道〉,《國立中央大學文學院院刊》第 2 期,1984 年。

15. 洪櫻芬:〈試論孔孟學說中的價值衡量〉,《鵝湖月刊》第 294 期,1999 年 12 月。

16. 郝貴遠:〈從利瑪竇交友論說起〉,《世界歷史》1994 年第 5 期,1994 年。

17. 馬慶強:〈儒家倫理與西方道德:情義難兩全〉,《本土心理學研究》1998 年第 9 期,1998 年。

18. 康志傑:〈人生實踐悟出之真諦──孔子與利瑪竇交友觀比較〉,《孔孟月刊》第 35 卷第 7 期,1997 年。

19. 張琏:〈偕我同志──論晚明知識份子自覺意識中的群己觀〉,《東華人文學報》第 5 期,2003 年。

20. 梁容若:〈儒家論交友〉,《孔孟月刊》第 3 卷第 12 期,1965 年。

21. 郭自虎:〈從論語的交友之道看「元白」並稱的文化含義〉,《孔子研究》2009 年第 4 期,2009 年。

22. 陳癸淼:〈惠施之學術生涯〉,《鵝湖月刊》第 27 期,1977 年 9 月。

23. 曾昭旭:〈論愛情與友誼〉,《鵝湖》第 8 卷第 9 期,1983 年。

24. 游惠瑜:〈關懷倫理與德行倫理的交會處──以友愛為線索〉,《哲學與文

化》，第 36 卷第 2 期，2009 年。

25. 焦泰平：〈知音情結與知音之嘆〉，《蘭州大學學報》（社會科學版），第 33 卷第 3 期，2005 年。

26. 葉海煙：〈老莊哲學的倫理向度〉，《哲學與文化》第 24 卷 4 期，1997 年 4 月。

27. 鄒振環：〈利瑪竇交友論的譯刊與傳播〉，《復旦學報》（社會科學版）2001 年第 3 期，2001 年。

28. 歐崇敬：〈《莊子》書中交友與存有學之論辯脈絡探析〉，《鵝湖月刊》第 346 期，2004 年 4 月。

29. 潘雁飛：〈封建社會君臣和諧張力的失衡與重構——《世說新語》『寵禮·元帝正會』考論〉，《廣西社會科學》第 10 期，2005 年。

30. 錢穆：〈略論魏晉南北朝學術文化與當時門第之關係〉，《新亞學報》第 5 卷第 2 期，1963 年 8 月。

31. 錢穆〈略論魏晉門第與學術思想的關係〉，《中國學術思想史論叢》（三），台北：東大，1978 年。

32. 戴朝福：〈《論語·鄉黨篇》闡義(六)〉，《鵝湖月刊》第 349 期，2004 年 7 月。

33. 羅文玲：〈六朝僧家吟詠佛理的詩作〉，《中華佛學學報》第 7 期，2003 年。

34. 羅新興、戚樹誠：〈組織成員對主管親信的評價：取決於其才能或是社會關係？〉，台北：「第四屆華人心理學家學術研討會」，2002 年 11 月 9～11 日。

附　錄

表 2－1：東漢至六朝之交友論〔註1〕

作　者	作　品	主　張	備註
班　固	《白虎通》	1.朋友能報，朋友爲己助。 2.三綱六紀：六紀爲三綱之輔。	
王　充	《論衡》	1.宦途上的「三害三累」。 2.成敗恃於眾口。	
王　符	《潛夫論》	1.朋黨亂風俗，誤國。 2.交友不能久（因世人重富貴）。 3.交友之道：「四行」（恕平恭守）。	
仲長統	《昌言》	1.朋黨（戚宦）而致天災。 2.俗士「三俗三可賤」。 3.交道：有德（仁愛敬篤）有容。 4.倫際：以義爲先（友/親）。	
朱　穆	〈絕交論〉、〈與劉伯宗絕交書〉、〈與劉伯宗絕交詩〉	1.古今之變：公私義利之別。 2.朋有相待以平禮（非禮則絕交）。 3.絕交：杜絕社交（絕存問、不見客、亦不答）。	
蔡　邕	〈正交論〉	1.古今之變：公私義利之別。而有「絕交」、「刺交」二種出處。 2.君子自省：人之交我、我之交人。	

〔註1〕轉引自蔡三億：《六朝交友論》（嘉義：中正大學中國文學研究所碩士論文，1995 年），第三章，第二節，〈表一：交友論作者主張表〉，頁 97〜100。並見備註有★者，爲作者未收錄，筆者予以增補。

		3.交道：自省、躬、記善勸惡（勸惡、不能則止）、因人置宜。 4.用意：絕交因噎廢食，「擇其正而黜其非」。 5.實際作法：以絕交為出處。	
應劭	《風俗通義》	1.批判：時下因私廢公、矯於情禮。 2.友道：能報。	
荀悅	〈三遊論〉、〈原涉論〉	1.古今之變。 2.批判：三游不由本業，姦民。 3.俠的行為道德規範。	
徐幹	《中論》	1.古今之變。 2.交友目的：尚至言，共進於善道。 3.友道：慎交（交賢，不友不如己）。 4.批判當代亂象；有違孝道。	
魏文帝	〈交友論〉	1.交為自然人事之當然之理。 2.人事以交成就富貴。	
曹羲	〈至公論〉	1.朋友忽義，以雷同為美，善惡不分，亂實由之。朋友雷同，敗必從焉。談論者以當實為清，不以過難為貴；相知者以等分為交，不以雷同為固。	★
鍾會	〈芻蕘論〉	1.凡人之結交，誠宜盛不忘衰，達不棄窮，不疑惑于讒搆，不信受于流言，經長歷遠，久而逾固。	★
鍾會	〈四本論〉	1.交不能久：財利、權勢、美色。失之則去。	
董昭	〈陳末流之弊疏〉	1.批評當今年少以交游為業，國士以趨勢游利為先，合黨連群。	★
劉廙	〈戒弟偉〉	1.交友之美，在于得賢。指明擇交的重要。	★
劉廙	〈備政〉	1.祿不足以代其身。骨肉飢寒，離怨于內；朋友離叛，衰捐于外。虧仁孝，損名譽。	★
劉廙	〈慎愛〉	1.夫人主莫不愛愛己，而莫知愛已者之不足愛也。故惑小臣之佞而不能廢也，忘違己之益已而不能用也。	★
劉廙	〈審愛〉	1.為君正視聽，才能杜絕朋黨。	★
劉廙	〈欲失〉	1.為君而欲使其臣之無黨者，得其人也。得其人而使必盡節于國者，信之于己也。	★
劉廙	〈疑賢〉	1.庸人知忠之無益于己，而私名之可以得于人。得于人可以重于君也，故篤私交，薄公義。	★

王　昶	〈家誡〉	1.務學于師友。吾與時人從事。雖出處不同。然各有所取。	★
劉　靖	〈陳儒訓之本疏〉	1.舉善而教。不能則勸。浮華交游。不禁自息矣。	★
杜　恕	〈臣第二〉	1.自託于師友，師貴其義，而友安其信，孝悌以篤，信義又著。以此立身，以此事君，何待乎法？然後爲安，及其爲人臣也。	★
杜　恕	〈行第四〉	1.君子居必選鄉，游必擇士。	★
阮　武	〈正論〉	1.黨禍：在朝爲亂；於家失和。 2.黨成：以名，或利相求。	
阮　籍	〈達莊論〉	1.夫善接人者，導焉而已，無所逆之。	★
嵇　康	〈琴賦〉	1.陳述自己的擇交標準。	★
嵇　康	〈與山巨源絕交書〉、與呂長悌絕交書〉	1.絕交（山濤）：政治立場/官場的反對/個人志趣。 2.神交者：能知、能終始。 3.絕交（呂巽）：失信。	
諸葛亮	〈與張裔書〉	1.石交之道，舉讐以相益，割骨肉以相明，猶不相謝也。	★
諸葛亮	〈交論〉	1.相知，久固。	
駱　統	〈表理張溫〉	1.君臣之義，義之最重。朋友之交，交之最輕者也。	★
周　昭	〈立交〉	1.交道爲自然之理，人事依之。 2.亂家國者，在於「四端」。	
劉　廙	《新議》	1.交爲人事根本。 2.交在現實的作用。	
劉　劭	〈人物志〉	1.求正直之交：用世人之譽得之。 2.交惡人之因：以有同好，不覺其惡。 3.俠士之交。	
譙　周	〈齊交〉	1.交人＝染布。 2.推賢相成。	
劉　毅	〈上疏請罷中正除九品〉	1.選賢與朋黨相合。	
袁　喬	〈與褚裒絕交書〉	1.絕交：地位不同，導致朋友禮不合於時。	
葛　洪	《抱朴子》	1.批判：歷史（漢末、吳）社會（朋黨、婦女）。 2.俗士不可恃，無所用。 3.交友目的：進德修業。 4.反對「絕交」、「無交」：因噎廢食。 5.友道：擇人；親、禮、心口合一。	

顏延之	《庭誥文》	1.實用：可以託。 2.友道不終：忘恩負義。 3.友道：敬愛態度、輔以志業。 4.朋友關係：習。	
沈攸之	〈遺蕭道成書〉	1.政治立場不同。 2.有廢立之行。	
齊高祖	〈報沈攸之書〉	1.政治立場不同。 2.行為僭度。 3.忘舊恩助。	
蕭良子	〈淨注子・善友勸善門〉	1.朋友習染之功。 2.善友勸善精進，得升淨土。 3.善友：物質供給，精神勸善。	
劉　峻	〈廣絕交論〉	1.素交盡，利交興。 2.利交五種類型，及三種弊害。 3.以任昉事，懼畏世交，而廣絕交。	
梁元帝	《金樓子》	1.指出某人可交，某人不可交。 2.慎交：以交友有速禍者。 3.交：無棄人。 4.交道：待人以實，禮敬。	
顏之推	《顏氏家訓》	1.交求得聖賢（過於兄弟之情）。 2.朋友分際（在善惡義理之分）。 3.黨友處理（友來、求財）三級：受托，不報仇，不苟同違倫大紀。 4.批判婦女交游。	

表3－1：魏晉君臣交的事實（案：以發生時間為準羅列。）

交游者	事　　實	出　　處
	三　　國	
袁紹與曹操	紹有姿兒威容，能折節下士，士多附之，太祖少與交焉。	《三國志集解》，卷6，頁211。
	袁紹既為盟主，有驕矜色，邈正議責紹。紹使太祖殺邈，太祖不聽，責紹曰：「孟卓，親友也，是非當容之。今天下未定，不宜自相危也。」邈知之，益德太祖。太祖之征陶謙，勅家曰；「我若不還，往依孟卓。」後還，見邈，垂泣相對。其親如此。	《三國志集解》，卷7，頁241。

曹休與曹操	……以太祖舉義兵，易姓名轉至荊州，間行北歸，見太祖。太祖謂左右曰：「此吾家千里駒也。」使與文帝同止，見待如子。	《三國志集解》，卷9，頁288。
荀彧與曹操	鍾繇以爲顏子既沒，能備九德，不貳其過，唯荀彧然。或問繇曰：「君雅重荀君，比之顏子，自以不及，可得聞乎？」曰：「夫明君師臣，其次友之。以太祖之聰明，每有大事，常先諮之荀君，是則古師友之義也。吾等受命而行，猶或不盡，相去顧不遠邪！」	《三國志集解》，卷10，頁321。
劉放、孫資與曹操	其年，帝寢疾，欲以燕王宇爲大將軍，及領軍將軍夏侯獻、武衛將軍曹爽、屯騎校尉曹肇、驍騎將軍秦朗共輔政。宇性恭良，陳誠固辭。帝引見放、資，入臥內，問曰：「燕王正爾爲？」放、資對曰：「燕王實自知不堪大任故耳。」帝曰：「曹爽可代宇不？」放、資因贊成之。又深陳宜速召太尉司馬宣王，以綱維皇室。帝納其言，即以黃紙授放作詔。	《三國志集解》，卷14，頁423。
諸葛亮與劉備	先主曰：「善！」於是與亮情好日密。關羽、張飛等不悅，先主解之曰：「孤之有孔明，猶魚之有水也。願諸君勿復言。」羽、飛乃止。	《三國志集解》，卷35，頁774。
張飛、關羽與劉備	先主於鄉里合徒眾，而羽與張飛爲之禦侮。先主爲平原相，以羽、飛爲別部司馬，分統部曲。先主與二人寢則同牀，恩若兄弟。而稠人廣坐，侍立終日，隨先主周旋，不避艱險。	《三國志集解》，卷36，頁794。
許褚、曹操與魏文帝	時常從士徐他等謀爲逆，以褚常侍左右，憚之不敢發。伺褚休下日，他等懷刀入。褚至下舍心動，即還侍。他等不知，入帳見褚，大驚愕。他色變，褚覺之，即擊殺他等。太祖益親信之，出入同行，不離左右。……太祖崩，褚號泣歐血。文帝踐阼，進封萬歲亭侯，遷武衛將軍，都督中軍宿衛禁兵，甚親近焉。	《三國志集解》，卷18，頁479。
張遼與魏文帝	疾未瘳，帝迎遼就行在所，車駕親臨，執其手，賜以御衣，太官日送御食。疾小差，還屯。……遼病篤，遂薨於江都。帝爲流涕，諡曰剛侯。	《三國志集解》，卷17，頁464。

吳質與魏文帝	吳質，濟陰人，以文才爲文帝所善，官至振威將軍，假節都督河北諸軍事，封列侯。	《三國志集解》，卷 21，頁 532。
陳羣與魏文帝	文帝在東宮，深敬器焉，待以交友之禮，常歎曰：「自吾有回，門人日以親。」及即王位，封羣昌武亭侯，徙爲尙書。	《三國志集解》卷 22，頁 554。
王祥與高貴鄉公髦	天子幸太學，命祥爲三老。祥南面几杖，以師道自居。天子北面乞言，祥陳明王聖帝君臣政化之要以訓之，聞者莫不砥礪。	《晉書》，卷 33，列傳第 3，頁 471。
安平王孚與高貴鄉公髦	及高貴鄉公遭害，百官莫敢奔赴，孚枕尸於股，哭之慟，曰：「殺陛下者臣之罪。」奏推主者。會太后令以庶人禮葬，孚與羣公上表，乞以王禮葬，從之。	《晉書》，卷 37，列傳第 7，頁 520。
鄭沖與陳留王奐	詔曰：「昔漢祖以知人善任，克平宇宙，推述勳勞，歸美三俊。遂與功臣剖符作誓，藏之宗廟，副在有司，所以明德庸勳，藩翼王室者也。昔我祖考，遭世多難，攬授英儁，與之斷金，遂濟時務，克定大業。太傅壽光公鄭沖、太保朗陵公何曾、太尉臨淮公荀顗各尙德依仁，明允篤誠，翼亮先皇，光濟帝業。故司空博陵元公王沈、衞將軍鉅平侯羊祜才兼文武，忠肅居正，朕甚嘉之。	《晉書》，卷 33，列傳第 3，頁 473。
兩　晉		
鄭沖與晉武帝	九年，沖又抗表致仕。詔曰：「太傅韞德深粹，履行高潔，恬遠清虛，確然絕世。艾服王事，六十餘載，忠肅在公，慮不及私。遂應眾舉，歷登三事。仍荷保傅之重，綢繆論道之任，光輔奕世，亮茲天工，迪宣謀猷，弘濟大烈，可謂朝之儁老，眾所具瞻者也。朕昧于政道，庶事未康，挹仰耆訓，導揚厥蒙，庶賴顯德，緝熙有成。而公屢以年高疾篤，致仕告退。惟從公志，則朕孰與諮謀？譬彼涉川，罔知攸濟。是用未許，迄于累載。而高讓彌篤，至意難違，覽其盛指，俾朕憮然。	《晉書》，卷 33，列傳第 3，頁 473～474。
何劭與晉武帝	劭字敬祖，少與武帝同年，有總角之好。帝爲王太子，以劭爲中庶子。及即位，轉散騎常侍，甚見親待。	《晉書》，卷 33，列傳第 3，頁 476。
陳騫與晉武帝	騫累稱疾辭位，詔曰：「騫履德論道，朕所諮詢。方賴謀猷，以弘庶績，宜時視事。可遣散騎常侍論意。」	

裴秀與晉武帝	初，文帝未定嗣，而屬意舞陽侯攸。武帝懼不得立，問秀曰：「人有相否？」因以奇表示之。秀後言於文帝曰：「中撫軍人望既茂，天表如此，固非人臣之相也。」由是世子乃定。……泰始七年薨，時年四十八。詔曰：「司空經德履哲，體蹈儒雅，佐命翼世，勳業弘茂。方將宣獻敷制，爲世宗範，不幸薨殂，朕甚痛之。」	《晉書》，卷35，列傳第 5，頁 496～497。
裴秀與友人、裴秀與晉武帝	初，秀以尙書三十六曹統事準例不明，宜使諸卿任職，未及奏而薨。其友人料其書記，得表草言平吳之事，其詞曰：「孫皓酷虐，不及聖明御世兼弱攻昧，使遺子孫，將遂不能臣；時有否泰，非萬安之勢也。臣昔雖已屢言，未有成旨。今既疾篤不起，謹重尸啓。願陛下時共施用。」乃封以上聞。詔報曰：「司空薨，痛悼不能去心。又得表草，雖在危困，不忘王室，盡忠憂國。省益傷切，輒當與諸賢共論也。」	《晉書》，卷35，列傳第 5，頁 497。
安平王孚與晉武帝	及武帝受禪，陳留王就金墉城，孚拜辭，執王手，流涕歔欷，不能自勝。曰：「臣死之日，固大魏之純臣也。」詔曰：「太傅勳德弘茂，朕所瞻仰，以光導弘訓，鎭靜宇內，願奉以不臣之禮。其封爲安平王，邑四萬戶。進拜太宰、持節、都督中外　諸軍事。」	《晉書》，卷37，列傳第 7，頁 520。
馮紞、荀勖與晉武帝	初，帝友于之情甚篤，既納統、勖邪說，遂爲身後之慮，以固儲位。既聞攸殞，哀慟特深。統侍立，因言曰：「齊王名過於實，今得自終，此乃大晉之福。陛下何乃過哀！」帝收涙而止。	《晉書》，卷39，列傳第 9，頁 556。
賈充與晉武帝	及文帝寢疾，武帝請問後事。文帝曰：「知汝者賈公閭也。」	《晉書》，卷40，列傳第 10，頁 559。
賈充與晉武帝	及疾篤，上印綬遜位。帝遣侍臣諭旨問疾，殿中太醫致湯藥，賜牀帳錢帛，自皇太子宗室躬省起居。太康三年四月薨，時年六十六。帝爲之慟。	《晉書》，卷40，列傳第 10，頁 561。
王濟與晉武帝	帝嘗謂和嶠曰：「我將罵濟而後官爵之，何如？」嶠曰：「濟俊爽，恐不可屈。」帝因召濟，切讓之，既而曰：「知愧不？」濟答曰：「尺布斗粟之謠，常爲陛下恥之。他人能令親疏，臣不能使親親，以此愧陛下耳。」帝默然。	《晉書》，卷42，列傳第 12，頁 579。

王濟與晉武帝	帝嘗與濟奕棊，而孫晧在側，謂晧曰：「何以好剝人面皮？」晧曰：「見無禮於君者則剝之。」濟時伸腳局下，而晧譏焉。	《晉書》，卷42，列傳第12，頁579。
曹志與晉武帝	武帝爲撫軍將軍，迎陳留王于鄴，志夜謁見，帝與語，自暮達旦，甚奇之。及帝受禪，降爲鄴城縣公。詔曰：「……前濟北王曹志履德清純，才高行潔，好古博物，爲魏宗英，朕甚嘉之。其以志爲樂平太守。」	《晉書》，卷50，列傳第20，頁672。
吾彥與晉武帝	帝嘗從容問薛瑩曰：「孫晧所以亡國者何也？」瑩對曰：「歸命侯臣晧之君吳，昵近小人，刑罰妄加，大臣大將無所親信，人人憂恐，各不自安，敗亡之釁，由此而作矣。」其後帝又問彥，對曰：「吳主英俊，宰輔賢明。」帝笑曰：「君明臣賢，何爲亡國？」彥曰：「天祿永終，曆數有屬，所以爲陛下擒。此蓋天時，豈人事也！」張華時在坐，謂彥曰：「君爲吳將，積有歲年，蔑爾無聞，竊所惑矣。」彥屬聲曰：「陛下知我，而卿不聞乎？」帝甚嘉之。	《晉書》，卷57，列傳第27，頁758。
謝鯤與晉明帝	嘗使至都，明帝在東宮見之，甚相親重。問曰：「論者以君方庾亮，自謂何如？」答曰：「端委廟堂，使百僚準則，鯤不如亮。一丘一壑，自謂過之。」	《晉書》，卷49，列傳第19，頁667。
繆播與晉懷帝	及帝崩，太弟即帝位，是爲懷帝，以播爲給事黃門侍郎。……時越威權自己，帝力不能討，心甚惡之。以播、胤等有公輔之量，又盡忠於國，故委以心膂。越懼爲己害，因入朝，以兵入宮，執播等於帝側。帝歎曰：「姦臣賊子無世無之，不自我先，不自我後，哀哉！」起執播等手，涕泗歔欷不能自禁。越遂害之。	《晉書》，卷60，列傳第30，頁796。
王導與晉元帝	時元帝爲琅邪王，與導素相親善。導知天下已亂，遂傾心推奉，潛有興復之志。帝亦雅相器重，契同友執。……帝嘗從容謂導曰：「卿，吾之蕭何也。」	《晉書》，卷65，列傳第35，頁850。
王導與晉元帝	導簡素寡欲，倉無儲穀，衣不重帛。帝知之，給布萬匹，以供私費。導有羸疾，不堪朝會，帝幸其府，縱酒作樂，後令輿車入殿，其見敬如此。	《晉書》，卷65，列傳第35，頁853。

	自漢魏以來，羣臣不拜山陵。導以元帝眹同布衣，匪惟君臣而已，每一崇進，皆就拜，不勝哀戚。由是詔百官拜陵，自導始也。	《晉書》，卷65，列傳第35，頁854。
刁協與晉元帝	協性剛悍，與物多忤，每崇上抑下，故爲王氏所疾。又使酒放肆，侵毀公卿，見者莫不側目。然悉力盡心，志在匡救，帝甚信任之。……既而王師敗績，協與劉隗俱侍帝於太極東除，帝執協、隗手，流涕鳴咽，勸令避禍。協曰：「臣當守死，不敢有貳。」帝曰：「今事逼矣，安可不行！」乃令給協、隗人馬，使自爲計。……至江乘，爲人所殺，送首於敦，敦聽刁氏收葬之。帝痛協不免，密捕送協首者而誅之。	《晉書》，卷69，列傳第39，頁900。
荀崧與晉成帝	蘇峻之役，崧與王導、陸曄共登御牀擁衞帝，及帝被逼幸石頭，崧亦侍從不離帝側。賊平，帝幸溫嶠舟，崧時年老病篤，猶力步而從。	《晉書》，卷75，列傳第45，頁969。
范汪與簡文帝	時簡文帝作相，甚相親昵，除都督徐兗青冀四州揚州之晉陵諸軍事、安北將軍、徐兗二州刺史、假節。	《晉書》，卷75，列傳第45，頁971。
王珣等與孝武帝	安卒後，遷侍中，孝武深仗之。……時帝雅好典籍，珣與殷仲堪、徐邈、王恭、郗恢等並以才學文章見昵於帝。	《晉書》，卷65，列傳第35，頁855。
范甯與孝武帝	孝武帝雅好文學，甚被親愛，朝廷疑議，輒諮訪之。甯指斥朝士，直言無諱。	《晉書》，卷75，列傳第45，頁972。
虞嘯父與孝武帝	嘯父少歷顯位，後至侍中，爲孝武帝所親愛。嘗侍飲宴，帝從容問曰：「卿在門下，初不聞有所獻替邪？」嘯父家近海，謂帝有所求，對曰：「天時尚溫，鷽魚蝦鮓未可致，尋當有所上獻。」帝大笑。因飲大醉，出，拜不能起，帝顧曰：「扶虞侍中。」嘯父曰：「臣位未及扶，醉不及亂，非分之賜，所不敢當。」帝甚悅。	《晉書》，卷76，列傳第46，頁985。
徐邈與孝武帝	遷中書侍郎，專掌綸詔，帝甚親昵之。……帝謂邈曰：「雖未敕以師禮相待，然不以博士相遇也。」古之帝王，受經必敬，自魏晉以來，多使微人教授，號爲博士，不復尊以爲師，故帝有云。邈雖在東宮，猶朝夕入見，參綜朝政，修飾文詔，拾遺補闕，勉勞左右。帝嘉其謹密，方之於金霍，有託重之意。	《晉書》，卷91，列傳第61，頁1155。

表 3－2：魏晉門第的範圍

（案：備註欄中標記☆者為《世說》正文有載其門第事蹟，標記★者為《晉書》正文有載其門第事蹟；代表人物以晉世為主，至多列三位。）

氏　族	代表人物	備註	氏　族	代表人物	備註
琅玡臨沂王氏	王戎、王導、王羲之	☆★	濟陰冤勾卞氏	卞粹、卞壺	☆★
太原祈人王氏	王閎	☆★	潁川潁陰荀氏	荀爽、荀勖、荀粲	☆★
太原晉陽王氏	王沈、王述、王坦之	☆★	高平金鄉檀氏	檀韶	★
東海郯人王氏	王虔	★	東莞莒人臧氏		
陳郡陽夏謝氏	謝尚、謝安、謝靈運	☆★	琅玡陽都諸葛氏	諸葛亮、諸葛恢、諸葛宏	☆★
彭城劉氏	劉毅	★	譙國譙人夏侯氏	夏侯玄、夏侯湛	☆★
沛國相人及蕭人劉氏	劉惔、劉粹	☆★	泰山南城、平陽、鉅平及梁父羊氏	羊祜、羊忱、羊孚	☆★
中山魏昌劉氏	劉琨（劉司空）	☆★	太原中都孫氏	孫綽、孫登	☆★
南陽安眾劉氏	劉瑾（劉太常）	☆★	琅玡江都顏氏	顏含、顏延之	★
平原平原及高唐劉氏	劉昶（劉公榮）	☆★	南陽順陽及濟陽考城范氏	范汪（范玄平）	☆★
東莞莒人及琅玡臨沂劉氏	劉超	☆★	南陽淯陽樂氏	樂廣	☆★
南蘭陵蘭凌蕭氏			彭城武原到氏		
潁川鄢陵庾氏	庾峻、庾敳	☆★	安定朝那皇甫氏	皇甫謐	☆★
潁川新野庾氏			汝南南頓應氏	應璩	★
譙國龍亢及銍人桓氏	桓溫、桓玄	☆★	河內山氏	山濤、山簡	☆★
高平金鄉郗氏	郗鑒、郗超	☆★	范陽遒人祖氏	祖逖（祖車騎）	☆★
濟陽考城蔡氏	蔡謨	☆★	略陽桓道桓氏		

濟陽考城江氏	江統、江虨	☆★	平原高唐及廣陵華氏	華歆、華譚	☆★
河南陽翟褚氏	褚裒	☆★	南陽葉人宗氏	宗承（宗世林）	☆★
陳郡長平殷氏	殷浩、殷仲堪	☆★	潁川長社鍾氏	鍾會、鍾毓	☆★
陳郡陽夏袁氏	袁耽	☆★	平昌安丘伏氏	伏滔	☆★
盧江灊人何氏	何充（何次道）	☆★	平原襄陽賈氏	賈逵、賈充	☆★
陳郡陽夏及東海郯人何氏	何曾	☆★	扶風郿人魯氏	魯宗之	★
高陽新城許氏	許邁（道士）	☆★	吳郡吳人陸氏	陸機、陸雲	☆★
東海郯人及東莞姑幕徐氏	徐寧	☆★	吳郡吳人及鹽官顧氏	顧榮	☆★
北地靈祇傅氏	傅玄、傅嘏	☆★	汝南安成周氏	周顗（周伯仁）	☆★
太原祈縣溫氏	溫嶠	☆★	義興陽羨周氏	周勰	☆★
清河（東）武城及博陵安平崔氏	崔琰（崔季珪）	☆★	吳郡吳人及清河武城張氏	張翰、張玄之	☆★
范陽涿人盧氏	盧毓、盧珽、盧志	☆★	范陽方城張氏	張華	☆★
滎陽開封鄭氏	鄭豫、鄭球	★	會稽山陰孔氏	孔愉（孔車騎）	☆★
弘農華陰楊氏	楊珧、楊淮（準）	☆★	吳興武康沈氏	沈充	☆★
京兆杜陵杜氏	杜恕、杜預	☆★	會稽山陰虞氏	虞嘯父、虞騑	☆★
河東汾陽及丹陽薛氏			會稽山陰賀氏	賀邵（賀太傅）賀循	☆★
河東聞喜裴氏	裴秀、裴楷、裴遐	☆★	丹陽秣陵紀氏	紀瞻	★
河東解縣柳氏			廣陵戴氏		
河東安邑衛氏	衛玠（衛叔寶）	☆★	吳興烏程丘氏		
京兆杜陵韋氏			長沙臨湘歐陽氏	歐陽建（歐陽堅石）	☆★
陳留尉氏阮氏	阮瑀阮籍	☆★			

表 3－3：塵外交

僧　名	往來士人與對應事實					出　　處
	建寺起塔	清談、聽講、譯經	為僧撰碑誄等	通書信等*	禮敬及其他	
〔魏〕康僧會	孫權、趙誘	張昱、孫皓	孫綽			《高僧傳》，卷1
〔晉〕帛尸黎蜜多羅		王導、庾亮、謝鯤、周顗、桓彝、王湛	王珉			《高僧傳》，卷1、《世說・言語》39注2、《世說・言語》48注1、《世說・簡傲》7、《世說・賞譽》48
〔晉〕僧伽提婆	王珣	王珣、王珉				《高僧傳》，卷1、《世說・文學》64
〔晉〕竺曇摩		聶成遠、聶道眞、陳士倫、孫伯虎、虞世雅				《高僧傳》，卷1
〔晉〕帛遠		王顒				《高僧傳》，卷1
〔晉〕曇摩耶舍					江陵士庶	《高僧傳》，卷1
〔晉〕法綱道人		王珣				《世說・文學》64
〔晉〕康僧淵		庾亮、殷浩、王導		張君祖		《高僧傳》，卷4、《世說・文學》47、《世說・棲逸》11、《世說・排調》21
〔晉〕竺道潛		庾亮、王導、劉恢、孫綽				《高僧傳》，卷4
〔晉〕竺法友			孫綽			《高僧傳》，卷4
〔晉〕竺法濟			孫綽			《高僧傳》，卷4
〔晉〕竺法蘊			孫綽			《高僧傳》，卷4

〔晉〕康法識			孫綽			《高僧傳》，卷 4
〔晉〕支遁	郗　超	王濛、謝安、王羲之、王洽、劉恢、殷浩、郗超、孫綽、何充、王脩、王坦之、袁宏、何點、許詢、李充、馮懷	王洽、王珣、謝安、郗超	晉哀帝	《高僧傳》，卷 4、《世說》諸篇
〔晉〕竺法仰	王坦之				《高僧傳》，卷 4
〔晉〕于法蘭			孫綽		《高僧傳》，卷 4
〔晉〕于法開	郗超、謝安、王坦之、何點				《高僧傳》，卷 4、《世說・術解》10
〔晉〕于法威			孫綽		《高僧傳》，卷 4
〔晉〕于道邃	謝敷		郗超、孫綽		《高僧傳》，卷 4
〔晉〕竺法崇	孔淳之				《高僧傳》，卷 4
〔晉〕竺法義	王導、傅亮、孔敷				《高僧傳》，卷 4
〔晉〕竺慧超	周續之				《高僧傳》，卷 4
〔晉〕支孝龍				阮詹、庾凱	《高僧傳》，卷 4
〔晉〕康法暢	庾亮				《高僧傳》，卷 4、《世說・言語》52
〔晉〕竺法雅				衣冠士子，咸附諮稟	《高僧傳》，卷 4

〔晉〕竺法深		晉元帝、晉明帝、簡文帝、庾亮、王導			《世說·言語》48、《世說·方正》45、《世說·德性》30
〔晉〕僧意		王脩			《世說·文學》57
〔晉〕釋道安		桓豁、郗超、謝安、習鑿齒	孫綽	習鑿齒、郗超	《高僧傳》，卷5、《世說·雅量》32
〔晉〕竺法汰		王珣、謝安、王洽	孫綽	桓溫（僧治病）	《高僧傳》，卷5、《世說·賞譽》114
〔晉〕竺僧輔		王忱			《高僧傳》，卷5
〔晉〕釋僧衛		殷仲堪			《高僧傳》，卷5
〔晉〕竺法曠		謝安、郗超、謝敷			《高僧傳》，卷5
〔晉〕竺道壹	王薈	王珣	孫綽	丹陽尹（不知其名）	《高僧傳》，卷5、《世說·言語》93
〔晉〕釋道寶		張彭祖、王珉			《高僧傳》，卷5
〔晉〕釋法和				巴漢之士	《高僧傳》，卷5
〔晉〕釋曇翼	滕含			毛璩	《高僧傳》，卷5
〔晉〕釋法遇		阮保			《高僧傳》，卷5
〔晉〕釋曇戒		臨川王			《高僧傳》，卷5
〔晉〕釋慧遠		周續之、桓溫、畢穎之、宗炳、張萊民、張季碩、殷仲堪、王謐、王默、盧循、庾冰、謝靈運、劉遺民、雷次宗	謝靈運	王謐、桓玄、戴逵、姚興、劉遺民、盧循、何無忌、晉安帝	《高僧傳》，卷6、《世說·文學》61

〔晉〕釋慧持		王珣、范寧、王恭、殷仲堪、桓玄、毛璩	桓玄		《高僧傳》，卷6
〔晉〕釋慧嚴		毛璩			《高僧傳》，卷6
〔晉〕釋僧恭		毛璩			《高僧傳》，卷6
〔晉〕釋道祖		桓玄			《高僧傳》，卷6
〔晉〕曇順	劉遵				《高僧傳》，卷6
〔晉〕釋慧永				何無忌	《高僧傳》，卷6
〔晉〕史宗		謝邵、魏邁之、魏放之			《高僧傳》卷10
〔晉〕竺曇猷				王羲之	《高僧傳》，卷11
〔晉〕釋法相				司馬恬	《高僧傳》，卷12
〔晉〕竺曇蓋				司馬元	《高僧傳》，卷12
〔晉〕竺僧法	司馬道子				《高僧傳》，卷12
〔晉〕釋慧受	王坦之				《高僧傳》，卷13
〔晉〕支曇籥				孝武帝	《高僧傳》，卷13
〔晉〕釋僧檢			王恭		

＊通書信等：

交遊者	往　來形　式	篇　章	出　處
王洽、支遁	書信	〈與林法師書〉	《全晉文》，卷19，頁1566。
王珣、支遁	詩序	〈林法師墓下詩序〉	《全晉文》，卷20，頁1567。
謝安、支遁	書信	〈與支遁書〉	《全晉文》，卷83，頁1938。
郗超、支遁	書信	〈與親友書論支道林〉	《全晉文》，卷110，頁2090。
王謐、釋慧遠	書信	〈與釋慧遠書〉	《全晉文》，卷20，頁1569。

桓玄、釋慧遠	書信	〈與釋慧遠書勸罷道〉、〈與釋慧遠書〉、〈與釋慧遠書〉	《全晉文》，卷119，頁2143。
戴逵、釋慧遠	書信	〈與遠法師書〉、〈重與遠法師書〉、〈答遠法師書〉	《全晉文》，卷134，頁2249。
王謐、釋慧遠	書信	〈答王謐書〉	《全晉文》，卷161，頁2390。
戴逵、釋慧遠	書信	〈答戴處士書〉、〈又與戴處士書〉	《全晉文》，卷161，頁2390。
劉遺民等與釋慧遠	書信	〈與隱士劉遺民等書〉	《全晉文》，卷161，頁2390。
桓玄、釋慧遠	書信	〈答桓玄書〉、〈與桓玄書論料簡沙門〉、〈答桓玄書〉	《全晉文》，卷161，頁2391～2392。
晉安帝、釋慧遠	書信	〈與晉安帝書〉	《全晉文》，卷161，頁2392。
盧循、釋慧遠	書信	〈答盧循書〉	《全晉文》，卷161，頁2392。
何無忌、釋慧遠	書信	〈答何無忌難沙門袒服論〉	《全晉文》，卷162，頁2396。
習鑿齒、釋道安	書信、傳記	〈又與謝安書稱釋道安〉、〈與釋道安傳〉、〈答習鑿齒嘲〉	《全晉文》，卷134，頁2229、《先秦漢魏晉南北朝詩·晉詩》，卷20，頁1085。
郗超、釋道安	書信	〈答郗超書〉	《全晉文》，卷158，頁2372。
桓玄、釋慧持	書信	〈與桓玄書〉	《全晉文》，卷163，頁2404。
王恭、釋僧檢	書信	〈答王恭書〉	《全晉文》，卷163，頁2404。
張君祖、康僧淵	書信	〈代答張君祖詩〉、〈又答張君祖詩〉	《先秦漢魏晉南北朝詩·晉詩》，卷20，頁1075～1076。
竺道壹、丹陽尹	書信	〈答丹陽尹〉	《全晉文》，卷159，頁2382。

表 3-4：楊羲與友人詩

篇　名	內　　容	與友人書	求仙或友
〈七月二十六日夕紫微夫人喻作令與許長史〉	高興希林虛。遐遊無員方。蕭條象數外。有無自冥同。罍罍德韻和。飄飄步太空。盤桓任波浪。振鈴散風中。內映七道觀。可以得兼忘。何必反覆酬。待此世文通。玄心自冥真誥作宜。悟。默耳必高蹤。	√	
〈九月六日夕紫微夫人喻作示許長史并與同學〉同學謂郗回也	解輪太霞上。斂轡造紫丘。手把八空雲笈七籤作天。諸真歌頌同。氣。縱身雲中浮。一晞造化綱。真誥作剛。再視索高疇。道要既已足。雲笈七籤作是。諸真歌頌同。可以解千憂。求真得良真誥作真。友。不去復何求。	√	√
〈九月九日紫微夫人喻作因許示郗〉	紫空朗玄真誥作明。詩紀同。景。玄宮帶絳河。濟濟上清房。雲詩紀作靈。注云。一作雲。臺煥嵯峨。八輿造朱池。羽蓋傾霄柯。震風廻三晨。真誥作辰。金鈴散玉華。七彎降真誥作絡。九垓。晏詩紀作宴。晞不必家。借問求道子。何事坐塵波。豈能棲東秀。養真收太和。	√	
〈紫微吟此再三〉	玄清眇眇觀。落景出東潯。願得絕塵友。蕭蕭罕世營。		√
〈紫微詩〉	靈人隱玄峰。真神韜雲采。雲笈七籤作來。諸真歌頌同。玄唱非無期。妙應自有待。豈期真誥作謂。虛空寂。至韻故常在。攜襟登羽宮。同宴廣寒**裏**。借問朋人誰。所存唯玉子。		√
〈七月十八日夕雲林右英夫人授詩〉此詩與許長史。兼及掾事。	彎景落滄浪。騰躍青真誥作清。海津。絳煙亂太陽。羽蓋傾九天。雲輿浮空洞。雲笈七籤作同。倏忽風波雲笈七籤作滄浪。間。來尋冥雲笈七籤作真。中友。相攜侍帝晨。王雲笈七籤作玉。子協明德。齊首招玉賢。下晞八阿雲笈七籤作河。宮。上寢希林顛。漱此紫霞腴。方知穢塗辛。佳人將安在。勤心乃得親。	√	√
〈七月二十八日夕右英夫人授書此詩以與許長史〉	世珍芬複交。道宗玄霄會。振衣尋冥雲笈七籤作真。疇。迴軒風塵際。良德映靈雲笈七籤作玄。暉。穎根雲笈七籤作拔。詩紀同。粲革蔚。密言多償雲笈七籤作儻。詩紀同。福。沖淨雲笈七籤作靜。詩紀同。尚真貴。咸**恆**當象順。雲笈七籤作**恆**當二象順。攜手同襟詩紀云。一作衾。真誥作衾。帶。何為人事間。日焉生患害。	√	

〈九月三日夕雲林王夫人喻作令示許長史〉	騰躍雲景轅。浮觀霞上空。霄軿縱橫舞。紫蓋託靈方。朱煙纏旍眞誥作旌。詩紀云。一作旌。旍。羽帔扇香風。電號眞誥作嘽。猛獸攖。雷雲笈七籤作電。吟奮玄龍。鈞籟昆庭響。金筑眞誥作笙。唱神鍾。探芝滄浪阿。掇華八淳峯。朱顏日以眞誥作愈。新。赸往方嬰童。養形靜東岑。七神自相通。風塵有憂哀。隕我白髮翁。長冥遺遐歡。恨不早逸蹤。	√	
〈九月六日夕雲林喻作與許侯〉	控晨浮紫煙。八景觀泒雲笈七籤作汾。流。羽童捧瓊漿。王華餞琳腴。相期白水涯。揚我菱蕤珠。	√	
〈又〉眞誥併上爲一篇。	滄房煥東霞。紫造浮絳晨。眞誥作辰。雙德秉道宗。作鎭眞伯藩。八臺可盼眞誥作眮。目。北看乃飛元。清淨雲中視。眇眇躡景遷。吐納洞嶺眞誥作領。秀。藏暉隱東山。久安人事上。日也無虛閒。豈若易翁質。反此孩中顏。	√	
〈九月九日雲林右英夫人喻作〉	晨闕太霞構。玉室起霄清。領略三奇觀。浮景翔絕冥。丹華中有眞。雲笈七籤作丹華空中有。金映育挺精。八風鼓錦披。眞誥作被。碧樹曜四靈。華蓋廕蘭暉。紫彎策綠軿。結信通神交。觸類率天誠。何事外象感。須覿瑤玉瓊。	√	√
〈十月十七日雲林夫人作與許侯〉	四旌眞誥作旍。曜明空。朱軒飛靈丘。玉蓋蔭七景。鼓翼眞誥作翮。霄上浮。九音朗紫空。玉璇洞太無。宴詠三晨眞誥作辰。宮。唱嘯呼我儔。不覺春眞誥作椿。已來。詩紀作老。豈知二景流。佳人雖兼忘。而未放百憂。長林眞可靜。巖中多自娛。	√	√
〈十月二十日授二首〉亦應是右英喻長史也。	北登玄眞闕。攜手結高羅。香煙散八景。玄風鼓絳波。仰超琅園津。俯眄霄陵阿。玉簫雲上唱。鳳鳴動眞誥作洞。九遐。乘氣眞誥作雲。浮太空。曷爲躡山河。雲笈七籤作阿。金節命羽靈。徵兵折萬魔。齊挹二晨暉。千春眞誥作椿。方嬰牙。喪眞投競室。不解可奈何。（其一）仰眄太霞宮。金閣曜紫清。華房映太素。四軒皆朱瓊。擲輪空同津。總彎儛綠軿。玉華飛雲蓋。西妃運錦旍。眞誥作旌。翻然塵濁眞誥作濁塵。涯。儵欻眞誥作忽。佳人庭。宿感應期降。所招已在冥。乘風奏霄晨。共酣丹琳雲笈七籤作林。罍。公侯徒眇眇。安知眞人靈。（其二）	√	
〈二月九日夜雲林作〉	彎景登霄晨。遊宴滄浪宮。綵雲繞丹霞。靈眞誥作靄。藹散八空。上眞吟瓊室。高仙歌琳房。九鳳唱朱籟。虛節錯羽鐘。交栖眞誥作頸。金庭內。結我冥中朋。俱挹玉醴津。倏忽眞誥作儵欻。已嬰童。云何當路蹲。愆痾隨日崇。		√

〈四月十四日夕右英夫人吟歌此曲〉	玄波振滄濤。洪津鼓萬流。駕景晞六虛。思與佳人遊。妙唱不我對。清音與誰雲笈七籤作誰可。投。雲中騁瓊輪。何爲塵中趨。		√
〈閏月三日夜右英作示許長史〉	清靜願東山。廕景栖靈穴。悁悁閑庭虛。翳薈青林密。圓曜映南軒。朱風眞誥作鳳。扇幽室。拱袂閑房內。相期啓妙術。寥朗遠想玄。蕭條神心逸。	√	
〈右英吟〉	縱心空洞眞誥作同。津。竦眞誥作總。詩紀云。一作總。彎策朱軒。佳人來何遲。道德何時成。		√
〈張誘世作〉	北遊太漠外。來登蓬萊闕。紫雲構眞誥作遘。諸眞歌頌同。靈宮。香煙何鬱鬱。美哉洛眞誥作樂。廣休。久在論道位。羅併眞人坐。齊觀白龍邁。離世雲笈七籤諸眞歌頌、詩紀作式。四人用。何時共解帶。有懷披襟友。欣欣高晨會。		√
〈十二月一日夜南岳夫人作與許長史〉	靈谷秀蘭榮。雲笈七籤作縈。藏身栖巖京。被褐均袞龍。帶索雲笈七籤作素。齊玉鳴。形盤幽遼裏。擲神太霞庭。霄上有陸賢。空中有眞聲。抑雲笈七籤作仰。我曲晨飛。案此詩紀作北。綠軒軿。下觀八度內。俯歡風塵縈。解脫遺波浪。登此眇眇清。雲笈七籤作身。擾競雲笈七籤作憂竟。三津渴。奔馳割爾齡。	√	

表 3－5：僧道交之僧人間互通書信

交遊者	書　信	出　處
竺道潛、支遁	〈答支遁書〉	《全晉文》，卷 157，頁 2365。
支遁、高驪（麗）道人	〈與高驪道人論竺法深書〉	《全晉文》，卷 157，頁 2366。
釋道高、釋道安	〈與釋道安書稱竺僧敷〉	《全晉文》，卷 157，頁 2371。
竺法汰、釋道安	〈與釋道安書追論竺僧敷〉	《全晉文》，卷 159，頁 2381。
帛道猷、竺道壹	〈與竺道壹書〉	《全晉文》，卷 159，頁 2383。
釋慧遠、鳩摩羅什	〈遣書通好鳩摩羅什〉、〈重與鳩摩羅什書〉、〈答慧遠書〉	《全晉文》，卷 161，頁 2390、《全晉文》卷，163，頁 2404～2405。
釋慧遠、曇摩流支	〈遣書通好曇摩流支〉	《全晉文》，卷 161，頁 2391。
釋慧遠、釋法遇	〈與釋慧遠書〉	《全晉文》，卷 163，頁 2404。

表4-1：不妄交遊

人　物	表現方式	事　實	出　處
三　國			
劉曄	略不交接時人（寡交自守）	曄在朝，略不交接時人。或問其故，曄荅曰：「魏室即祚尙新，智者知命，俗或未鹹。僕在漢爲支葉，於魏備腹心，寡偶少徒，於宜未失也。」	《三國志集解》，卷14，頁415。
徐晃	終不廣交援	性儉約畏愼，將軍常遠斥候，先爲不可勝，然後戰，追奔爭利，士不暇食。常歎曰：「古人患不遭明君，今幸遇之，常以功自效，何用私譽爲！」終不廣交援。	《三國志集解》，卷17，頁470。
劉巴	退無私交	建安二十四年，先主爲漢中王，巴爲尙書，後代法正爲尙書令。躬履清儉，不治產業，又自以歸附非素，懼見猜嫌，恭默守靜，退無私交，非公事不言。	《三國志集解》，卷39，頁823～824。
杜瓊	不與世事	杜瓊字伯瑜，蜀郡成都人也。少受學於任安，精究安術。劉璋時辟爲從事。先主定益州，領牧，以瓊爲議曹從事。後主踐阼，拜諫議大夫，遷左中郎將、大鴻臚、太常。爲人靜默少言，闔門自守，不與世事。	《三國志集解》，卷42，頁848。
譙秀（譙周孫）	不交於世	晉陽秋曰：秀性清靜，不交於世，知將大亂，豫絕人事，從兄弟及諸親裏不與相見。州郡辟命，及李雄盜蜀，安車徵秀，又雄叔父驤、驤子壽辟命，皆不應。	《三國志集解》，卷42，頁857。
兩　晉			
孟陋	未曾交遊	孟陋字少孤，武昌人也。吳司空宗之曾孫也。兄嘉，桓溫征西長史。陋少而貞立，清操絕倫，布衣蔬食，以文籍自娛。口不及世事，未曾交遊，時或弋釣，孤興獨往，雖家人亦不知其所之也。	《晉書》，卷94，列傳第64，頁1197。
韓績	不交當世	韓績字興齊，廣陵人也。其先避亂，居於吳之嘉興。父建，仕吳至大鴻臚。績少好文學，以潛退爲操，布衣蔬食，不交當世。	《晉書》，卷94，列傳第64，頁1197。

譙秀	不交於世	譙秀字元彥，巴西人也。祖周，以儒學著稱，顯明蜀朝。秀少而靜默，不交於世，知天下將亂，預絕人事，雖內外宗親，不與相見。	《晉書》，卷94，列傳第64，頁1198。
翟莊	不交人物	子莊字祖休。少以孝友著名，遵湯之操，不交人物，耕而後食，語不及俗，惟以弋釣爲事。	《晉書》，卷94，列傳第64，頁1198。
翟湯	不屑世事	翟湯字道深，尋陽人。篤行純素，仁讓廉潔，不屑世事，耕而後食，人有饋贈，雖釜庾一無所受。永嘉末，寇害相繼，聞湯名德，皆不敢犯，鄉人賴之。	《晉書》，卷94，列傳第64，頁1198。
郭翻	不交世事	郭翻字長翔，武昌人也。伯父訥，廣州刺史。父察，安城太守。翻少有志操，辭州郡辟及賢良之舉。家於臨川，不交世事，惟以漁釣射獵爲娛。	《晉書》，卷94，列傳第64，頁1199。
辛謐	不妄交遊	辛謐字叔重，隴西狄道人也。父怡，幽州刺史，世稱冠族。謐少有志尚，博學善屬文，工草隸書，爲時楷法。性恬靜，不妄交遊。	《晉書》，卷94，列傳第64，頁1199。
索襲	不與當世交通	索襲字偉祖，敦煌人也。虛靖好學，不應州郡之命，舉孝廉、賢良方正，皆以疾辭。遊思於陰陽之術，著天文地理十餘篇，多所啓發。不與當世交通，或獨語獨笑，或長歎涕泣，或請問不言。	《晉書》，卷94，列傳第64，頁1200。
石垣	居無定所，不娶妻妾，不營產業	石垣字洪孫，自雲北海劇人。居無定所，不娶妻妾，不營產業，食不求美，衣必粗弊。或有遺其衣服，受而施人。人有喪葬，輒杖策弔之。路無遠近，時有寒暑，必在其中；或同日共時，鹹皆見焉。又能闇中取物，如晝無差。姚萇之亂，莫知所終。	《晉書》，卷94，列傳第64，頁1202。
宋纖	受生方外，心慕太古	纖注論語，及爲詩頌數萬言。年八十，篤學不倦。張祚後遣使者張興備禮徵爲太子友，興逼喻甚切，纖喟然歎曰：「德非莊生，才非幹木，何敢稽停明命！」遂隨興至姑臧。祚遣其太子太和以執友禮造之，纖稱疾不見，贈遺一皆不受。……上疏曰：「臣	《晉書》，卷94，列傳第64，頁1202。

		受生方外，心慕太古。生不喜存，死不悲沒。素有遺屬，屬諸知識，在山投山，臨水投水，處澤露形，在人親土。」	
瞿硎先生	不得姓名，亦不知何許人也	瞿硎先生者，不得姓名，亦不知何許人也。太和末，常居宣城郡界文脊山中，山有瞿硎，因以為名焉。大司馬桓溫嘗往造之。既至，見先生被鹿裘，坐於石室，神無忤色，溫及僚佐數十人皆莫測之，乃命伏滔為之銘贊。竟卒於山中。	《晉書》，卷94，列傳第64，頁1204。
戴逵	性不樂當世，常以琴書自娛	性不樂當世，常以琴書自娛。……吳國內史王珣有別館在武丘山，逵潛詣之，與珣遊處積旬。會稽內史謝玄慮逵遠遁不反，乃上疏曰：「伏見譙國戴逵希心俗表，不嬰世務，棲遲衡門，與琴書為友。雖策命屢加，幽操不回，超然絕跡，自求其志。」	《晉書》，卷94，列傳第64，頁1205。
王嘉	不與世人交遊	王嘉字子年，隴西安陽人也。輕舉止，醜形貌，外若不足，而聰睿內明。滑稽好語笑，不食五穀，不衣美麗，清虛服氣，不與世人交遊。隱於東陽谷，鑿崖穴居，弟子受業者數百人，亦皆穴處。	《晉書》，卷95，列傳第65，頁1223。
臺產	汎情教授，不交當世	臺產字國雋，上洛人，漢侍中崇之後也。少專京氏易，善圖讖、祕緯、天文、洛書、風角、星算、六日七分之學，尤善望氣、占候、推步之術。隱居商洛南山，兼善經學，汎情教授，不交當世。	《晉書》，卷95，列傳第65，頁1227。